한 권으로 읽는

경복궁

경복궁

한 권으로 읽는

정표채 지음

한권에 담고자한
경복궁.

《한 권으로 읽는 경복궁》은 경복궁에 관심이 있거나 한두 번 정도 방문해 본 분에게 더욱 좋다. 경복궁의 참모습은 보이는 부분만이 아니라 그 속에 담겨 있는 숨은 이야기를 알면 더욱 좋을 것이다.

필자는 약 15년간 관람객을 대상으로 경복궁 해설을 시작해 지금까지 수많은 관람객을 만났다. 해설을 위한 일정 요건을 갖추기 위해 경복궁에 관련된 서적을 읽고 강의를 듣기도 했지만, 현장에서 경험한 내용은 어디에도 없는 것들이 수두룩했다. 당연한 '사실(fact)'이라고 여긴 내용조차 오류이거나 근거를 찾을 수 없는 때에는 걷잡을 수 없는 고민에 빠지기도 했다. 그럴 때마다 더 많은 자료와 원전에서 근거를 찾아내어 '보물찾기'하듯 결과물을 축적하고 활용하였다. 이 책은 많은 시간과 공력이 필요했다. 현장에서 얻은 궁금증과 내용을 그날그날 해결하는 방식으로 자료를 정리하고 《경서(經書)》와 《사서(史書)》, 《조선왕조실록》과 《승정원일기》, <야사 원문> 등을 대조하고 참고하여 글을 썼다.

일반적인 경복궁 책들처럼 공간적으로 외조(外朝)와 치조(治朝), 연조(燕朝)로 구분하고 그에 관련된 전각과 용도 등을 소개하는 방식을 취하지 않았다. 동아시아의 보편적인 생각과 사상을 이해하면서 구현한 경복궁에 담긴 원론적인 이야기로 풀어내고자 하였다. 이는 경복궁이 삼재(三才)의 원리에 의해 지어진 궁궐로 하늘[天], 땅[地], 사람[人]의 조화로 만들어졌다는 생각에서 출발하였기 때문이다. 동양 사상은 지금 우리에게는 무척이나 생소해 다른 세상 이야기처럼 들리지만 사실 우리 선조와 역사 속에 깊이 묻어있는 사상이다. 조금만 눈을 돌리면 아주 쉽게 이해할 수 있는 내용이며, 경복궁 역시 이러한 틀에서 벗어나지 않는다.

새로운 내용과 용어로 보이는 부분은 이제까지 동양 사상이 어렵게만 여기고 이를 거의 다루지 않았기 때문이다. 모든 일에서 가장 중요시되는 '기본과 기초'를 무시하고 손을 놓아서는 일이 진행되지 않는다. 지금부터라도 하나씩 경험하고 습득해 나가면 해결될 일이다. 삼재를 비롯하여 음양, 오행, 8괘, 64괘, 36궁 주역, 28수, 홍범구주, 지천태 등의 처음 접하는 용어가 나오기도 한다. 이러한 용어는 모두 별개처럼 떨어져 있는 듯 보이지만 하나로 통합되기도 한다. 하나를 이해하면 다른 하나는 덤으로 알게 된다.

경복궁 답사를 위한 기본 상식과 관람 동선에 있는 전각을 따라 광화문부터 태원전까지 소개한 항목은 모두 16개 항목이다. 기본 상식으로는 경복궁 조성 원리를 삼재로 풀었다. 광화문에서 8괘와 64괘 문양과 즉위식, 조하, 상참, 경회루 36궁의 의미, 동궁과 세자생활, 황극과 연침, 중궁과 교태, 자경전과 편전, 회류식 정원과 흥복전, 근세 건청궁과 향원정, 진전과 빈전 태원전 등이 있다.
광화문에서 경회루까지 그 속에 담겨 있는 고사나 이야기를 발굴한 내용은 모두 11개 항목이다. 광화문 해치 이야기에서 유화문 어로와 출궁문로, 기별청과 신문, 근정전에서는 박석 산지, 우주를 품은 월대 동물과 일월오봉병, 향로와 정을 주제로 삼았다. 경회루는 사신 접대와 한시, 일화에 대한 사실(fact)확인, 사정전은 실록의 편찬과 융복합 해시계 앙부일구의 내용이다.
마지막으로, 교태전 아미산에서 경복궁 후원과 청와대까지 사실(fact)과 다른 부분은 바로 잡아 제시하였고 새로운 내용도 추가하였다. 모두 9개 항목이다. 교태전 아미산 천지조산(穿池造山) 확인과 소주방 영조의 밥상, 향원정 열상 진원과 물불, 건청궁 전각과 자선당 유구, 경복궁 4문의 역할, 전각, 잡상과 부시 이야기, 어진과 선원전, 후원과 칠궁 내용으로 구성하였다.

경복궁은 조선의 법궁(法宮)으로 동양 철학과 정치, 사상 등이 녹아 있는 조선 제일의 으뜸 궁궐이다. 기본적인 틀에서 동양 사상을 이해하면 경복궁을 다양한 측면에서 이해할 수 있다. 또한 전각과 이에 얽힌 이야기들을 알아가면 재미와 흥미를 넘어 경복궁과 그 시대와 사람들에 대한 이해의 폭이 넓어질 수 있을 것이다. 또한 그것을 기대해 본다.

2022년 10월 3일
이택(麗澤) 정표채

목차.

01

경복궁의
조성 원리와
전각 배치

삼재(三才) 천지인 경복궁

경복궁은 조선을 상징하는 제1의 법궁이다. 태조 4년(1395)에
창건하여 선조 25년(1592)에 모두 불에 탔고, 270여 년이 지난
고종 4년(1867)에 중건되었다. 그 후 일제강점기 동안 많은 전각이
사라졌으며 1926년에 홍례문(興禮門)과 영제교 영역에 들어선 조
선총독부는 경복궁 전면 남쪽을 가려서 식민 통치의 상징물로 여겨
졌다. 1995년 문민정부는 '역사바로세우기'의 일환으로 조선총독부
를 철거하고 기존에 있던 전각들을 복원하였다.

경복궁은 동아시아에서 일반적으로 적용하고 있는 '도읍의 조성
원리'인 《주례고공기(周禮考工記)》 〈장인영국(匠人營國)〉편에 따
랐다. 춘추전국시대 주례 중 〈동관(冬官)〉이 멸실되어 《고공기(考
工記)》로 보완하였는데 그곳에는 '좌조우사(左朝右社) 면조후시(面
朝後市)'라는 내용이 나온다. 이는 궁궐을 중심으로 좌측[동쪽]에는

종묘(宗廟)를 우측[서쪽]에는 사직(社稷)을 두며, 궁궐 앞쪽에는 관청을 뒤에는 시장을 두는 내용이다. 그러나 한양은 궁궐 뒤에 백악이 있어 시장을 둘 수 없었기 때문에 광화문 앞 관청가의 길이 끝나는 지점에서 동으로 시장을 두어 이를 운종가(雲從街)라고 하였다. 고공기에서 언급하고 있는 종묘와 사직의 위치는 궁궐 내 좌·우측이지만 조선은 경복궁 밖 좌측[동쪽] 오리쯤에 종묘를 설치하였다.

경복궁은 도읍의 조성 원리인《주례고공기》와 명나라 때 백과사전에 해당하는《삼재도회(三才圖會)》의 '삼재(三才)'를 반영한 궁궐이다. 삼재란 세상은 하늘[天]. 땅[地]. 사람[人] 세 바탕으로 구성되어 있다는 것이 핵심이다. 세 바탕 중 하늘[天]에는 원형리정(元亨利貞)의 사덕이 있으며 이를 사람[人]이 그대로 받아 인의예지(仁義禮智)가 되었다. 하늘의 사시(四時)는 춘하추동(春夏秋冬)으로 사람[人]에 있어서 낳고, 자라서, 거두며, 씨를 보존하는 생장수장(生長收藏)이 된다. 여기서 사람[人]은 단순히 사람만이 아니라 세상의 모든 만물을 뜻한다. 그중 대표가 사람[人]이다. 땅[地]에는 사방(四方)이 있는데 사람[人]에게는 전후좌우(前後左右)로 적용되고, 오행(五行) 목화토금수(木火土金水)는 사람[人]의 간심비폐신(肝心脾肺腎)과 비견된다. 이처럼 경복궁은 그 설계에서부터 전각 이름 하나하나까지 성리학적인 요소와 천지인(天地人) 삼재(三才)가 담겨 있는 궁궐이다. 하늘의 원리가 지상으로 내려와 그를 운용하는 사람과 함께 세 바탕을 이룬다. 하늘[天]의 덕(德) 원형리정은 사람[人]에게 인의예지로 땅[地]에는 사방 동서남북이라 하겠다.

군자남면은 왕의 밝은 정사

조선의 정치 이념, 유학에서는 내[군자, 왕]가 중심이며 바라보

|근정문

는 방향은 남쪽이고 내 뒤는 북쪽이라는 개념을 적용하여 파악해야
한다. 이러한 시각으로 본다면 경복궁의 전체 구조를 한눈에 알 수
있다. '군자남면(君子南面)'은 '남쪽을 향한다.'라는 단순한 의미보
다는 왕[나, 군자]은 북쪽을 등지고 밝은 남쪽의 백성들을 향해 정
사를 펼쳤다는 말이며 '남면' 두 글자만 썼다고 해도 '왕자(王者)'로
서 '정사'를 펼친다는 의미가 된다. 동아시아에서 태평 시대의 대명
사로 일컬어지는 요순시대의 순임금은 '남쪽을 향해 공손히 있었을
뿐이다[恭己正南面而已矣]'라고 하였다. 이는 순임금이 아무 일도
하지 않고 가만히 있었다는 말이 아니라 임금으로서 굳이 관여하지
않아도 최적의 시스템에 의해 정치가 작동하여 태평성세를 이루었
다는 의미가 담겨 있다. 동양사상과 철학의 기본은 방향과 사시에
서 시작하여 남면으로 끝을 맺는다. 천지인 삼재와 음양오행, 사방,
사시, 남면을 이해하면 경복궁이 어떠한 원리로 건축되었으며 그

한 권으로 읽는 경복궁

안에서 정치를 행했던 조선의 왕과 신하들의 생각을 알 수 있다. 그들과는 비록 시간은 달리하지만, 경복궁이라는 공간에 대한 사고와 시선, 느낌은 삼재 등을 이해하면 같아질 수 있는 것이다.

공간에서 시간으로 확장

앞서 언급했듯이 동서남북 사방은 땅에서 적용되며 사람에게는 전후좌우이다. 동양에서는 공간에 시간을 대입하여 적용하였다. 가장 간단한 방법으로 하루를 아침, 점심, 저녁, 밤 넷으로 구분한다. 넷으로 구분한 하루 시간을 사방 동서남북 공간에 대입하면 어떨지 알아보자. 하루의 시작인 아침이 되면 어김없이 해가 떠오르니 그 방향은 동쪽이다. 점심이면 해가 머리 위로 올라와 가장 햇빛이 많이 비치고 여름이면 가장 뜨거울 시간으로 방향은 남쪽이다. 저녁은 중천에 떠 있던 해가 넘어가니 그 방향은 서쪽이며 밤은 어두컴컴해지므로 북쪽이다.

사방을 하루에서 1년으로 확장하여 대입하면 1년에는 봄[春], 여름[夏], 가을[秋], 겨울[冬], 사계절 즉 춘하추동(春夏秋冬)이 있다. 봄[春]은 죽어 있는 것만 같던 세상 만물들이 모두 싹을 틔워 생명을 생겨나게 하므로 하루로 치면 해가 떠서 온 세상 만물을 깨우는 아침이며 그 방향은 동쪽이 된다. 여름[夏]이면 만물이 무성히 자라고 날씨는 더워지니 한낮에 해당하며 배속 방향은 남(南)쪽이다. 가을[秋]은 모든 생명체가 열매를 맺어 거두어들이며 날씨도 서늘해지니 저녁이며 방향은 서(西)쪽이다. 겨울[冬]은 거둔 곡식을 저장하여 씨앗으로 보존하는 추운 계절로 하루 중 밤이 배속된 북(北)쪽에 해당한다. 땅과 사람의 관계에서 방향을 사시[春夏秋冬]에 대입하면 동-좌-춘(東左春), 서-우-추(西右秋), 남-전-하(南前夏), 북-후-동(北後冬)이 된다.

음양오행과 삼재

이를 조금 더 확장하면 봄과 여름은 양(陽)의 기운인 목(木: 나무)과 화(火: 불)이며 생명을 탄생시켜 확장한다는 의미가 있으며, 여기에는 양의 대표 일(日: 해)을 배속한다. 금(金: 쇠)과 수(水: 물)는 결실을 보며 수렴과 갈무리하는 수축의 의미로 음의 대표 월(月: 달)을 배속한다. 토(土: 흙)는 목화금수의 중간에서 서로를 이어주고 조정하는 역할을 한다. 이를 오행이라 하며 목화토금수(木火土金水)이다. 오행을 사시 적용하면 봄은 목이요. 여름은 화, 가을은 금, 겨울은 수에 해당하고 토는 중앙으로 사계절의 끝인 간절기로 앞 계절과 다음 계절을 이어주는 중개자 역할을 담당한다. 사방은 오행에 대입하면 동-목, 남-화, 서-금, 북-수이며 중앙-토의 등식이 성립된다고 하였다. 이는 동서남북 사방이 결정되면 중앙은 자동으로 이뤄지기 때문이다. 중앙 토는 경복궁의 법전인 근정전 칸

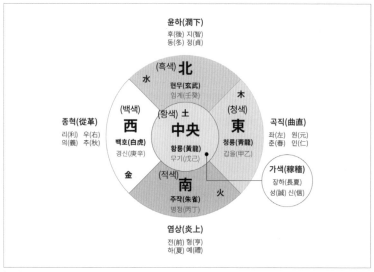

| 음양오행의 배속

| 건춘문(ⓒ양인억) | 영추문(ⓒ양인억)

수에 대비해 볼 수 있다. 근정전은 전각의 앞면과 옆면이 각각 5칸이다. 앞서 5는 토(土)로 위치는 중앙이며 정전인 근정전에서 이루어지는 정사는 '공평무사하고 한쪽으로 치우치지 않는 중용의 도리'로 행해야 바른 법을 세울 수 있는 것이다.

　음양은 서로 균형이 맞아야만 어그러지지 않으며 조선에서 왕의 정사는 '한쪽으로 치우쳐서 편당을 만들지 않고 공평과 중용을 통해 왕이 세우는 표준이 되는 법[皇極: 황극]'을 구현해 가고자 문(文)과 무(武)의 균형을 이룩하였다. 하늘과 자연의 이치는 땅과 사람에게 똑같이 적용된다. 세 바탕[三才: 삼재] 천지인(天地人)은 하늘의 사시[春夏秋冬]가 땅에서는 사방 동서남북과 목화토금수 오행으로 펼쳐지고 사람에게는 사방 전후좌우와 인의예지신 오상으로 들어오니 세 바탕은 천지인으로 불리지만 실제로는 하나이다.

문과 전각에 담긴 생성의 원리

　경복궁 주요 전각과 문도 삼재[天地人]와 음양오행의 원리를 반영하여 설계되었다. 경복궁은 그를 둘러싸고 있는 궁장[담]이 있고 사방에 문을 냈다. 경복궁 동문(東門)은 글자 가운데에 춘(春: 봄)이 들어 있어 건춘문(建春門)이라고 한다. 봄을 세우는 문이라는 뜻이며, 이는 24절기 중 하나인 입춘(立春)과 같은 맥락이다. 그렇다면 서문(西門)은 봄과 반대 계절인 가을, 즉 추(秋)가 들어가 있으며 영추문(迎秋門)이라고 한다. 영추의 뜻은 '가을을 맞이한다.'라는 의미이다. 건춘으로 봄을 세워 영추로 가을을 맞아 모든 만물을 완성하는 자연의 이치를 그대로 반영하였다. 이는 동서(東西) 방위에 춘추(春秋) 계절, 시간을 적용한 예이다.

경복궁의 정문 광화문과 흥례문 사이에는 동서에 조그만 문(협문)이 하나씩 있다. 동협문은 경복궁 주차장이 있는 방향에 있으며 탄생[生]을 돕는다는 의미의 협생문(協生門)이다. 서문은 고궁박물관 방향에서 이용할 수 있는 문으로 완성[成]이라는 의미의 용성문(用成門)이다. 이 협문의 편액은 동편 주차장이나 고궁박물관에서 들어오는 방향에 걸리지 않았고 내부에 걸려있기 때문에 문 앞은 내부가 된다. 동서(東西)와 좌우(左右)의 방향[공간]에서 춘추(春秋)의 시간으로 그리고 만물의 작용을 생성(生成)으로 확대하면서 건물과 문의 이름을 지은 것이다.

근정문은 중앙 삼 문 동서에 작은 문이 하나씩 있다. 각각 햇빛문과 달빛문이다. 햇빛문은 '해의 정화'를 뜻하는 일화문(日華門)이

| 일화문(©양인억)　　　　　| 월화문(©양인억)

　　　　　　　　　　　　　　　　　한 권으로 읽는 경복궁

|융문루 |융무루

란 편액이 달려 있어 밝은 햇빛이 사방을 비추는 모습을 연상하게 한다. 달빛 문은 '달의 정화'인 월화문(月華門)이라고 한다. 왕이 근정전에서 조하(朝賀)할 때 문무백관들은 근정문과 홍례문 사이에서 대기하고 있다가 문반[동반]은 일화문으로 무반[서반]은 그 맞은편 월화문으로 각각 입장한다. 조하 시에 근정전 조정에 놓여 있는 품계석이 좌우에 동[좌]에는 문관이 서[우]에는 무관이 자신의 품계에 따라 나누어 서서 행사를 치렀다. 근정전 조정을 둘러싸고 있는 행랑[복도]의 동서 중앙에는 누각이 하나씩 있다. 동에 있는 누각은 융문루(隆文樓)이고 서는 융무루(隆武樓)이다. 문(文)으로 정치를 지극히 하고 무(武)로 난을 이겨서 국가를 안정시켜 이 둘이 균형을 이뤄 태평성대를 달성한다는 의미로 정한 이름이다. 동서의 조화와 천지인을 반영한 누각이 정전 행각에 있는 이유이다.

편전으로 불리는 사정전도 사방과 사시를 적용하여 동쪽과 서쪽에 봄과 가을을 상징하는 전각을 두었다. 사정전을 중앙으로 하고 양옆에 나란히 각각 하나씩이 있는데 좌측[동쪽] 전각은 만춘전(萬春殿)이며 우측[서쪽] 전각은 천추전(千秋殿)이다. 왕이 정치를 할 때 계절과 날씨에 따라 만춘전과 천추전, 사정전을 옮겨가며 정사를 행했다. 전각 이름에 봄을 상징하는 춘(春)과 가을 추(秋)자가

|만춘전

|천추전

|사정전

들어간 것은 우연이 아니며 춘추(春秋)는 일반적으로는 나이를 뜻하기도 하지만 역사를 의미하기도 한다. 사정전에서 왕과 신하가 만들어가는 정사가 미래의 역사가 되기 때문이다. 또한 만춘전은 글자 가운데에 춘(春: 봄)이 있으니 방향은 동쪽이고, 천추전의 추는 가을이니 서쪽에 있는 전각이라는 자연의 원리를 담고 있기도 하다.

경복궁 강녕전은 연침 또는 연거지소라고 하는데 이 권역에는 모두 다섯 동(棟)의 전각이 있다. 중앙에 강녕전이 있고, 동서에 각각 두 동씩의 전각이 있어 균형을 이룬다. 동서 건물 중 앞쪽 두 동은 동소침과 서소침이다. 천지는 봄에 만물을 싹틔워 태어나게 하고 가을에 열매를 맺어 완성하는 것처럼 성인[왕]은 봄의 인(仁)덕으로 백성을 살리고 가을의 의(義)덕으로 백성을 잘 다스려서 천지의 뜻을 그대로 이어받았다고 할 수 있다. 강녕전 동소침은 봄의 시작인 생(生)이 들어가 연생전(延生殿)이며 서소침은 가을의 완성을 뜻하는 성(成)이 들어간 경성전(慶成殿)이다.

강녕전 북쪽은 왕비의 침전으로 알려진 교태전이다. 교태는 일반적으로 '아양을 부리는 모습이나 태도'인 교태(嬌態)가 아니고 주역 64괘 중 지천태(地天泰)의 의미로 하늘과 땅이 서로 합하여 화합을 이룬다는 뜻이다. 교태전으로 들어가는 문은 양의문(兩儀門)이며 이는 양과 음의 둘 모양이 사상과 8괘, 64괘로 발전하는 출발점이므로 성인[왕]이 베푼 덕을 그대로 반영한 문이다.

교태전 후원 아미산은 '사시사철 피어나는 아름다운 꽃과 나무가 있는 화계와 아름다운 전돌로 장식한 육각형의 굴뚝, 달에 살고 있다고 하는 월궁의 모습과 각종 괴석, 신선이 사는 상징적인 연못'을 2개 배치하였다. 연못은 돌로 석조를 만들어 아미산 화계에 나란히 세웠다. 동편에는 낙하담(落霞潭: 노을이 지는 웅덩이)을 서편에는 함월지(含月池: 달은 품은 연못)를 세워 낙하담은 양(陽)을 상징하게 하였고 함월지는 음(陰)을 상징하므로 음양의 조화를 이루도록 하였다.

경복궁 서쪽 큰 연못 안에 있는 누각은 경회루이다. '군신이 만나서 경회하는 곳'이며

|경성전(©양인억)

|강녕전(©양인억) |연생전(©양인억)

|함월지 |낙하담

이는 연회라는 수단을 통해 이루어지게 된다. 연회는 하루 중 저녁 시간에 하는 것이 일반적이다. 경회루를 경복궁의 서쪽에 둔 이유 중 하나는 자연의 법칙에 순응하여 전각을 지었기 때문이다. 서쪽은 해가 지는 곳으로 저녁에 연회 하기 알맞으며 서늘한 기운과 경회지의 물은 화재 예방과 방화수의 역할도 있어 이를 서쪽에 만든 것이다. 지금 보위에 있는 왕을 대신하여 다음을 이어갈 세자는 종종 떠오르는 태양에 비유한다. 세자가 공부하고 거처하는 곳을 '동궁'이라 하는데 지금 떠 있는 태양의 기운을 그대로 이어받아 그를 지속해 가야 했기 때문에 경복궁 동궁은 근정전과 사정전 동쪽에 두어 다음을 준비하도록 하였다.

|동궁자선당 |경회루

한권으로읽는경복궁

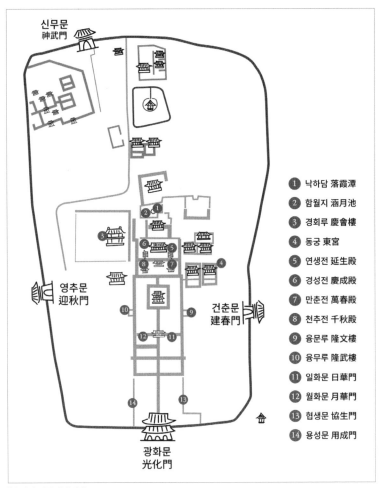

신무문
神武門

영추문
迎秋門

건춘문
建春門

광화문
光化門

1 낙하담 落霞潭
2 함월지 涵月池
3 경회루 慶會樓
4 동궁 東宮
5 연생전 延生殿
6 경성전 慶成殿
7 만춘전 萬春殿
8 천추전 千秋殿
9 융문루 隆文樓
10 융무루 隆武樓
11 일화문 日華門
12 월화문 月華門
13 협생문 協生門
14 용성문 用成門

| 음양에 따른 전각 배치도

019

02

광화문 8괘와
64괘 문양의 의미

　광화문 앞 월대는 광화문을 중건할 때 흙과 잔돌을 넣어 지반을
다진 후 그 위에 돌로 축대를 쌓아 문을 만들었다. 이를 육축이라
하는데 주로 도성이나 읍성, 산성 문에 사용한다. 경복궁 궁장을 연
결하여 남쪽에 육축을 쌓고 3개의 홍예문을 만들고 그 위에 문루를
올렸다. 남문인 광화문은 홍예가 셋이고 동문인 건춘문과 서문인
영추문, 북문인 신무문은 하나다.

　광화문 육축과 지붕[문루]을 연결하는 부분은 전돌로 쌓아 여장
으로 만들었고 총안은 없다. 육축 윗부분에는 빗물을 빼내는 용 모
양의 물통 6개가 좌우에 있으며 여장은 전돌과 문양전으로 장식하
였다. 여장 끝 동서에 해치가 한 마리씩 있다.

　여장을 장식하는 문양전은 기하학적인 대칭 문양과 불꽃을 가운
데 두고, 외곽에는 기하학적 무늬를 둔 장식과 가로 세로를 교차한
문자 무늬로 장식하였다. 기하학적 무늬의 화염문은 동양에서 벽사

|광화문

의 의미로 많이 사용되었고 문자 무늬는 사각형 안에 규칙적으로 선을 배치하여 방향을 나타내고 있다. 사각형 내 중앙에는 무늬 셋을 중첩한 8괘 중의 하나를 배치하였다. 이는 광화문 여장 여덟 곳 팔방(八方)에 해당하는 괘를 둠으로써 방향은 물론 경복궁 건축의 기본 원리를 나타내고자 하였다.

8괘의 생성 원리와 의미

광화문 여장 여덟 곳 중앙의 8괘는 '방향과 경복궁 건축 원리'가 고스란히 담겨 있다. 8괘 주변으로는 조금 더 복잡한 무늬가 둘레를 감싸고 있다. 배치가 규칙적이어서 일관

|남쪽 여장 8괘문

된 원칙에 따랐음을 알 수 있다.

동양 전설 속의 인물이며 삼황오제 중 한 명인 태호 복희씨가 만들었다고 하는 8괘는 음양 조합의 기호이다. 이를 이해하기 위해서는 동양에서 세상에 대해 인식했던 생각을 알 필요가 있다. 세상 만물은 처음 태극(太極)이라는 작은 씨앗에서부터 시작한다고 파악하였다. 이 작은 씨앗 즉 태극은 '위대한 꼭짓점'으로도 불리고 있으며 이곳으로부터 음과 양 둘로 분화한다고 믿었다. 태극에서 나온 '두 개의 모양과 꼴'을 양의(兩儀)라고 한다. 양의는 다시 각각 둘로 갈마들어 4가지 상을 이루는데 이를 사상(四象)이라 한다. 사상이 다시 한번 분화하면 8개의 모양을 이루어 태극에서부터 삼변(三變)한 8괘를 생성한다.

구체적으로 이야기하면 괘(卦)는 천지 만물을 형상화했다고 볼 수 있는데 그 표시는 ☯[태극]으로 하며 이 태극에서 음효(陰爻:

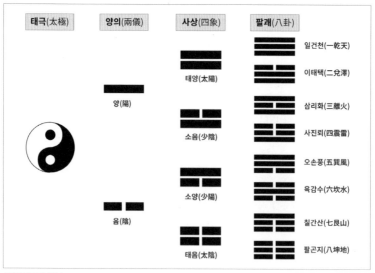

| 음양과 8괘 생성

한권으로읽는경복궁

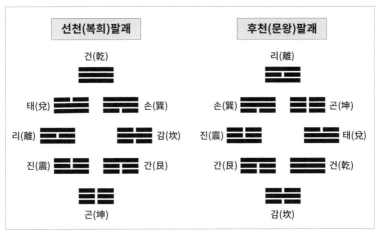

| 선천팔괘와 후천팔괘

--)와 양효(陽爻: ━)로 분화하면서 양의가 된다. 양의는 음과 양이 갈마들어 태양(太陽 ⚌: 양중양), 소양(少陽 ⚍: 양중음), 소음(少陰 ⚎: 음중양), 태음(太陰 ⚏: 음중음)이 된다. 사상에 다시 하나의 효를 더 해 삼변하면 음효(陰爻: --)와 양효(陽爻: ━) 셋이 짝지어 3효로 된 8괘가 된다. 8괘는 건(乾☰: 天하늘)·태(兌☱: 澤연못)·이(離☲: 火불)·진(震☳: 雷우레)·손(巽☴: 風바람)·감(坎☵: 水물)·간(艮☶: 山산)·곤(坤☷: 地땅)이다.

이렇게 만들어진 팔괘를 선천(先天)팔괘라고 한다. 선천팔괘는 체용(體用)의 법칙에서 체에 해당하며 천도의 운행을 근본으로 하여 만들어진 팔괘이다. 그 활용은 후천팔괘인데 풍수와 인간 세상에 두루 쓰이는 방위와 시간을 표시하는 데 사용한다. 선천팔괘는 상하로는 건(乾: 하늘)과 곤(坤: 땅)이 좌우로는 이(離: 불)와 감(坎: 물)이 네 정방에 자리하며 우리나라 태극기의 4정 괘가 선천팔괘에서 건곤감리 사괘만을 사용하고 있다.

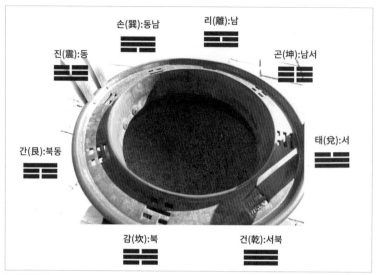

손(巽):동남

리(離):남

진(震):동

곤(坤):남서

간(艮):북동

태(兌):서

감(坎):북

건(乾):서북

| 근정전 향로

후천팔괘는 내가 북쪽에 앉아서 남쪽을 바라본 모습으로 남북에 각각 이(離: 불)괘와 감(坎: 물)괘가 자리하며, 동서에 진(震: 우레) 괘와 태(兌: 연못)괘가 자리하고 있다. 체용에서 용에 해당하는 후 천팔괘는 땅이나 사람 등 인사(人事)에 적용하여 사방과 팔방 등을 표시할 수 있다. 경복궁 근정전 향로 위쪽 입구 둘레에 배치된 팔괘 와 집옥재 팔우정 천정팔괘도 후천팔괘로 방향을 표시하고 있으며 옛날에 쓰던 연적이나 제례에 사용하던 향로 등에 후천팔괘 문양이 사용되었다. 광화문에 서 사용되고 있는 후천팔괘의 방향을 북쪽-동쪽-남쪽-서 쪽 순서로 열거해 보면 감(坎: 북)-간(艮: 북동)-진(震: 동)- 손(巽: 동남)-리(離: 남)-곤

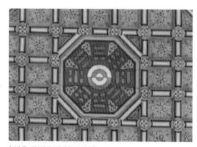

| 집옥재 팔우정 천정 팔괘

한권으로읽는경복궁

(坤: 남서)-태(兌: 서)-건(乾: 서북)이다.

64괘와 광화문 남쪽 리(離)괘의 명칭

64괘는 8괘가 상하 중첩하여 만들어진 6효의 중괘(重卦)이다. 8 괘는 소성괘로 하나의 사물을 뜻한다면 64괘는 대성괘이고 각 사물이 결합하여 만든 사건을 말한다.

8괘가 결합하는 방식과 각 효(爻) 간의 상호 관계에서 발생하는 의미와 사건으로 전체적인 괘의 내용과 의미가 규정된다고 하겠다.

경복궁 내에 1926년 조선총독부가 들어서면서 광화문은 그 이듬해 경복궁 동문 북쪽으로 이전하였다. 광화문 8괘 문양은 이전 직전 1925년 조선총독부 다케우치 타츠지가 그린 광화문 도면과 1968년 중건 도면에도 존재했었다. 2010년 광화문 복원 시 위 도면을 참고하였기 때문에 지금 광화문에는 8괘 문양이 장식되어 있다. 아래 사진과 표는 광화문 광장에서 광화문을 통해 경복궁으로 들어오는 남쪽 방향 한가운데에 있는 8괘와 64괘 문양이다.

사진에서 가운데 굵은 무늬로 표현된 괘는 8괘 중 리(離)괘로 '밝음과 불'을 상징하고 방향은 남쪽이다. 3개의 효(爻) 중 양효(陽 爻: ━)가 아래위로 하나씩 있으며, 음효(陰爻: ━ ━)는 가운데 하나인 모양이다. 리(離)괘를 둘러싸고 있는 8개의 다른 문양은 64괘 중의 하나로 3개의 효로 만들어진 소성괘인 8괘가 아닌 6개의 효로 만들어진 대성괘 64괘이다. 아래쪽에 고정된 리(離)괘는 그대로 있고, 이를 일정(一貞: 하나로 정해 짐)이라 한다. 위쪽 괘 8개만 바뀌어 만들어진 대성괘(64괘)가 배치된 규칙성을 발견할 수 있다. 예를 들면 광화문 그림에서 중앙 리괘의 바로 아래에 있는 64괘 이름을 읽을 때는 '위에 있는 8괘의 뜻을 먼저 읽고 다음에 그 아래에 있는 8괘'를 읽고 나서 64괘 이름을 읽는다. 위에 있는 8괘는 감(坎)괘

| 광화문과 남쪽 리괘 문양 | 광화문 남쪽 리괘와 64괘 실물

이고 뜻은 수(水: 물)이며 아래는 한결같이 리(離)괘로 뜻은 화(火: 불)이다. 64괘로는 기제(旣濟)괘라고 한다. 그러므로 64괘 중 63번째 괘인 '수화기제(水火旣濟)'라고 읽는다.

광화문은 중앙 8괘를 중심으로 하단부터 오른쪽으로 감-간-진-손-리-곤-태-건의 순서로 배치되었고 그에 따라 괘의 명칭을 부른다.(이는 북쪽에서 남쪽을 바라보는 모습으로 방향의 순서가 정해지는데 광화문의 경우 남에서 북을 보고 있어서 실제로는 반대로 표현되었다.)

괘의 모양				괘의 명칭		
곤상리하 坤上離下	리상리하 離上離下	손상리하 巽上離下		지화명이 地火明夷	중화리 重火離	풍화가인 風火家人
태상리하 兌上離下	리 離	진상리하 震上離下		택화혁 澤火革	리(離) 팔괘	뇌화풍 雷火豊
건상리하 乾上離下	감상리하 坎上離下	간상리하 艮上離下		천화동인 天火同人	수화기제 水火旣濟	산화비 山火賁

| 광화문 남쪽 리괘와 64괘 명칭

후천팔괘의 응용 범위

광화문 여장에 있는 팔괘문은 후천팔괘를 사용했으며 이는 경복궁 근정전 향로, 팔우정에 천정에 있는 팔괘와 같다고 하였다. 이는 경복궁이 하늘의 궁(별자리)을 지상에 표현한 궁으로 여러 사람 가운데 덕이 가장 높은 왕이 사는 곳이기 때문이다. 하늘의 법칙을 그대로 이어받아 지상에 이를 구현한 존귀한 존재가 왕이므로 그가 거주하며 정치하는 공간도 체용 법칙에 따라 용(用)에 해당하는 궁궐을 하늘과 똑같이 지상에 만든 것이다.

아래 팔괘인 리(離: 불)괘를 고정하고 위 팔괘가 바뀌는 방향은 북(감)-북동(간)-동(진)-동남(손)-남(리)-남서(곤)-서(태)-서북(건) 순서로 배열되었다. 이에 따라 64괘 명칭은 순서대로 수화기제-산화비-뇌화풍-풍화가인-중화리-지화명이-택화혁-천화동인 순서이다. 이처럼 광화문 여장에는 팔괘와 64괘 문양을 동시에 표

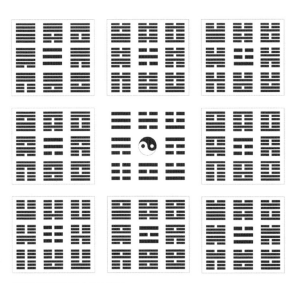

| 광화문 여장 8괘와 64괘 상세도

| 광화문 북쪽 방향에서 본 여장과 8괘 | 광화문 북쪽 중앙 괘 모습

현하여 배치하고 문양을 만들었다. 이는 단순히 광화문 여장을 장식하기 위한 문양전으로서 역할 뿐만 아니라 동양사상의 핵심 사상인 주역의 괘를 규칙적으로 배치하여 이상적인 왕도정치를 실현하고자 하는 뜻에서 요순임금이 공순히 남면만 하였을 때와 같은 태평성대를 꿈꿨던 것이다.

낙서일정팔회(洛書一貞八悔) 원리로 64괘 정하다

선천팔괘는 상하로 건(乾: 하늘)과 곤(坤: 땅)이 좌우로는 이(離: 불)와 감(坎: 물)이 자리하지만, 후천팔괘는 남북에 리괘와 감괘, 동서에 진괘와 태괘가 각각 자리한다. 팔괘에서 대성괘를 이루는 방법은 두 가지가 있는데 하나는 복희일정팔회(伏羲一貞八悔)이고 다른 하나는 낙서일정팔회(洛書一貞八悔)이다. 복희일정팔회는 선천팔괘의 원리를 활용하고 낙서일정팔회는 후천팔괘를 활용한다.

일정팔회(一貞八悔)란 소성괘(8괘)중 하나를 아래에 그대로 고정하여 그 자리에 두어 움직이지 않는 것을 일정(一貞) 또는 정고(貞固)라 한다. 다만 위에 여덟 개의 8괘만 변화하여 64괘(대성괘)를 만드는 원리이다. 광화문은 이 중 낙서일정팔회의 생성 순서로 정하여 놓았다.

광화문 북쪽 8괘를 기준으로 낙서일정팔회에 의한 배치 원리를 살펴보면, 중앙에는 8괘 중 북쪽을 상징하는 감(坎: 물)괘이다. 감괘가 고정되어 일정(一貞)으로 아래에 놓여 그대로 있고, 위에 오는 8괘는 북쪽 중앙 아래부터 시계 방향으로 '감-간-진-손-리-곤-태-건'괘의 배치이다. 이로써 만들어진 64괘의 명칭은 중수감-산수몽-뇌수해-풍수관-화수미제-지수사-택수곤-천수송이다. 이렇게 일정(一貞)에 해당하는 8괘와 위에서 변화하는 8괘가 반복하여 8괘×8괘로 64괘를 얻을 수 있다. 이를 낙서일정팔회라고 한다. 여기에서 주의할 점은 주역에서 방향은 항상 내가(임금) 중심이므로 내가 있는 곳은 북쪽이고 그곳에서 남쪽을 바라보게 된다. 결국 남(南)은 앞이고 북(北)은 뒤이며 동은 좌측이고 서는 우측이라는 사실이다. 광화문의 경우 편액이 걸려있는 쪽이 남쪽으로 남에서 북을 향해 가는 모습이다. 이에 따라 방향을 잘못 이해하면 8괘와 64괘의 위치가 헷갈리게 된다. 또한 복희일정팔회는 선천팔괘를 기준하고 있으며 낙서일정팔회는 후천팔괘의 차서(次序) 원리에 의해 만들어졌으므로 그 생성 원리를 알면 광화문 여장 8괘 문양 형성과 의미를 이해할 수 있다.

괘의 모양		
손상감하 巽上坎下	리상감하 離上坎下	곤상감하 坤上坎下
진상감하 震上坎下	감중련 坎中連	태상감하 兌上坎下
간상감하 艮上坎下	감상감하 坎上坎下	건상감하 乾上坎下

괘의 명칭		
풍수환 風水渙	화수미제 火水未濟	지수사 地水師
뇌수해 雷水解	감(坎) 팔괘	택수곤 澤水困
산수몽 山水蒙	중수감 重水坎	천수송 天水訟

| 광화문 북쪽 감괘와 64괘 명칭(광화문 기준- 북쪽에서 남쪽으로 볼 때)

괘는 우주의 원리를 담은 문양

광화문 여장 8괘 문양은 후천팔괘의 방향에 따라 낙서일정팔회의 원리로 대성괘가 만들어졌다고 하였다. 8괘와 64괘는 여장을 장식하고 있는 다른 기하학적인 대칭 무늬와 불꽃무늬와 같이 단순한 장식으로 간과하여 파악하는 경우가 많았다. 그러나 주역의 원리로 이를 파악해 본 결과 우주 자연의 법칙과 왕도정치가 자연스럽게 스며들어 있는 문양의 의미로 파악되었다. 주역은 동양사상과 철학의 끝이라고 해도 과언이 아니며 동양의 경서를 학습할 때 가장 마지막에 읽는 책으로 64괘로 세상을 설명하고 있다. 공자는 위편삼절(韋編三絶: 책을 엮은 죽간의 가죽이 세 번 끊어질 정도로 열심히 읽었다는 뜻)을 할 정도로 주역을 좋아하였다. 직접 열 편의 날개[十翼: 십익]를 지어 주역을 재해석하기도 하였다. 이러한 주역의 8괘와 64괘의 핵심 사상을 담은 건물이 바로 광화문이다.

왕의 바른 교지(教旨)가 이 문을 통해 나가 백성이 그 덕에 자연적으로 교화되는 원리가 광화문 8괘에 담겨 있다. 육축과 문루를 연결하는 여장은 아름다운 문양으로 미적 감각을 살리는 동시에 동양철학과 사상의 진수인 주역의 원리를 담아 그 의미는 광화문이라는 이름보다 그 의미는 더욱 크다고 하겠다.

03

금천과 다리는
왜 궁궐에
있었을까?

홍례문을 들어서면 좌우 행랑이 있고 중앙 돌길[御道, 御路, 三道]을 따라 10여 미터 앞쪽 중앙에 있는 다리가 영제교다. 다리 아래로는 물이 흐르는 도랑이 있는데 어구(御溝)라는 명칭을 쓴다. 영제교 교각, 네 귀퉁이에는 돌로 만든 용의 형상을 한 동물이 있고, 다리 주변에도 몸에 비늘과 머리에 뿔이 보이는 석수(또는 서수)가 있다. 어구는 조선 시대 모든 궁궐에 있는 공통으로 있었던 시설인데 경복궁에서는 이를 금천(禁川)이라 부르고 그 위 다리의 이름은 영제교(永濟橋)다. 지금은 영제교 아래로 물이 흘러가는 모습을 보기는 힘들지만, 조성 당시에는 이곳으로 항상 물이 흘렀다.

일제강점기인 1915년 경복궁에서 50일간 개최되었던 '시정 5주년 기념 조선물산공진회'를 앞두고 경복궁 내에 있었던 많은 전각이 헐렸는데, 이때 영제교도 철거되었다. 철거된 영제교 부재는 건춘문 안에 있던 조선총독부 박물관 근처에 쌓아 방치되었다. 그 후

| 영제교 | 영제교 위치에 있었던 조선총독부 청사(국가기록원 소장)

1926년 영제교 자리에 조선총독부가 들어서면서 그 자리는 총독부에 묻혀 사라져 버렸다. 1950년대 경복궁 동쪽 조선총독부 박물관 근처에 있던 영제교 부재를 모아 경복궁 서쪽 수정전 앞으로 옮겼다가 다시 1965년에 건춘문과 근정전 밖 동궁 사이로 이전하여 다리를 설치하였다. 이 과정에서 방치와 이전을 거듭하던 영제교 석물 부재는 일부가 분실되고 훼손되었다. 1995년 조선총독부 청사가 철거되고 2001년 홍례문 권역을 복원하면서 건춘문 안쪽에 있던 영제교를 철거하여 지금의 자리로 이전하고 복원하여 현재에 이른다.

궁궐에서 금천의 의미

《태조실록》 태조 4년(1395) 9월 29일과 《태종실록》 태종 11년(1411) 9월 5일에는 다음과 같은 내용이 있다.

> "뜰 가운데에 석교(石橋)와 어구(御溝)가 있으니 물이 흐르는 곳이다."
> "경복궁 궁성 서쪽 모퉁이를 파고 명당(明堂) 물을 금천(禁川)으로 끌어들이라고 명하였다."

경복궁을 지을 당시에는 어구(御溝)에 물이 흐르고 돌다리도 만들

한 권으로 읽는 경복궁

었다. 또한 태종 때에는 경복궁 서쪽 모퉁이를 파서 자연적인 어구를 확장하고 물을 끌어들이도록 하였다. 자연적인 궁궐 내 하천 어구에서 경복궁의 명당 수인 금천으로 확대된 것이다. 태종 12년(1412) 5월에는 경복궁 서쪽에 '경회루'가 확장 중건되면서 경회지 연못에 있던 많은 물이 자연스럽게 넘쳤을 것이고 궁 서쪽 모퉁이도 파서 금천으로 물이 흐를 수 있도록 하였다.

경복궁 금천 위에 놓여 있는 영제교는 그 의미가 무엇인지 정확히 설명해 주는 자료는 없다. 《조선왕조실록》에는 어구와 금천, 영제교 등의 용어를 기록하고는 있지만, 뜻이나 유래, 출전에 관한 언급은 보이지 않는다. '영제(永濟)'는 한자 새김으로 '길 영'자에 '구제할 제(또는 건널 제)'이며 글자대로 해석하자면 '길이 (백성을) 구제한다.'라는 정도이다. 금천에 위에 놓인 다리이니 특별한 이유가 없다면 '금천교'나 '어구교' 등이 되어야 하는 데 '영제교(永濟橋)'라고 이름을 지은 데는 그만한 이유가 있을 것이다.

《세종실록》 세종 8년(1426) 10월 26일에는 다음과 같은 기록이 있다.

> "집현전 수찬(修撰)에게 명하여 경복궁 각 문과 다리의 이름을 정하게 하니, … (중략) 근정문(勤政門) 앞 석교(石橋)를 영제(永濟)라 하였다."

다리는 태조 때부터 '석교'라고 불리다가 세종 8년 경복궁 각 문과 다리의 이름을 정하면서 다리 이름을 '영제'라고 정했다. 여기에서도 이름을 정할 당시 영제의 뜻이나 내력에 대한 언급은 찾아볼 수 없다.

'백성의 뜻이 왕에게 통한다'라는 의미의 영제

영제라는 이름 지어진 이유는 확실치 않으나 한자로 '영(永)'은 '길다'라는 뜻으로 나와 있다. '영(永)'은 거리와 시간에서 중국 장강(양쯔강)처럼 긴 거리를 지속해서 흘러가는 모습을 상상하면 된다. 수나라 때 건설된 대운하로 '영제거(永濟渠)'가 있다. '통제거'는 낙양(洛陽)과 강남 회수를 잇는 운하이고, '영제거'는 낙양에서 탁군[북경]까지 남에서 북쪽까지 길게 연결되어 물자의 소통을 원활하게 했던 운하이다. 남북의 긴 거리를 연결했던 '영제거'는 영(永: 길다), 제(濟: 통한다), 거(渠: 도랑, 구거)를 의미한다. 그러므로 경복궁 영제교는 '길게(영원히) 통하는 다리.'라는 상징적 의미가 있다고 하겠다. 영제교 남쪽은 백성들이 사는 곳이며 그들의 뜻이 이 다리를 통해 시간적으로 '영원히' 북쪽(궁)에 있는 왕과 '통하게' 할 수 있다. '민본 정치'를 기본으로 한 조선에서 성인의 이상 정치를 실현할 수 있는 중요한 통로로서 경복궁 다리 이름을 '영제'라고 지었다는 추론도 가능하다.

궁궐 금천과 영제교의 역할

금천 또는 어구의 기능은 첫째로 명당 수의 역할이며, 명당의 조건은 '배산임수(背山臨水)'이다. 근정문을 등지고 '흥례문'을 바라보면 등 뒤로 백악산이 있고 바로 앞에는 금천과 영제교가 있다. 백악을 등졌으니 이는 배산(背山)이고, 금천을 앞에 두었으니 임수(臨水)로 어구에 흐르는 물은 명당수가 된다. 백악을 중심으로 동쪽으로는 응봉과 낙산이며 서쪽은 인왕산이 있다. 인체에 비유하자면 백악은 머리이고 낙산과 인왕은 각각 좌우 팔에 해당한다. 내가 산을 등지고 남쪽을 향해 있을 때 그곳은 따뜻한 해의 기운을 받음과 동시에 양팔에 해당하는 좌우(동서) 산이 바람을 막아 기를 보호해 준다. 바로 이러한 곳을 명당이라고 하는데 명당을 완성하기 위한 결정체가 명당 수다. 경복궁 명당 수는 백악에서 흐르는 기를 끊어 경복궁에 머물게 하는 대문 역할을 하고 있다. 도읍 한양의 명당수는 청계천(조선 시대에는 개천이라 부름)이며, 서에서부터 동으로 한양을 가로질러 흘러갔다. 경복궁의 명당 수 흐름도 방향이 같다.

금천의 두 번째 역할은 궁궐 안팎을 구분하는 기준점이다.《세종실록》세종 13년 12월 10일 광화문과 영제교의 뜰 등에 출입을 금한 기록이 있다.

"금후로는 광화문에 부녀자들의 출입을 금하고, 영제교 뜰과 근정전의 뜰에도 또한 들어오지 못하도록 하라."

세종 13년까지도 영제교 주변과 심지어 근정전까지도 일반 백성들의 출입이 가능했던 것으로 보인다. 세종 13년 이후 영제교 등의 백성 출입을 금하면서 자연적으로 궁궐과 일반 백성의 공간을 금천 기준으로 구분하였다. 궁궐뿐 아니라 종묘나 왕릉에서도 출입구 앞으로는 금천이 있으며, 사찰 입구에도 세심천(洗心川)이 존재한다. 냇물을 건너면서 몸과 마음의 때를 물에 씻고 정화(淨化)하여

| 경복궁 동쪽으로 흐르는 금천 | 홍례문에서 본 영제교

들어오라는 의미이다. 궁궐 금천에는 '삿된 몸과 마음'으로 들어오
지 못하도록 다리 주변에 벽사를 상징하는 서수를 설치하였다.

금천의 세 번째 역할은 조하와 각종 의례를 준비하고 진행하는
기준점이 된다.《세종실록》에는 다음과 같이 기록하고 있다.

> "정지백관조하의(正至百官朝賀儀: 설날과 동지에 백관들이 참가하는
> 대조하)에는 문관 2품 이상의 자리는 영제교 북쪽의 길 동쪽에 설치하고,
> 3품 이하의 자리는 영제교 남쪽에 설치한다. 종친과 무관 2품 이상의 자
> 리는 영제교 북쪽의 길 서쪽에 설치하며, 3품 이하의 자리는 영제교 남쪽
> 에 설치하되, 매 품등마다 자리를 달리하여 겹줄로 하여 서로 마주 향하
> 고 북쪽을 상으로 한다."

조하 시 백관들은 영제교 남과 북을 기준으로 조하에 참가하기
위해 대기를 하고 있다가 북이 두 번 울리면 근정전으로 입장하여
조하를 행한다. 북이 3번 울리면 왕이 자리에 오르고 식이 진행되는
데 마지막으로 백관들은 왕을 향해 천세(千歲)를 외치고 네 번 절한
후 행사를 마친다고 하였다. 이처럼 영제교는 조하와 각종 의례를
준비하는 백관들의 대기와 준비 장소이자 근정문 앞에서 의례를 행
할 때 행사 장소가 되기도 했다.

영제교 주변의 석물 기록

영제교 주변에는 총 8점의 서수(瑞獸)가 있는데, 이 석물들에 대
한 기록과 모습은 영조 46년(1770) 유득공의《춘성유기(春城遊記)》
에서 찾아볼 수 있다.

|영제교 주변 석물(공복)

"…다음 날 옛 궁궐 경복궁으로 들어갔다. 궁 남문 안에는 다리가 있는데
다리 동쪽에는 돌 천록이 두 마리 있고, 다리 서쪽에는 한 마리가 있다.
천록의 비늘과 갈기가 잘 새겨져 있어 생생하였다. 남별궁 뒤뜰에는 등
에 구멍이 뚫려 있는 천록이 한 마리 있었는데 이것과 아주 비슷하다. 필
시 다리 서쪽에서 이전한 하나임이 분명하다. 그러나 입증할만한 근거는
있지 않다."

내용의 핵심을 보면 다리에는 천록(전설 속의 신수이며 돌로 그
모습을 새김)이 있으며 비닐과 갈기가 잘 새겨있어 생생했다고 한
다. 천록 중 하나는 남별궁(소공동에 있던 태종의 경정공주 집으로
현재 웨스틴조선호텔이 있는 곳) 뒤뜰에 있던 구멍이 뚫린 천록과
비슷하다고 하였으나 그 증거는 없다고 하였다. 청장관 이덕무는
《청장관전서》51권 〈이목구심서(耳目口心書)〉4편에서 다음과 같

| 영제교 주변 석물(천록)

이 적었다.

"경복궁 어구의 곁에 누워 있는 석수(石獸)가 있다. 얼굴은 산예 같은데
이마에 뿔이 하나 있으며 온몸에는 비늘이 있다. 산예인가 하면 뿔과 비
늘이 있고, 기린인가 하면 비늘이 있는 데다 발이 범과 같아서 이름을 알
수 없다. 후에 상고해 보니, 남양현(南陽縣)의 북쪽에 있는 종자비(宗資
碑) 곁에 두 마리의 석수(石獸)가 있는데, 그 짐승의 어깨에 하나는 천록
(天祿)이라 새겨져 있고, 하나는 벽사(辟邪)라 새겨져 있다.
뿔과 갈기가 있으며 손바닥만 한 큰 비늘이 있으니 바로 이 짐승이 아닌
가 싶다. (중략)

그는 영제교에 있는 석수가 '뿔과 갈기, 손바닥만 한 큰 비늘'이
있는 것을 들어 이 짐승을 천록으로 보았던 것이다. 금천으로 흐르

한 권으로 읽는 경복궁

고 있는 물을 바라보고 있는 천록은 유득공이 경복궁을 방문했을 때는 천록 3마리만 보았다고 했지만, 지금은 4마리 모두를 볼 수 있다. 세월이 흐르고 영제교도 철거와 이전을 거듭하였지만, 그때의 천록이 지금까지 이어지는지는 확인할 수 없다. 다만 지금도 영제교 위와 주변에서 이곳을 통해 들어오려는 사악한 기운을 막고 지키는 수호신이라는 사실에는 변함이 없다.

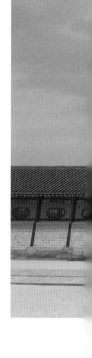

04

왕의 즉위식
근정문에서
이루어지다

음악과 춤이 없었던 조촐한 즉위식

근정전은 정전 또는 법전으로 불리는 데 이곳은 조하(진하)나 즉위식 등 공식 행사가 열렸던 곳이다. 그중 나라의 큰일이라고 할 수 있는 왕의 즉위식은 당연히 근정전에서 열렸을 것으로 생각하지만 실제로는 그 문 앞에서 간단한 절차로 치러졌다. 국상으로 부왕이 승하한 상태에서 치러야 하는 즉위식이기에 유교 사회에서 기쁨보다는 부모를 잃은 슬픔이 앞서는 의식이었다. 부생아신 모국오신(父生我身 母鞠吾身: 아버지 날 낳으시고 어머니 날 기르셨다)의 의미뿐만 아니라 만백성의 아버지로서 추앙받는 선왕의 홍서(薨逝: 왕의 죽음)를 수습하기 위해서는 아무 탈 없이 조심하고 삼가면서 차기 왕권으로 이어가야만 한다.

왕조 국가에서 왕의 유고는 국가의 유고, 그 자체였다. 조선 시대 왕의 죽음은 하늘이 무너지는 엄청난 일이었음에도 이를 예법

한권으로읽는경복궁

| 왕의 즉위식이 거행된 근정문 앞

절차에 따라 하나하나 처리하면서 자연의 순리대로 이끌어가고자
노력하였다.

왕이 왕위에 오르는 경우로는 선왕의 승하로 치르는 사위(嗣位)
와 살아있을 때 물려주는 선위(禪位), 반정에 의한 즉위 등으로 상
황에 따라 즉위 장소와 규모를 결정되었다.

국조오례의 사위(嗣位) 주요 의식

《국조오례의》흉례 편에는 왕이 죽으면 그 후에 국장의 절차를
자세히 규정하고 있는데 그중 사위(嗣位)에 대해서도 기록하고 있
다.

고명(유언) → 초종(햇솜을 코에 댐) → 복(상위복) → 역복불식(3일 동
안 금식) → 계령(음악 멈춤. 시장 정지. 빈전도감 등 설치) → 목욕. 습(9

겹) → 위위곡(왕가족 곡) → 거림(대소 신료 곡) → 소렴(3일째 19벌) →
대렴(5일째 90벌) → 성빈(빈전을 차림) → 여차(왕자와 가족 임시거처)
설치 → 성복(상복 입음) → 사위(嗣位)

성종은 의경세자(덕종 추존)와 소혜왕후 한씨 사이에 둘째 아들
자산군으로 태어났다. 의경세자는 세조의 장남으로 태어났으나 세
자로 20세에 일찍 죽었고 세조를 이어 둘째 아들 해양대군이 왕위
를 이었다. 해양대군은 예종으로 왕위에 오른 지 불과 1년 2개월 만
에 죽었다. 국조오례의에는 왕이 죽은 뒤 6일째에 즉위식을 하도록
정하고 있지만, 성종은 예종이 경복궁 자미당에서 진시(7시~9시)
에 승하하니 자성대비(정희왕후 윤씨)의 명으로 그날 신시(오후 3
시~5시)에 서둘러 즉위식을 진행하였다. 자산군이 근정문에서 즉
위하니 문무백관이 조복(朝服)을 갖추고 하례하였다.

조선 왕 중에서 가장 효심이 강한 왕이었다고 하는 인종은 재위
기간이 8개월로 이 또한 가장 짧았다. 인종이 경복궁 청연루 소침
에서 승하하자 경원대군이 6일째 되는 날 근정문에서 즉위하였다.
중종의 계비 문정왕후의 아들 명종이다. 인종은 어려서부터 효심이
강했는데 부왕뿐만 아니라 계비 문정왕후에 대해서도 마찬가지였
다. 문정왕후는 제 아들 경원대군을 왕세제(王世弟)로 만들었고 인
종이 후사 없이 죽자 사위 형식으로 근정문에서 즉위하였다.

《인종실록》 인종 1년(1545) 7월 6일 기사에는 인종이 승하하고
왕세제였던 명종이 보위를 잇는 즉위식의 절차와 형식이 나타나 있
다.

"미시에 사왕이 면복을 갖추고 여차에서 나와 사정전의 동쪽 뜰에 있는
욕위에 나아가 꿇어앉아, 사향이 향을 올린 뒤에 사배하고 나서, 동쪽 섬

돌로부터 올라가 향안 앞에 나아가 꿇어앉았다. 영의정 윤인경이 유교를 받들고 나와서 사왕에게 주니 사왕이 유교를 받아서 보고 나서 도승지 송기수에게 주고, 좌의정 유관이 대보를 받들고 나와서 사왕에게 주니 사왕이 받아서 좌승지 최연에게 주었다. 왕이 동쪽 뜰에 있는 욕위로 내려가 사배하고 나서, 사정문 밖에 있는 악차로 나갔다. 통례원이 백관의 반열이 정제되었음을 고하자, 왕이 악차에게 나와 여를 타고 나와서 근정문에서 즉위하였다. 백관이 사배삼고두하고 산호하고 또 사배하고 나서 상이 대내로 돌아와 면복을 벗었다."

인종이 승하로 왕세제였던 명종이 보위를 잇는 즉위식은 인종이 7월 1일 경복궁 청연루 아래 소침에서 승하하자 사정전에 빈전을 설치하고 소렴과 대렴을 거쳐 5일째 상복(喪服)으로 갈아입는 성복을 완료하였다.

승하 6일째에 사왕 명종(경원대군)은 빈전 여차(빈전 임시로 기거하는 천막)에서 즉위식을 치르기 위한 면복을 입고 사정전(빈전) 욕위(임금이 절하는 자리)에 나가 선왕의 유구에 네 번 절하고 향을 놓는 상 앞에 꿇어앉았다. 영의정은 선왕(인종)이 내린 명을 보위를

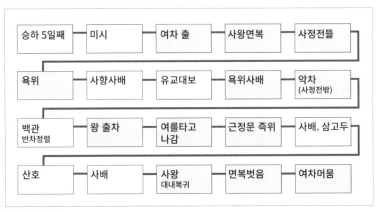

| 명종 즉위 절차

잇는 명종에게 주었다. 명종은 그를 읽은 후 도승지에게 인계하여 주고 좌의정이 대보(임금의 인장)를 건네자 명종이 받아서 좌승지에게 건넨다. 사왕(명종)은 다시 욕위로 내려와 네 번 절하고 사정문을 나와 그 앞 임시 천막으로 간다. 즉위식을 맡아보는 관청인 통례원에서 의식을 위해 백관들이 도열하였다고 하자 사왕은 임시 천막에서 나와 가마를 타고 근정문으로 이동해서 즉위하였다.

즉위를 마친 후 백관들은 사왕(명종)에게 '네 번 절하고 세 번 조아리며' 천세를 삼창하였다. 즉위식을 마친 사왕이 다시 빈소로 돌아와 면복을 벗고 상복으로 갈아입는다. 이처럼 왕의 즉위식은 선왕의 승하라는 국가적인 슬픔에서 치러지는 의식인 만큼 의례를 위한 음악이나 춤, 간단한 퍼포먼스도 없이 정전문 앞에서 조촐하고 간단하게 이뤄졌다. 정전(正殿)문이 일반적인 즉위 장소였다.

경복궁 근정문에서 즉위한 왕은 단종과 성종, 명종이었으나 임진왜란 이후 경복궁이 270여 년간 중건되지 못하여 동궐과 서궐, 경운궁 등이 즉위 장소가 되었다. 통상적으로 즉위식은 경복궁에서의 경우와 마찬가지로 선왕이 승하한 궁궐의 정전문 밖에서 이뤄졌다.

정전(근정전)문 외 다른 장소에서 즉위한 경우

조선왕들은 모두 선왕이 승하하면 간단한 즉위 절차에 의해 왕위에 올랐던 것만은 아니다. 적장자나 정해 놓은 세자나 세손, 세제가 없을 경우나 살아 있으면서도 자신이 상왕으로 물러나고 세자에게 왕위를 물려주는 일도 있었다.

《태종실록》 태종 18년(1418) 8월 10일에는 다음과 같은 내용이 있다.

"왕세자가 내선(內禪)을 받고 근정전에서 즉위하였다. (중략) 세자로 하

| 세종이 즉위한 근정전 조정

여금 국왕의 의장(儀仗)을 갖추어 경복궁(景福宮)에 가서 즉위(卽位)하
게 하였다." (후략)

《세종실록》 즉위년(1418) 8월 11일에는 다음과 같이 기록하고
있다.

"임금이 근정전에 나아가 교서를 반포하기를 (중략) 그런데 근자에 오랜
병환으로 말미암아 청정(聽政)하시기에 가쁘셔서 나에게 명하여 왕위를
계승케 하시었다. 나는 학문이 얕고 거칠며 나이 어리어 일에 경력이 없
으므로 재삼 사양하였으나, 마침내 윤허를 얻지 못하여, 이에 영락 16년
무술(戊戌) 8월 초 10일에 경복궁 근정전에서 백관의 조하(朝賀)를 받고
즉위하였는데 부왕을 상왕으로 높이고 모후를 대비(大妃)로 높이었다."

이 두 기사에서 알 수 있는 사실은 세종은 사위(嗣位)가 아닌 부왕이 살아 있는 가운데 세자에게 왕위를 물려주는 내선 형식으로 근정전에서 백관의 조하를 받으면서 즉위하였다. 당시 태종은 상왕으로 높이고 어머니인 원경왕후 민씨를 대비로 높였다. 태종은 상왕으로 물러난 후에도 죽을 때까지 병권을 행사하였는데 태종의 병권 장악을 비판했던 국구이자 영의정이었던 심온을 사사하고 대마도를 정벌하는 등의 활동은 계속하였다. 태종의 강력한 왕권 강화 정책으로 차기 세종의 문치 시대가 펼쳐질 수 있는 기반을 마련했다. 이와 같은 태종의 왕위 계승 방식을 선위(禪位)라고 한다.

세종의 장남 문종은 29년간이라는 긴 세자 생활을 보냈고, 세종이 죽자 조선의 5대 왕에 올랐다. 세종은 경복궁 강녕전이나 교태전 등 궁궐 연침이 아닌 영응대군 집에서 승하하였다. 이 때문에 빈전 설치에 백관들의 의견이 분분하였다. 태종이 머물렀던 수강궁이나

| 문종 빈전으로 사용된 자선당

한권으로 읽는 경복궁

경복궁 자선당 등으로 빈전을 옮기자는 의견이 거론되었지만, 편리
성과 소박한 장소를 이유로 승하한 영응대군 집 동별궁에 정했다.
세종이 승하한 지 6일째 즉위식이 거행된 곳은 영응대군 동별궁 빈
전 문밖이었다. 왕의 죽음은 국가의 최대 위기 상황이며 국정 공백
을 최소화하기 위해 이처럼 즉위 일자를 《국조오례의》에 정해 놓은
것이다.

《문종실록》 문종 즉위년(1450) 2월 22일에는 다음과 같이 기록
하고 있다.

> "임금이 면복(冕服) 차림으로 널 앞에서 선대왕의 유지를 받고 빈전 문
> 밖의 장전에 나가서 즉위의 예식을 행하였다. 슬피 울면서 스스로 견디
> 지 못하니 옷소매가 다 젖었다. 임금이 면복을 벗고 상복(喪服)을 다시
> 입었다."

여기에서 '빈전 문밖의 장전'은 세종이 훙서한 장소인 '영응대군
집 동별궁 문 앞에 임시로 설치한 장막'이다. 세종이 영응대군 집에
서 승하하였으니 즉위 장소도 바로 그곳에 정한 것이다. 선왕의 승
하로 왕을 잇는 사위(嗣位)가 궁궐이 아닌 승하 장소에서 이루어진
예라 하겠다.
문종의 뒤를 이어 단종이 불과 12세의 나이에 근정문에서 사위
하였으나 4년도 못 돼서 수양대군에게 선위 형식으로 왕위를 물려
주었다.

《세조실록》 세조 1년(1455) 윤6월 11일 기사에는 '혜빈 양씨·
상궁 박씨 등을 귀양 보내고 노산군이 세조에게 선위한다.' 내용이
있다.

"동부승지 성삼문이 상서사(尙瑞司)로 나아가서 대보를 내다가 전균으로 하여금 경회루 아래로 받들고 가서 바치게 하였다. 노산군이 경회루 아래로 나와서 세조를 부르니, 세조가 달려 들어가고 승지와 사관이 그 뒤를 따랐다. 노산군이 일어나서니, 세조가 엎드려 울면서 굳게 사양하였다. 노산군이 손으로 대보를 잡아 세조에게 전해 주니, 세조가 더 사양하지 못하고 이를 받고는 오히려 엎드려 있으니, 노산군이 명하여 부액해 나가게 하였다. (중략) 세조가 사정전으로 들어가 노산군을 알현하고 면복을 갖추고, 근정전에서 즉위하였다."

단종이 경회루 아래에서 수양대군에게 대보(大寶)를 수양에게 주었고 근정전에서 선위 형식으로 즉위식을 거행한 것이다. 평화로운 왕위 계승으로 보이지만 '선위'라는 명분으로 계유정란을 일으켜 왕위를 찬탈했다.

반정(反正)으로 즉위한 중종과 인조

반정으로 연산군을 몰아내고 인수대비의 명으로 즉위한 중종과 광해군을 내치고 인목대비의 명으로 즉위한 인조 모두 절차상 대보는 왕대비가 전하는 형식을 취했다. 일반적인 사위나 선위와는 달리 당시 상황에 맞는 장소에서 즉위하였다.

연산군을 폐위시킨 중종은 반정에 성공한 역사적인 그날 인수대비의 명에 의해 신시에 근정전에서 즉위하였고, 백관의 하례를 받았으며 사면령을 내렸다. 동시에 전왕을 폐위하여 연산군으로 강봉하고 교동으로 옮겼으며, 일주일 만에 왕비 신씨도 폐하여 사저로 내보냈다. 반정 이후 모든 과정이 일사천리로 진행되면서 진성대군(중종)은 면복도 준비하지 못한 채 왕위에 올라야 했다.

광해 15년(1623) 3월 12일에 서인 세력 이귀를 중심으로 한 사

| 인조가 즉위한 경운궁 서청(즉조당)

림들이 거사를 일으켰던 인조반정. 반정 당일 인목대비에게 허락을 받은 후, 그다음 날 서청에서 예를 갖추어 어보를 전달받고 정통성을 인정받아 왕으로 즉위하였다. 인조가 즉위한 경운궁 서청은 즉조당(卽祚堂)이다.

상황에 따른 즉위 장소의 변화

제1차 왕자의 난으로 세자 방석과 정도전, 남은이 죽고 10일이 지나자 태조 이성계는 세자 방과에게 근정전에서 왕위를 물려주고 상왕으로 물러났다. 그 후 정종은 한양에서 개경 유후사(留後司)로 다시 돌아갔고, 개경에서 2차 왕자의 난이 발생하면서 방원에게 왕위를 선위하였다. 태종 이방원은 개경 수창궁에서 즉위하였는데 몇 번의 사양 끝에 부득이 수락하였다.

예종은 세조 14년(1468) 9월 8일 '태상왕이 수강궁 정침에서 훙서'하였는데 태상왕이라고 지칭한 이유는 세조가 승하하기 하루 전에 즉위식이 이뤄졌기 때문이다. 세조는 수강궁 청침에서 오랫동안 정사를 보지 못한 채 병석에 누워 있었고, 더는 회복이 어렵다고 판단하여 예조판서 임원준을 불러 세자에게 왕위를 전하라고 명하였다. 즉위식 장소는 세조가 병으로 오랫동안 있었던 수강궁 중문이었다.

명종 22년(1567) 6월 28일 축시 경복궁 양심당에서 명종이 승하하였다. 6일째 되는 7월 3일 근정전에서 선조가 즉위하고 왕대비가 수렴청정하였다. 특이한 점은 선조의 유모가 옥교(屋轎)를 타고 들어와 간청했는데 그것을 들어주지 않았다. 오히려 옥교를 타고 들어온 것을 책망하며 집으로 갈 때는 걸어서 가도록 했는데 이는 선조의 조심스러운 성품을 읽을 수 있는 내용이다.

| 조선왕 즉위 장소 및 방법

대	왕	궁궐	즉위공간	방법
1	태조	수창궁	강안전	개국(禪讓)
2	정종	경복궁	근정전	선위(禪位)
3	태종	수창궁	강안전	선위
4	세종	경복궁	근정전	선위
5	문종	영응대군 집	동별궁	사위(嗣位)
6	단종	경복궁	근정문	사위
7	세조	경복궁	근정전	선위
8	예종	수강궁	중문	선위
9	성종	경복궁	근정문	사위
10	연산군	인정전	인정전 처마	사위
11	중종	경복궁	근정전	반정(反正)
12	인종	경복궁	근정문	사위
13	명종	경복궁	근정문	사위
14	선조	경복궁	근정전	선위
15	광해군	정릉동행궁	서청	사위
16	인조	경운궁	서청(즉조당)	반정
17	효종	창덕궁	인정문	사위
18	현종	창덕궁	인정문	사위
19	숙종	창덕궁	인정문	사위
20	경종	경희궁	숭정문	사위
21	영조	창덕궁	인정문	사위
22	정조	경희궁	숭정문	사위
23	순조	창덕궁	인정문	사위
24	헌종	경희궁	숭정문	사위
25	철종	창덕궁	인정문	사위
26	고종	창덕궁	인정문	사위
27	순종	경운궁	돈덕전	선위

05

조하와 품계석

조정이란?

근정전은 밖에서 보면 중층 건물이지만 내부는 1, 2층이 뚫려있는 '통층'의 형태를 하고 있다. 실용성보다는 건물 앞 2단 월대와 함께 근정전의 위상을 나타내고 있다. 정전 또는 법전이라고 부르는 근정전은 조하와 진찬 등 궁중 공식 행사를 하는 공간이다. 근정문을 들어서면 '박석'이라고 하는 얇은 돌이 깔린 넓은 마당을 조정이라고 한다. '조정(朝廷)'은 '조회하는 뜰'이라는 의미이다. 근정전 삼대 조하는 정월 초하루와 동지, 왕과 왕비의 탄신일에 열렸다.〈근정전정지탄일조하지도〉에는 상세한 조하 장면을 그려 있는데 행사에 참석했던 세자와 문무백관, 종친과 내명부 등의 위치 등을 소상히 기록하고 있다.

조정 중앙에는 왕의 길[御路]이 있고 그를 중심으로 동서에 일정한 간격으로 서 있는 비석 모양의 품계석이 있다. 품계석의 용도

| 근정전 조정과 품계석

는 백관들이 조하 등에 참석했을 때 품계에 따라 참석자의 위치를 표시하는 표지석이다. 정전 품계석은 조선 후기 정조 때 창덕궁 '인정전'에 처음으로 세웠는데 경복궁 근정전에는 1867년 중건 시 새로 세워졌다. 정조 때 제작된 〈근정전정지탄일조하지도(勤政殿正至誕日朝賀之圖)〉에는 품계석이 표시되어 있지는 않으나 문반과 무반이 동서로 나뉘어 품계석의 순서와 같이 앞쪽에 정일품으로부터 뒤쪽 구품까지 표시되어 있다.

조의진하(朝儀陳賀)

근정전에서 열린 조하에 대해 《경국대전》에는 '정지. 삭망. 대전왕비탄일. 왕세자백관조하(正至. 朔望. 大殿王妃誕日. 王世子百官朝賀)'로 기록하고 있는데 정월 초하루와 동지, 매월 초하루와 보름, 왕과 왕비 탄신일에 왕세자와 문무백관이 조하했다는 내용이다. 삭

망에는 왕에게만 조하를 했고, 외직에 있는 관료는 소재지에서 진하(陳賀)만을 행했다. 세자빈은 왕과 왕비 탄신일, 정지에 조하를 했으며 내·외명부는 왕비 탄일과 정지에만 조하를 행했다.

정지(正至)와 왕과 왕비의 탄신일은 3명절(三名節)로 정전에서 열렸다. 정전에서의 조하 모습은 1778년 〈정아조회지도(正衙朝會之圖)〉와 《춘관통고(春官通考)》 〈근정전정지탄일조하지도(勤政殿正至誕日朝賀之圖)〉, 1783년으로 제작된 것으로 추정되는 〈진하도(陳賀圖)〉에 상세히 기록되어 있다. 〈근정전정지탄일조하지도(勤政殿正至誕日朝賀之圖)〉는 경복궁 정전에서 조하 장면을 그렸고 나머지 둘은 창덕궁 인정전에서 조하와 진하 장면이 담겨있다. 정전 내부의 모습과 어로에 둔 가마, 문무관과 종친 등의 위치, 품계석까지도 상세히 나와 있다. 조하 시 왕은 곤룡포에 원유관을 썼으며 주악이 울리면 자리에 앉아 세자와 문무백관의 사배(四拜)를 받았다.

품계석의 제작과 설치 경위

근정전 조정 어로 양쪽 종친과 백관의 위계를 표시하는 품계석은 고종 5년(1867) 경복궁을 중건할 때 동서에 각각 12개씩 24개가 세웠다. 이는 정조 1년(1777) 창덕궁 인정전 뜰에 품계석을 세워 조하 때 신분과 등급에 따라 품계 별로 줄을 정하도록 한데서 연유한다. 근정전 박석은 강화 '매도'에서 가져온 돌을 사용하여 조정에 깔았고 품계석은 경회루 북쪽에 있던 '간의대 옥석'을 헐어서 만들었다. 간의대는 경회루 북쪽에 설치하였던 천체 관측 기구인 '간의'를 설치하기 위한 대로 세종 때 간의는 높이가 31자(9m), 길이 47자(14m)로 대형 매머드급이었다. 간의를 설치하기 위한 간의대는 서울 종로구 계동의 현대건설 빌딩 앞에 있는 관천대와 흡사했다. 경복궁 간의대에 대한 기록은 선조까지는 보이지만 임진왜란으로 경복궁이 소실되면서 그를 설치했던 대만 남게 되었다.

《경복궁영건일기》 정묘년(1867) 10월 9일 자에는 이렇게 기록되어 있다.

"문무품 각 12석으로 간의대 옥석을 헐어 그것을 만들었다.
[文武品各十二塊 以簡儀臺所毀玉石爲之]."

간의대 옥석을 가공하여 문무반 조하 시 위계를 구분하는 품계석을 만들어 세웠던 것이다. 24개는 조정 중앙 어로를 중심으로 동서에 각각 12개씩인데 동쪽은 동반(문관), 서쪽은 서반(무관)의 자리이다. 가장 앞은 정1품에서 종1품, 3품까지는 정종(正從)을 구분하여 6개를 세웠으나 4품에서 9품까지는 정종을 구분하지 않고 정(正)만 6개를 세워 모두 12개씩이다.

문무백관은 30품계

백관들과 종친 등은 일정한 위계가 있었다. 품계, 위계는 크게 과거시험에 급제하여 관료로서 진출한 관료와 종친, 내명부, 외명부 등 정전 3대 명절 조하에 참석하는 대소인원의 기준을 다음과 같이 정했다.

품계는 관료들의 경우 위계이며 관계(官階)라고도 하는데 기본적으로 9품이 있다. 각 품을 정(正)과 종(從)으로 나누어 총 18품으로 정했다. 정1품에서 종6품까지는 각 품을 상하계로 나누면 24품계이고 7품에서 9품까지는 6품계 이를 합하여 30품계(자급)가 되었다. 정1품에서 정3품 상계(上階) 통정대부 이상을 당상관, 정3품 하계(下階) 통훈대부 이하를 당하관이라고 명명했다. 당하관 중에서 상참(常參)에 참여할 수 있는 문관 통훈대부(通訓大夫)에서 종6품까지를 참상관(參上:參內), 그 이하 정7품부터 종9품까지를 참하관(參下:參外)으로 구분하였다.

참상관의 경우 900일(30개월), 참하관은 450일(15개월)을 근무하면 1자급을 가자(加資: 자급을 올림) 하였고 경관직 참상관으로 근무 평가는 5번 평정(1년에 2회 평정이며 총 2.5년) 중 3번 이상 상(上)의 점수를 받아야만 품계를 올려주었다. 참하관은 3번 평

| 문무반 및 종친, 내외명부 품계

구분	품계		자급		종친	내명부		외명부		
	품	계				내명부	세자궁	文武官妻	宗親府妻	외명부
당상	정1품	상	대광보국숭록대부		현록대부	嬪		貞敬夫人	府夫人	府夫人
		하	보국숭록대부		흥록대부			貞敬夫人		
	종1품	상	숭록대부		선덕대부	貴人		貞夫人	君夫人	奉保夫人
		하	숭정대부		가덕대부			貞夫人		대전유모
	정2품	상	정헌대부		숭헌대부	昭儀		淑夫人	縣夫人	
		하	자헌대부		승헌대부			淑夫人		
	종2품	상	가의(정)대부		소의대부	淑儀	良娣	淑夫人		
		하	가선대부		중의대부			淑夫人		
	정3품	상	동반	서반		昭容		淑夫人	愼夫人	
			통정대부	절충장군	명선대부			淑人		

구분	품계		자급		종친	내명부		외명부		
	품	계	동반	서반		내명부	세자궁	文武官妻	宗親府妻	외명부
참상	정3품	하	통훈대부	어모장군	창선대부			淑人		
	종3품	상	중직대부	건공장군	보신대부	淑容	良媛	淑人		君主
		하	중훈대부	보공장군	자신대부			淑人		
	정4품	상	봉정대부	진위장군	선휘대부	昭媛		令人	惠人	縣主
		하	봉렬대부	소위장군	광휘대부			令人		
	종4품	상	조산대부	정략장군	봉성대부	淑媛	承徽	令人		
		하	조봉대부	선략장군	광성대부			令人		
	정5품	상	통덕랑	과의교위	통직랑	尚宮 尚儀		恭人	溫人	
		하	통선랑	충의교위	병직랑			恭人		
	종5품	상	봉직랑	현신교위	근절랑	尚服 尚食	昭訓	恭人		
		하	봉훈랑	창신교위	신절랑			恭人		
	정6품	상	승의랑	돈용교위	집순랑	尚寢 尚功		宣人	順人	
		하	승훈랑	진용교위	종순랑			宣人		
	종6품	상	선교랑	여절교위		尚正 尚記	守閨 守則	宣人		
		하	선무랑	병절교위				宣人		

구분	품계 품	자급		내명부 내명부	세자궁	외명부 文武官妻
참하	정7품	무공랑	적순부위	典賓典衣典膳	掌饌掌正	安人
	종7품	계공랑	분순부위	典設典製典言		安人
	정8품	통사랑	승의부위	典饌典飾典樂		端人
	종8품	승사랑	수의부위	典燈典彩典正	掌書掌縫	端人
	정9품	종사랑	효력부위	奏宮奏商奏角		孺人
	종9품	장사랑	전력부위	奏變徵奏徵奏羽	掌藏掌食掌衣	孺人

정(1.5년)에서 2번 이상 상을 받아야 했다. 이처럼 근무 일수에 따라 평정을 하여 자급이 오르는 것을 순자법(循資法)이라고 하였으며 이럴 경우 문관 정9품에서 정3품 통훈대부까지 올라가려면 수치상으로 약 40여 년이나 걸렸다.

관료가 되기 위해서는 정시 과거에 급제해야 하는데 예를 들어 식년문과(3년마다 열리는 정시 과거시험) 대과에 응시하여 최종 급제는 33명 안에 들어야 했다. 과거 급제자에게는 등수마다 다른 품계가 주어졌는데 갑, 을, 병과로 구분하여 갑과는 1~3등, 을과는 4~10등, 병과는 11~33등으로 했다. 갑과 1등 장원은 기본급제자보다 4자급을 올려 종6품에 제수했고 2~3등은 정7품을 제수했다. 을과는 정8품, 병과는 정9품의 품계가 주어졌다.

한권으로읽는 경복궁

근정전 조정에서 조하에 참석한 백관들은 어떻게 불렀을까? 공식적인 행사인 만큼 이름보다는 공식적인 직함을 부르는 것이 통례였다. 품계에 정1품 상계, 정3품 하계 등으로 부르지 않고 정1품 상계는 백관이면 '대광보국숭록대부', 종친은 '현록대부', 내명부는 '빈(嬪)', 외명부 백관 부인은 '정경부인' 등으로 불렀다.

근정전 조하에는 '왕세자 백관 조하'라는 명칭이 있는데 이는 문무반 관료들이 중심이 되어 행사가 진행되고 있다는 이야기이다. 관직은 계사직(階司職) 순서에 의해 부르는데 가장 먼저 '계(階)'에 해당하는 품계를 그 다음 '사(司)'는 소속된 관청 또 아문, 마지막으로 직(職)은 맡은 직책의 순서대로 부르면 된다. 세종 때 청렴한 청백리로 이름을 날렸던 '맹사성'이 이조판서에 제수되었을 때 불렸던 공식 명칭은 다음과 같다. '자헌대부이조이조판서(資憲大夫吏曹 吏曹判書)'인데 자헌대부는 정2품 하계이고, 이조는 관청[사: 司]이며, 이조판서는 직(職)에 해당한다.

계(품계)와 직(직책)이 일치하지 않을 때는 사(司)와 관직 앞에 행(行)과 수(守)를 붙였다. 품계가 높고 관직이 낮은 경우 '계고직비(階高職卑)'에는 행자를 붙인다. 종1품 숭정대부가 정2품관에 해당하는 이조판서로 제수되면 '숭정대부행이조이조판서(崇政大夫行吏曹吏曹判書)'라 하였다. 이와 반대로 품계가 낮고 관직이 높은 아문(衙門)의 직을 맡았을 경우 '계비직고(階卑職高)'에는 수(守)를 붙였다. 종2품 상계 가선대부가 이조판서에 임명되면 '가선대부수이조이조판서(嘉善大夫守吏曹吏曹判書)'라고 했다. 이를 행수법(行守法)이라 한다.

항목	시작	종료	비고
位階	9품	正從 18품	
1 - 6품	상하계	24품계	30품계
7 - 9품	정종(正從)	6품계	
당상관	정3품	통정대부	절충장군
당하관	정3품 이하	통훈대부	어모장군
참상관	정3품 하계	종6품 하계	常參. 30개월
참하관	정7품 이하	종9품	15개월
계사직	이조판서	자헌대부 이조 이조판서	
행수법	階高職卑	崇政大夫行吏曹吏曹判書	
	階卑職高	嘉善大夫守吏曹吏曹判書	

| 품계의 명칭과 행수법

〈근정전정지탄일조하지도〉 조하의 모습

　정조 때 왕명에 의해 오례를 정리한 유의양의 《춘관통고》에는 〈근정전정지탄일조하지도〉가 있다. 이 책의 간행 연도가 1788년경으로 당시 경복궁 근정전에서는 조하가 열리지는 않았으나 〈정아조회지도〉와 〈진하도(陳賀圖)〉 등에 그려진 창덕궁 정전에서의 조하를 참고하여 제작한 것으로 보인다.

　정전 내부 어좌 왕 주변에 겸사복과 겸사복장, 도총관 등이 있고 근정전 내부에 2열 외부에는 4열 총 6열로 군사들이 창검으로 에워싸 호위하고 있다. 내부에 진열된 물건으로 어좌 뒤에 푸른색의 부채 청선이, 어좌 앞으로는 용선(龍扇)과 봉선(鳳扇)이 각각 좌우에

한권으로읽는경복궁

있고 그 가운데에 보안(寶案: 어보를 올려놓는 탁자)이 있다.

　정전 내부에는 좌우에 6승지가 3인씩, 사관 2인도 배열해 있고 그 뒤에 내금위장과 오위장, 병조, 도총관도 있다. 근정전 밖 기둥 앞에는 향안을 설치하였고, 상월대에는 각 지방에서 보낸 진상품[方物]과 하월대 동서 모퉁이에 취각 2인씩이 있어 악기를 불도록 했다.

　조정 마당은 가운데 어로에 소여와 대여를 놓고 임금의 말 어마(御馬)와 진상하는 헌마(獻馬)가 보인다. 정지와 탄신일 조하이므로 동쪽에는 왜인이 서쪽에는 야인이 자리하였다. 여기에서는 품계석이 표시되어 있지는 않지만 바로 그 자리에 동쪽은 왕세자가 문반 앞에 있고, 문반은 정일품에서 구품까지 표시를 했는데 정6품까지는 정과 종을 구분하였다. 특이한 점은 각 품계 끝에 '감찰(監察)' 있어 조하를 할 때 복장이나 자세 등을 규찰하였던 것으로 보이며

 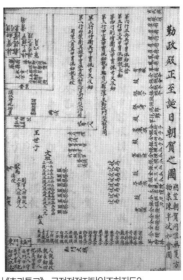

|《춘관통고》- 근정전정지탄일조하지도1 　|《춘관통고》- 근정전정지탄일조하지도2

| 헌종가례진하계병(경기도박물관 소장)

이는 《경국대전》에 나와 있다. 서쪽 무반은 앞으로 대군과 종친이 배치되고 그 뒤쪽에 무반이 문반과 같이 정1품에서 9품까지 있으며 각 품계 끝에 '감찰'이 위치하였다.

근정전 조정 북쪽을 제외하고 3방향은 각종 기와 부채, 타자(붉은색을 칠한 나무에 표범, 곰 가죽의 둥근 주머니를 씌운 의장용 도구), 부월(도끼), 당 등을 의장용 의례 용품을 배치하였다. 근정문은 중앙 어문을 근정문으로 표시하였고 좌우는 동문과 서문, 그 밖으로 일화문과 월화문에 해당하는 문을 동편문, 서편문으로 기록하였다. 근정전 조하는 왕세자와 백관, 왜와 야인까지 왕에게 조회하는 큰 의식이었으므로 정전 내 외부를 모두 활용하여 왕에게 하례하는 '조의(朝儀)'의 최고봉이라고 해도 과언이 아니다.

한권으로읽는경복궁

06

사정전 상참

근정전 북쪽으로 월대를 내려서면 편전의 정문인 사정문이 있다. 원래는 행랑으로 연결되어 있어야 하지만 행랑까지는 복원하지 못했다. 편전의 전문을 '차비문(差備門)'이라고도 부르는데 이때 차비의 뜻은 '관료들이 출근하여 상참을 위해 들어가는 문이나 정사를 준비(채비)하는 문' 정도로 이해하면 된다. 태조 때에는 정사를 시행하는 편전을 보평청(報平廳)이라고도 했는데 정도전이 경복궁 전각 이름을 지을 때 '사정전'이라 명명하면서 그 뜻을 확실하게 밝혔다.

《태조실록》 태조 4년(1395) 10월 7일의 기록에서 '생각하면 슬기로워지고 슬기로우면 성인이 되듯 사정전에서 만 가지 일을 보심에 임금은 더욱 깊이 생각하셔야 한다는 의미에서 이 전각 이름을 정했다'라고 삼봉은 말했다.

"사정전(思政殿)에 대해서 말하면, 천하의 이치는 생각하면 얻을 수 있고, 생각하지 아니하면 잃어버리는 법입니다. (중략) 《서경(書經)》에 말하기를, '생각하면 슬기롭고 슬기로우면 성인이 된다.' 했으니, 생각이란 것은 사람에게 있어서 그 쓰임이 지극한 것입니다. 이 전(殿)에서는 매일 아침 여기에서 정사를 보시고 만기(萬機)를 거듭 모아서 전하에게 모두 품달하면, 조칙(詔勅)을 내려 지휘하시매 더욱 생각하지 않을 수 없사오니, 신은 사정전(思政殿)이라 이름하기를 청합니다."

상참 의식의 중심 사정전과 절차

조선 초기 세종은 나라의 중요한 다섯 가지 의례인 오례(五禮)의 제반 의례(儀禮) 절차를 확립하였는데 이러한 의례의 정비 과정에서 중심이 되었던 곳은 사정전이다. 궁궐에서 거행되는 각종 의례의 시작은 대부분 왕이 사정전에서 면복(冕服)을 갖추고 나와 의식을 시작하고 의식을 마치면 다시 사정전으로 돌아감으로써 끝을 맺는다. 왕에게 있어서 사정전은 의례의 시작과 동시에 끝나는 장소라고 할 수 있다.

| 사정전의 뜻(思曰睿 睿作聖: 사왈예 예작성)

한자	한자 자해 및 뜻			응용 한자
思	囟	心		思政殿. 思賢門.
생각 사	정수리 신	마음 심		사정전. 사현문.
睿	叡	目		睿製. 濬. 璿
슬기 예	밝을 예	눈 목		예제. 깊을 준. 옥 선
聖	口	耳	山	聖人. 聖王. 聖賢
성인 성	입 구	귀 이	바를 정	성인. 성왕. 성현

| 편전 전문인 사정문

　《세종실록》《국조오례의》가례(嘉禮) 상참의(常參儀)는 사정전에서 매일 열리는 국무회의라고 할 수 있는데 그 내용을 요약하면 다음과 같다. 액정서에서 어좌는 사정전 북벽에 남향으로 설치하는데 사정전 내에 어좌는 북벽에 고정되어 있어서 있는 어좌를 사용하면 된다. 향안은 어좌 앞 동쪽에 설치하였다.

　사정전 밖 뜰에 상참에 참여하는 백관들의 자리를 마련하는데 영의정 이하 문반 6품까지 관원은 동쪽에, 부원군(府院君) 이하 무반 6품까지는 서쪽에 자리하도록 하였다. 이들은 모두 북향을 하는데 2품 이상은 정종을 나누어 한 줄로 서고 3, 4품은 정종을 나누지 않고 각각 1줄씩, 5, 6품은 품계를 나누지 않고 한 줄로 서며 그 뒤에 사관이 자리한다. 이 중 정3품 이상 당상관으로 상참 후 임금에게 국정 현안을 보고할 계사관 자리는 사정전 내에 별도로 설치설치하였다. 영의정 이하 문반은 동쪽에서 서향으로 하고 부원군 이하 무반 관원은 서쪽에서 동향하는데 북쪽에 품계가 높은 관원이 자리하였다. 다음은 참의 자리인데 '참의'는 육조 판서와 참판 다음으로 서열상은 세 번째이며 판서를 보좌하는 역이지만 육조 아문 3당상관 중 한 품계로 그의 힘은 판서와 거의 맞먹었다. 이조와 호조. 예조 참의와 사간(司諫)은 사정전 앞 기둥 동쪽 가까이에서 서쪽으로 있어 서쪽을 상으로 한다. 병조·형조·공조 참의는 서쪽 가까이에서 동쪽으로 있어 동쪽을 상으로 하고 이들은 모두 어좌가 있는 북쪽을 향한다. 승지는 앞 기둥의 한복판에서 있어 북향하고 동쪽이 상이며, 사관은 기둥 밖에 동쪽과 서쪽에 나뉘어 있으면서 모두 북쪽을 향하도록 하여 준비를 마친다.

이처럼 임금과 관료, 의장의 위치까지 자세하게 언급하였다. 이것이 모두 갖추어지면 상참 의식을 행하는데 북을 쳐서 세 번 소리

| 사정전 상참의식 - 국조오례의 가례 상참의

위치	정렬 기준			
사정전 안 (상참전)	어좌	향안		
	북에서 남향설치	어좌 전 동향 설치		
사정전 뜰	기준	동쪽	서쪽	
	북향	영의정~ 동반6품	부원군~ 서반 6품	
사정전 뜰 품계별	2품이상	3,4품	5,6품	후미
	정종 구분 1줄	정종 미구분 1줄	품계 미구분 1줄	사관
사정전 안 (상참후)	정3품 이상			
	계사관 자리			

한권으로읽는 경복궁

가 나면, 왕이 익선관과 곤룡포를 입고 자리에 나아오는데, 산(繖)과 선(扇)으로 시위하였다. "국궁(鞠躬), 재배(再拜), 흥(興), 평신(平身)하라(몸을 굽혀 두 번 절하고 일어나 몸을 바르게 하라)"고 의식을 진행하는 통찬이 외치면 먼저 상참관들이 국궁 후 두 번 절하여 몸을 바로 한다. 당일 국정 현안을 보고할 계사관(啓事官)은 전정 동계와 서계를 지나 올라와서 자리에 나아가 부복하고 사관이 이들을 뒤따른다. 계사하지 않는 관원은 차례대로 사정전을 나가며 산과 선으로 시위하는 사람도 나간다. 여러 계사관이 차례대로 계사를 마치면 아래 관원부터 밖으로 나가고, 임금이 내전으로 돌아가면 의례가 종료되었다.

상참의는 매일 새벽 편전(便殿: 사정전)에서 이루어졌으며 아침 일찍 상참을 한 이유는 '혼정신성(昏定晨省)'으로 '해뜨기 전에 왕을 문안하고 국정 전반에 정성을 다한다는 의미'가 있었기 때문이다. 상참에 참여할 수 있는 관리는 영의정과 부원군 등 문무 6품 이상 관원이었으며, 이 중 국정 현안을 보고하는 계사관은 3품 이상 당상관이어야만 했다. 계사가 끝나면 각 현안의 결재와 지시, 6품 이상 문관과 4품 이상 무관이 각사의 일을 번갈아 가며 아뢰는 윤대, 조강 등으로 이어졌다. 상참은 왕의 일상이 시작되는 처음이자 정사의 출발점이며 사정전은 그 중심이었다.

사정전 주변 전각과 문 그리고 내탕고

사정전 권역은 가운데 사정전을 중심으로 만춘전, 천추전이 동서에 나란히 있으며 북쪽은 연침 강녕전과 연결되어 있다. 남쪽으로 근정전과 연결되는 사정문이 있고 동서는 행각으로 둘러싸여 있는 구조이다.

사정전의 동쪽 전각인 만춘전 동행각은 동궁과 경계를 이루고 있는데, 행각에는 편액이 없지만, 툇마루를 사용할 수 있도록 하였으며 남쪽과 북쪽 끝에 쪽문이 각각 하나씩 있다. 북쪽 문은 연태문인데 '태평을 맞이한다.'라는 뜻이다. 교태전의 태(泰)와 같은 글자로 주역 64괘 중 계절로는 입춘이며 '상하가 통하여 만사가 형통하다.'라는 의미이다. 사정전 권역의 동쪽 문으로 봄기운을 맞아들여 위와 아래가 서로 소통하는 문인 것이다. 남쪽은 '사현문(思賢門)'인데 이는 궁궐지에 기록되어 있으며, 1867년 중건 당시에는 '영재를 얻는다.'라는 뜻의 '득영(得英)문'이 있었다고 하지만 지금은 없다. '득영'은 '사현'과 뜻에 있어서 직접적인 연관성이 있다.

세조 12년(1466) 5월 단오절을 맞아 현직 문무 대신과 중신을 대상으로 사정전에서 발영시(拔英試)를 치르고 급제자와 함께 주연을 베풀었다. 당시 장원에 급제한 갑과 일인자 김수온에게는 술을 내리고 세조가 직접 어제시를 짓기도 했다.

側席求賢旣得人 (측석구현기득인)
況兼時雨普大千 (황겸시우보대천)
便蕃錫爵龍虎英 (변번석작용호영)
歡洽筵中莫周旋 (환흡연중막주선)
좌불안석하며 현인을 구해서 이미 영재 얻었고
하물며 때맞춰 내리는 비가 천지를 두루 적셨네
용 같고 범 같은 영재에게 술잔을 많이 내리니
즐겁고 흡족한 연회에서 빙빙 돌지 말아라.

이 시는 사정전에서 과거시험을 통해 현자를 얻었음을 기뻐하면서 지은 세조의 시인데 득영과 사현의 뜻을 되새길 수 있다.

한권으로읽는경복궁

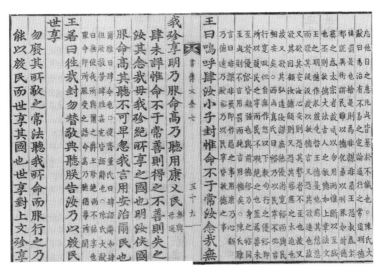

|《서경》〈강고〉

　서행각에는 협선당과 용신당이 있고 수정전으로 나가는 곳에 조그만 쪽문이 하나 있는데 편액은 없다. 협선(協善)은 '임금과 신하가 함께 선을 돕는다.'라는 의미로 선은《서경》〈강고(康誥)〉에 "천명은 일정하지 않으니 선하면 얻고 불선하면 잃는다. [康誥 曰 惟命不于常 道善則得之 不善則失之矣]"고 했다. 임금과 신하가 선정을 행하는 곳이 바로 이곳이라는 뜻이다. 용신당(用申堂)은 서행각 남쪽에 있으며 '신(申)'은 하늘의 뜻과 기운이 지상에 펼쳐지는 모습이다. 자연 현상인 하늘에서 번개가 내리쳐 지상에 펼쳐지는 모습이며 위에 있는 임금의 뜻이 아래에 있는 백성에게 선정으로 펼쳐지는 곳이 사정전이며 그 부속 전각도 펼쳐진 정사를 잘 활용한다는 용신문이다.

　사정문 좌우 행각은 서쪽에서부터 동쪽까지 편액이 하나씩 붙어 있는데 서행각은 천자고, 지자고, 현자고, 황자고, 우자고이며 동행각은 주자고, 홍자고, 황자고, 일자고, 월자고 각각 5개씩 총 10개가 있다. '고(庫)'는 곳집, 창고를 뜻하는데 이 창고는 한때 책을 만들 때 사용했던 활자를 보관하던 곳이라는 설도 있었다. 이는 사정전을 가장 많이 활용했던 세종은 재위 기간에 금속활자를 제작하였는데 대표적인 활자가 '경자자'와 '갑인자'였고 그를 보관했던 창고로 편전 남행각이라고 생각한 것이다. 그러나 사정전이 다시 중건된 것은 고종 대의 일이고 세종 당시 사정전 부속 행각에 대한 기록도 없는 상황에서 '활자 창고'는 비약된 추론일 수밖에 없다. 그러므로 이 창고는 '내탕고(內帑庫)'이며 '금, 은, 비단 등 왕실의 재물을 보관하던 창고'이다. 천자고와 지자고 등으로 이름을 지은 것은 창고의 순번을 천자문 순서에 의해 정했기 때문이다. 조선 건국 후 도읍이 정해지고 가장 먼저 종묘사직을 짓고 궁궐과 도성을 차례대로 완성해 나갔다. 도성을 수축할 때 도성 전 구간을 97개 큰 작업 구간으로 나누어 천, 지, 현, 황 천자문 순서로 이름을 붙여 '조(弔)'까지 이름을 붙였다. 이처럼 조선 시대에는 순서를 정할 때 사용하던 방법이었으며 이를 사정전 남행각 내탕고에도 이름을 붙였다.

사정전에서 자치통감 훈의를 편찬한 세종

세종 17년(1435) 자치통감훈의 편찬을 명하여《자치통감사정전훈의》를 완성하였다.《자치통감(資治通鑑)》은 송나라 사마온공 광(光)이 19년에 걸쳐 편찬하여 완성한 편년체의 중국 통사이다.《자치통감사정전훈의(資治通鑑思政殿訓義)》는 세종의 명을 받들어 윤회, 권도, 설순, 김말, 유의손 등이 주석을 달고 보완하여 편찬을 주도한 책이다. 자치통감은 주나라 위열왕 BC 403년에서 오대 주나라 세종 AD 960년까지 1362년간의 중국 역사를 총 294권으로 편집한 책이다. 이 책은 송나라 사신들을 통해 우리나라에 들어와 조선

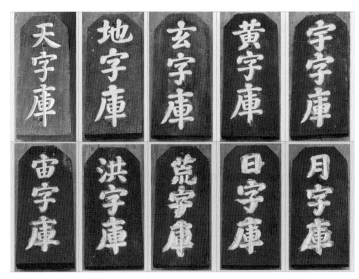

|사정전 내탕고

시대 내내 제왕들의 역사 교재와 사대부들의 과거시험 과목 등의 교과서처럼 사용되었다. 《자치통감》은 그 방대한 내용 때문에 읽는 데도 시간과 이해하기에도 어려웠다. 이에 세종은 자치통감이 갖는 역사서로서의 가치를 높이 평가해 이 책을 쉽게 이해하고 많은 사람에게 읽힐 수 있도록 풀어쓰도록 집현전 학자들에게 지시하였다. 이 편찬 작업이 경복궁 사정전에서 이루어짐으로써 《자치통감사정전훈의(資治通鑑思政殿訓義: 자치통감을 사정전에서 뜻을 쉽게 설명하는 주석을 단 책)》으로 편찬한 것이다. 세종은 이 책 편찬에 상당한 의욕을 가지고 있어서 '100책 294권'이나 되는 책의 보급을 위해 500질을 만들 계획이었다고 한다. 그러나 그를 만들기 위한 종이와 인력을 감당하기 힘들어 금속활자로 많은 양의 책을 인쇄하지 못했다. 지금 이 책은 완질로 전해지지 않고 일부만 남아 있으며 보물 제1281호로 지정되어 국립중앙박물관에서 소장하고 있다.

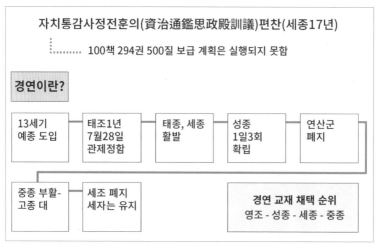

자치통감사정전훈의(資治通鑑思政殿訓議)편찬(세종17년)

.... 100책 294권 500질 보급 계획은 실행되지 못함

경연이란?

| 13세기
예종 도입 | 태조1년
7월28일
관제정함 | 태종, 세종
활발 | 성종
1일3회
확립 | 연산군
폐지 |

| 중종 부활-
고종 대 | 세조 폐지
세자는 유지 | | **경연 교재 채택 순위**
영조 - 성종 - 세종 - 중종 |

| 경연과 자치통감

동양에서 역사는 거울을 의미하였으며 이름의 끝에 '감(鑑)'자를 썼다. 자치통감, 국조보감 등의 역사를 거울삼아 성군 정치를 이어가고자 하는 열망과 실천이 담겨 있다고 하겠다. 성군 정치는 천하의 이치를 생각하고 현인을 얻어 역사를 거울삼아 위민정치를 실천하고자 하는 정치의 출발점이 사정전이었다.

국왕의 수기치인과 성인 공부 경연

조선의 국정의 최고책임자인 왕이 정치, 경제, 사회, 문화 모든 영역에 절대적인 영향을 미치는 존재이다. 한 권력자에 의해 나라의 운명이 좌우되고 이는 세습으로 연결되어 그 정점에 있는 왕이 잘못되면 나라는 한순간에 도탄에 빠지고 심지어는 망하게 된다. 왕의 전횡과 잘못된 판단으로 국가가 위험해지는 것을 방지하기 위한 수단이 바로 '경연(經筵)'이었다. 이상적인 유교 국가의 실현과 성군을 만들어 내기 위한 시스템의 모델을 삼대의 정치에 기반을 두었다. 삼대의 정치는 성인의 말씀인 경서(經書)를 근본으로 하고 사서(史書)를 줄기로 하여 경사를 강론하고 국정을 논하는 경연 제도가 마련되었다. 경연의 목적을 간단하게 정리하면 국왕 자신이 수신(修身)을 배우고 그를 바탕으로 국정의 이론과 지식을 갖추어 현실의 정치에 반영하여 유교적 이상 국가를 실현하고자 하는 조선의 정치 철학이었다.

경연은 고려 시대 13세기 예종 대에 우리나라에 도입되었으나 실질적으로 이 제도가 꽃을 피운 것은 성리학을 기반으로 한 조선 건국 이후이다. 태조 1년(1392) 조선 건국 후 7월 28일에 문무백관의 관제를 정하면서 "경연관은 경사(經史)를 진강함을 관장하는데, 영사 1명, 시중 이상이고, 지사 2명 정2품이고, 동지사 2명 종2품이고, 참찬관 5명 정3품이고, 강독관 4명 종3품이고, 검토관 2명 정4품이고, 부검토관은 정5품이고, 서리는 7품으로 그 직을 마치면 품계를 올려준다."에 처음으로 등장하며 구체적인 품계와 인원수를 정했다.

편전 사정전은 경연 장소로 자리 배치는 왕이 북벽에서 남쪽을 향해 앉고 1품은 동편에 서향, 2품은 서편에 동향, 3품 이하는 남쪽에서 북쪽을 향해 부복하여 경연을 시행했다. 경연의 내용은 왕마다 조금씩 다르기는 하지만 가장 많이 언급된 교재는 공자의 말씀을 제자들이 책으로 엮은 《논어》였다. 그 외에 경서류로는 《대학연의》, 《맹자》, 《중용》, 《서경》, 《시경》, 《자치통감강목》 등이었다. 수기치인을 배우는 《논어》와 국가를 통치하는 의미와 역사적 거울을 배우는 《대학연의》, 《자치통감강목》이 있었다. 경연 교재의 저자로는 공자와 주자(주희), 진덕수(심경부주 저자), 증자, 맹자, 자사 등이다. 우리나라 학자로는 세조와 영조가 꼽혔는데 이는 세조 때 태조와 태종, 세종, 문종의 국조보감이 편찬되었으며 영조는 많은 《열성어제》를 남겼기 때문이다. 그 외에도 우암 송시열과 김종서 등 성리학 관련 내용과 고려사와 같은 역사서가 포함되어 있다.

경연 교재를 많이 채택했던 왕은 비교적 재위 기간이 길었으며 태평성대와 르네상스 시대를 열었던 왕이었다. 그 순서는 영조, 성종, 세종, 중종 순이다. 그와 반대로 교재 채택이 적었던 왕은 경연을 폐했거나 재위 기간이 짧았던 왕으로 연산군, 광해군, 정종, 예종, 인종, 경종 순이었다. 태종과 세종은 경연에 적극적으로 참여하여 국정에 반영하였고 성종은 재위 기간 내내 하루에 3번 조강과 주강, 석강에 참여하였다. 연산군 대 잠시 경연이 폐지되기도 했으나 중종 대 다시 활발하게 경연이 시작되어 고종 대까지 지속되었다.

| 사정전 권역(천추전과 사정전)

한권으로읽는경복궁

큰소리로 경연할 것을 요구했던 중종

평상시 경연은 사정전에 의자에 앉아서 하고 야대는 평상복으로 했다. 중종은 이제부터 사정전에서 내가 앉는 의자와 상을 치우고 편하게 앉아 입시하는 신하들과 가까이에서 경연하는 방안을 제시했다. 이에 경연관 이중열도 경연에서 아뢰는 사람들이 낮은 소리로 이야기해서 임금께서도 귀를 기울여 들어야 하니 잘못이라고 지적하였다. 논어 헌문편에 "子曰 君子上達 小人下達. (자왈 군자상달 소인하달: 군자는 인의를 위해 나아가고 소인의 이익을 위해 나아간다)"는 말이 있듯이 경연에서 작은 소리로 무슨 말을 하는지 잘 알아듣지 못하도록 보고 하는 자를 소인으로 보았다. 이러한 소인의 행동을 방지하기 위해 사관을 참석시키고 승정원에서 철저히 단속하도록 하였다. 사관은 경연장에서도 가장 말석에 앉아서 기록을 하므로 보고하는 소리가 작아서 들리지 않으면 기록할 수가 없게 된다. 왕과 여러 대신들이 있는 가운데 자신 있는 목소리로 보고한다는 것은 예나 지금이나 힘든 일이었던 것 같다.

또 중종은 조선 초기 문신들에게 불시에 전강(殿講)이라는 시험을 보고 밤늦게까지 야대가 이어졌던 일을 부러워하며 지금 그를 실현해 보고자 했다. 전강 시에는 경기지역에서 궐에 선물을 바쳐 그것으로 음식을 만들어 나눠주던 전례가 있었다. 중종은 진강 시 과거에는 간소한 상차림이었는데 지금은 잔칫상처럼 차려야 하는 폐단이 있어 선물을 바치는 곳과 이를 준비하는 사옹원 모두 어려움이 있다고 했다. 이를 위한 해결책으로 경기에서는 선물을 바치지 말고 참석자들에게는 간략한 음식만 차려서 이후부터 제공하라고 하였다.

'윤대(輪對)'는 일종의 국정보고 회의로 선초부터 매월 1일 · 11일 · 21일에 진행하였다. 이때 상시 참석하는 대간과 좌우에서 시종하는 관원들은 행동거지와 인물의 특징을 거의 알 수 있었는데 정작 일을 보고하는 관원들의 인물 됨됨이와 행동거지는 잘 알지 못했다. 지금처럼 '고위공직자 인사존안자료'나 보고하는 사람에 대한 자세한 인물정보가 없다 보니 윤대 시 엉뚱한 일이 발생하기도 하였다.

보고하기 위해 들어온 관원이 처음에는 단단히 준비하고 방으로 들어왔는데 왕 앞에 일단 엎드리게 되면 어리둥절하여서 해야 할 말을 모두 잊어버리는 경우도 가끔 발생하였다.

07

동궁과
세자의 생활

국본(國本) 세자의 자질과 의미

　조선 건국 후 개국공신 정도전은 한양도읍 설계에 참여하고 궁궐이 완성되자 새 궁궐과 전각의 이름을 지었다. 사실상 조선의 토대가 되는 모든 제도와 정치, 군사, 경제, 사상에 이르는 개혁을 주도하였다. 그는 정치 철학은 백성을 근본에 두는 맹자의 민본정치(民本政治)에 기반을 두었다. 태조 3년(1395) 《조선경국전》을 지어 태조에게 바쳤는데 이는 《주례》의 육관제도와 원나라의 육전 체제 등을 참고하여 조선의 실정에 맞춘 기본 법전이었다. 《조선경국전》은 총론(정보위, 국호, 정국본, 세계, 교서)과 육전(치전, 부전, 예전, 정전, 형전, 공전)으로 구성되어 있다.

　총론에서는 민본정치의 기본은 인(仁)이며 이는 왕위를 이어가는 근본이라고 하였다. 국호는 '고려'에서 '조선'으로 바꿔 하늘의 뜻에 따라 옛 조선의 정통성을 잇는 뜻을 밝혔다. 언급하고자 한

| 동궁 정문 이극문(이극은 두 번째 북극성으로 세자를 지칭)

'정국본(定國本)'은 국본(國本: 세자)을 정하는 원칙으로 조선이 영속적으로 이어지기 위해서는 국본을 정하는 일이 중요했다. 국본은 옛 선왕들이 반드시 장자로 세자를 정했는데 이는 왕위 계승에 문제점을 막기 위해서였다. 정도전은 국본을 세우는데 반드시 장자 원칙을 정하지는 않았는데, 장자로 정하지 못하면 덕이 있는 어진 아들로 세우도록 하였다. 그 후 조선은 장자가 사위(嗣位)하는 원칙이 반드시 지켜지지는 않았지만, 국본을 세움에 정통성을 확보하고자 노력하였다. 세자는 이렇게 정하기만 하면 끝이 아니라 세자로 책봉된 이후에도 더 많은 과제가 그의 앞에 기다리고 있었다. 차후 성군으로서 자질을 갖춰 만백성을 위한 성인 정치를 이루기 위해서는 사부를 모시고 피나는 제왕 학습을 이어나가야만 했다.

세자가 거처하며 학습(書筵; 서연)하며 차기 왕이 되기 위한 수양의 공간을 통칭하여 동궁이라고 한다. '중궁(中宮)'이 왕비를 뜻하듯 '동궁(東宮)'은 세자를 이르는 말이기도 하지만 세자가 거처하며 제왕으로서 자질을 갖추는 곳이 태양이 떠오르는 궁궐의 동쪽에 자리했기 때문이다. 동쪽은 아침에 해가 떠오르며 희망을 상징하고 세상 만물이 탄생하며 자라는 곳이다. 동궁은 해에 비유하자면 '떠오르는 태양'인데 지금 하늘 중천에서 떠서 온 세상을 조림(照臨: 비추어서 임함)하는 왕과 비교된다. 그러므로 세자는 언제든지 왕의 임무를 대신할 수 있는 능력을 갖추어야 한다. 하늘에 긴 구름이나 안개는 태양이 땅에 비치지 못 하게 한다. 이처럼 임금이 간사한 무리에 둘러싸여 있으면 성인으로서 정치를 백성에 베풀지 못하게 된다. 이를 자연의 법칙에서 끊임없이 배우고 철저한 자기 수양을 통해 성인으로서 자질을 세자는 갖추어 나가야 했다.

동아시아의 군주 교육

각종 예법과 제도 중 《예기(禮記)》〈문왕세자〉 편에는 주나라 문왕이 세자가 되었을 때 부친 왕계에게 행했던 예는 그의 아들 무왕으로 고스란히 이어졌다. 주나라 통일을 이루고 무왕이 3년 만에 죽자 그의 장자인 '성왕'이 13세의 나이에 왕위에 올랐으나 아직 어렸으므로 정상적인 정사를 펼치기 어려웠다. 무왕의 동생인 주공은 총재가 되어 성왕을 대신하여 섭행을 하였다. 성왕은 정상적인 세자 교육을 받지 않고 갑자기 왕이 되었으므로 성왕을 위해 자기 아들인 '백금(伯禽)'과 함께 세자가 지켜야 할 도리를 가르쳤다. 성왕이 이를 보고 부자와 군신, 장유의 도리를 알게 하고자 하였기 때문이다. 성왕에게 과실이 있을 때는 왕 대신 백금을 혼내고 매질까지 하며 눈물이 쏙 빠지도록 교육을 했고 이러한 교육을 통해 성왕은 왕으로서 행하여야 하는 모든 예를 갖추고 친정에 임할 수 있었다. 훌륭한 왕의 사부이자 정치를 총괄하는 총재였던 주공의 위대함이 빛나는 순간이었다. 그 후 성왕은 주나라의 문물과 시스템을 완전히 정비하였으며 주공의 아들인 백금에게 봉토를 주어 '노나라'를 다스리게 하였다.

문왕과 무왕이 세자 시절 행했던 일과 주공이 어린 성왕을 가르쳐 주나라를 반석에 올려놓았으며 그 후 주나라는 동아시아에 존재했던 모든 나라의 '예법(禮法)'에 기준이 되었다. 이러한 맥락에서 조선도 주례와 예기 등에 기초하여 국본으로서 나라의 근간이 되는 세자를 체계적으로 교육하여 성군으로 만들고자 하는 시스템을 국초부터 가동하였다.

조선 초기 동궁 자선당과 계조당

경복궁 동궁 영역은 근정전과 사정전 사이 동쪽에 1999년 복원되었는데 크게 자선당 구역과 비현각 구역으로 나뉜다. 이곳은 1915년 '시정 5주년 기념 조선물산공진회' 행사장을 짓기 위해 1914년 모두 철거되어 일본 동경 오쿠라 개인미술관으로 활용되다가 초석과 기단만 다시 돌아왔다. 그러나 일본에 있을 때 화재가 발

| 주나라 주공의 성왕 교육

인물	세부 내용
文王(문왕)	아들 무왕 발. 주공단(魯).소공 석(燕). 숙진탁(趙). 강숙(衛). 천하 2/3 주나라
武王(무왕)	무왕 주나라 통일 목야 전투 통일 3년 후 사망. 어린 성왕(세자) 주공이 교육
周公(주공)	주나라 문물을 일으킴. 어린 성왕(조카)을 교육, 보좌. 낙양 개척
成王(성왕)	주공으로 부터 제왕 교육 주나라 3대왕 주나라 안정과 정치 기틀 마련

생하여 초석과 기단이 불을 먹은 상태여서 1999년 자선당 복원에는 사용되지 못하고 전시만 하고 있다.

조선 초기 경복궁에 동궁이 세워진 것은 세종 때였다. 세종 9년 창덕궁으로 세종이 거처를 옮기면서까지 동궁을 지었는데 세종 11년 완공되어 이어하였다. '동궁'은 그 용도가 세자의 정전으로 지어졌으나 세종 11년 1월 자선당에서 정사를 보기도 했다. 당시 동궁에 있었던 건물은 자선당과 승화당(承華堂)이었고, 비현각은 이곳에 있지 않았다. 세종 19년에는 강녕전 남쪽 월랑을 수리하여 동궁으로 세종이 이어하여 수리 기간 상참은 없애고, 조하(朝賀)가 있을 때 가마를 타고 근정전으로 가며 평상시에는 자선당에서 정사를 보았다.

세종 23년 7월 세자빈 권씨(현덕왕후 권씨)가 자선당에서 원손 단종을 낳았으나 다음날 산후병으로 죽었다. 이에 세종은 세자궁에서 쫓겨난 세자빈이 둘이고 세자빈 권씨마저 사별의 아픔을 겪게 되자 '이곳은 상서롭지 못해 마땅히 헐어 거처하지 말게 하자.'라고 하였지만, 조상과 부모가 살았던 궁실을 마음대로 처분할 수도 없는 노릇이었다. 그렇다고 궁궐 밖에 집을 지어 세자를 살게 할 수도 없어 자선당 밖에 하나의 궁을 짓는 방안을 논의하여 속히 짓기로 결정했다.

세종 25년 4월 영의정 황희 등이 세종에게 동궁 자선당과 승화당에서 이미 상께서 정사를 보고 있으므로 세자가 신이라 칭하면서 조회를 받는 것은 불가능하다고 건의한다. 당시 세종은 몸이 좋지 않아 세자에게 상참 등을 맡겨 행하도록 하였는데, 신하들은 왕이 임어해 있는 동궁 정문에서 세자라 해도 똑같은 예법으로 행할 수 없다고 하였다. 이에 세종은 자신의 병이 나을지도 모르고, 날로

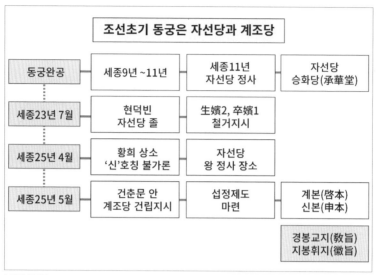

조선초기 동궁은 자선당과 계조당			
동궁완공	세종9년 ~ 11년	세종11년 자선당 정사	자선당 승화당(承華堂)
세종23년 7월	현덕빈 자선당 졸	生嬪2, 卒嬪1 철거지시	
세종25년 4월	황희 상소 '신'호칭 불가론	자선당 왕 정사 장소	
세종25년 5월	건춘문 안 계조당 건립지시	섭정제도 마련	계본(啓本) 신본(申本)
			경봉교지(敎旨) 지봉휘지(徽旨)

| 세종과 동궁

심해지는 건강으로 조참(朝參)과 일반 정무를 오랫동안 폐지할 수
없는 노릇이므로 어쩔 수 없는 노릇이라고 항변하였다. 이에 황희
등을 행할 때 세자가 동궁 정문의 동쪽에 앉고 여러 신하들이 세자
에게 재배(再拜)하며 신이라 칭하지 않는 예를 제시한다. 결국 동궁
정문에서 세자가 남면하여 앉되 1품 이하는 뜰 아래에서 세자에게
재배하고 세자는 답배하지 않는 범위에서 결정되었다. 대리청정은
이때부터 세종이 승하할 때까지 계속되었고 이러한 폐단을 없애기
위해 세종 25년 5월 건춘문 안에 세자가 조회를 받을 수 있는 '계
조당(繼照堂)'을 짓도록 하였다. 왕세자가 섭정하는 제도도 정하여
'계본(啓本)'은 '신본(申本)'이라 하고, '계목(啓目)'은 '신목(申目)',
'경봉교지(敬奉敎旨)'는 '지봉휘지(祗奉徽旨)'라고 하였다. 마침내
왕세자의 법식에 대해 의정부에서 품의하였는데 '자선당과 승화당
에서 빈객과 신하를 만날 때 의식 절차와 세자를 호위하는 익위사

한 권으로 읽는 경복궁

|복원된 자선당

(翊衛司) 16인으로 시위하는 방법' 등이었다. 이로써 세자와 관련된
의식 부문의 예법이 정리되었다.

　세종이 경복궁이 아닌 '영응대군' 사저에서 승하하자 빈전을 경
복궁 내에 만들어야 한다는 의견이 여러 신하들에 의해 제기되었
다. 당시 빈전으로 거론된 곳은 동궁 자선당 이었다. 세종이 오랜 기
간 이곳에서 정사를 보았고 문종이 사위할 경우 백관이나 군사들이
시위하는데 장소도 적당하여 영응대군 집에서 이곳으로 옮길 것을
건의하였으나 이루어지지는 않았다.

　문종은 왕위에 오른 지 2년 만에 승하하였고 국장도감에서 자선
당을 수리하여 혼전으로 삼았다. 단종 즉위년 6월 문종의 뜻이라고
하여 승화당과 계조당을 헐었다. 이에 동궁에는 자선당만 남게 되
었다. 중종 38년 자선당에 불이 났는데 세자가 어찌 되었는지 안부

를 묻는 사태가 발생하였다. 명종 8년 경복궁 대화재로 자선당도 이 때 불에 탔는데 자선당(資善堂)은 세자(世子) 상견례(相見禮) 때에 뜰이 매우 협소하여 사람들을 수용할 수 없어 넓혀 짓도록 명하였다.

동궁 영역에는 없었던 비현각

지금 동궁 영역에 복원된 비현각은 '비현합(丕顯閤)'이란 이름으로 세조 때 처음으로 등장하는데 그 위치도 동궁이 아닌 사정전 권역 내에 있었다. 세조 9년(1463) 사정전 동쪽 모퉁이 내상고(內廂庫: 궁궐 내 무기창고) 2칸을 '비현합(丕顯閤)'이라 했는데 이는《서경》'매상비현(昧爽丕顯)'에서 뜻을 취했다고 하였다. '매상비현'은 상나라를 세운 탕왕과 그를 도와 상나라를 반석에 올린 재상 이윤이 '적장손 태갑'을 '동궁(桐宮)'에 추방하였다가 자신의 과오를 반성하자 다시 문왕으로 옹립할 때까지 태갑에게 권면했던 말이다. "선왕께서는 어스름한 새벽에 일어나 덕을 크게 밝히고 앉아서 아침을 기다리셨다."라는 뜻이다. 세조는 비현합에서 신하들과 종친을 인견하고 풍정, 경연과 정사를 보는 곳으로 이용하였다. 동궁이 아닌 편전 사정전 동쪽에 있던 전각이었다. 예종과 성종을 이어 중종 때에 편한 편복으로 불시에 소대를 한다든지 근사록 진강 등을 행하기도 했다. 조선 전기 선조 때까지 비현합은 이러한 용도로 지속되었다.

세조 8년 2월 세자궁을 별도로 세우려고 간의대를 부수고 공역을 일으키려고 하였으나 농사철이어서 중단시켰다. 4월에는 건춘문 안에 세자궁을 짓기 위한 재목과 간의대 돌을 준비해 두었는데 더 좋은 목재와 돌을 준비하겠다고 한 김개(金漑)를 힐책하고 사치스럽지 않게 짓도록 명했다. 그해 12월 세자궁이 완성되어 낙성연이 베풀어졌다. 다음 해 4월 세자궁을 화려하게 지었다고 김개 등을 견책하였지만 그 후 세조는 세자궁에 자주 거동하였는데 북문을 통해 나간 점과 간의대 별석을 세자궁을 짓는 데 사용한 점으로 보아 북쪽 후원 영역에 있었던 것으로 보인다. 세조는 세자궁에서 나아가 인왕산과 백악산의 호랑이를 몰이하여 잡기도 하였다. 세자궁 앞에 심은 미나리[芹]가 아름다워 바치게 했는데 침장고(沈藏庫) 관료가 관리도 잘못하였으며 그나마 바치지도 않았다. 이는 윗사람을 업신여기는 것이므로 국문하도록 명하기도 했다. 성종은 옛 세자궁을 연은전(延恩殿)이라 하여 덕종의 신주를 모시는 별전으로 삼았다.

중종은 비현각을 경연 장소로 많이 활용하였는데 장소가 비좁아 불편을 토로하기도 했다. 명종 8년 경복궁 화재로 이곳을 확장하고자 하였으나 신하들은 "백여 년 동안 치도(治道)를 강론하던 곳

왕	동궁 권역에서 일어난 일
세종 승하(1450) 문종 승하(1452)	동별궁 승하. 자선당 빈전 건의 - 동별궁 빈전 문종 자선당 혼전
단종 즉위년(1452)	단종 동궁 승화. 계조당 철거 지시 - 미 이행
중종 38년(1543)	중종 자선당 화재. 발생. 세자는 무사
세조 8년(1462) 12월	세자궁 낙성연 간의대 별석 사용 세자궁 건축. 후원 북쪽에 세자궁
세조 9년(1463)	사정전 내상고를 비현합으로 명칭. 비현합(丕顯閤) 어원은 매상비현(昧爽丕顯)
고종(1867)중건	자선당/비현각/계조당 복원

| 동궁 권역의 변천

으로 확장하여서는 안 될 것입니다."라고 하였다. 선조 즉위년 11월 비현각에서 소대가 열려 《대학》을 강의하였다. 그 주제는 "요임금과 순임금은 인으로써 천하를 거느렸다."라는 내용이었는데 퇴계 이황은 "인(仁)자는 임금에게 가장 중요한 것이며 인의예지(仁義禮智)가 사덕(四德)이나 인은 그중에서 으뜸이 됩니다."라고 명쾌한 답을 제시하였다.

고종 대 중건된 동궁 영역

조선 전기 동궁 영역은 세종 때 자선당과 승화당이 가장 먼저 지어진다. 세자였던 문종의 거처였으나 세종 11년 세종이 자선당에서 정사를 보고 강녕전 남월랑 수리 때에도 동궁으로 이어하였다. 세종 25년 본격적으로 문종에게 섭정을 하도록 하며 동궁에서 조참과 사부 인견 등의 행례에 문제점이 생겼다. 이미 자선당과 승화당은 세종이 임어한 곳이므로 세자가 이곳에서 똑같이 백관들의 조참 등의 예를 진행할 수는 없었다. 이에 세종은 건춘문 안에 '계조당(繼照堂)'을 세워 왕세자가 이곳에서 정사를 마음대로 펼치도록 하였다. 단종은 문종의 뜻에 따라 승화당과 계조당을 철거하여 이곳에는 자선당만 남게 된다.

한편 지금 동궁 영역에 있는 비현각은 세조 때 '비현합'으로 출발하는데 동궁 영역이 아닌 사정전 동행각 무기 창고인 '내상고'에 설치하여 주로 경연 장소로 활용하며 선조 때까지 이어졌다. 선조 29년(1592) 임진왜란으로 경복궁 전각은 모두 소실되었고 고종 2년(1865) 경복궁 중건의 역사가 시작되어 1867년 1차로 완성을 보았다. 이때 동궁 영역이 다시 중건되었는데 주요 건물은 자선당과 비현각, 계조당이었다. 조선 전기와 달라진 점은 동궁 영역의 서쪽 사정전 가까이에는 자선당이 건춘문 안 동쪽으로 비현각이 자리 잡았다. 동궁 남쪽으로 계조당을 세웠다. 자선당은 고종 4년(1867) 영건도감에서 문 이름의 당호를 보고할 때 "자선당 행랑 전각 남쪽 문을 중광문(重光門), 북쪽 문을 육덕문(毓德門), 바깥 행랑 전각 남쪽 문을 이극문(貳極門), 비현각의 남쪽 문을 이모문(詒謨門)으로 한다."라는 중건 당호에서 자선당과 비현각이 다시 나온다. 고종 28년(1891) 영의정 심순택이 "세종 때 동궁의 전각으로 자선당과 승화당이 있었는데, 임금께서 임어하시어 다시 계조당을 세우고 하례를 받는 전각으로 삼았다."라고 하였다. 세자가 조하를 받던 계조당 중건의 역사는 고종 5년 "계조당 정초를 8월 7일 신시에 하고 상량은 22일 축시에 한다."로 기록하고 있다. 그 이후 고종 29년(1891) 계조당 개축을 명하며 1893년 상량문제술관 등을 정하고 1895년 2월 왕태자 생신에 백관 하례를 계조당에서 행하도록 하였다.

자선당과 주변 문의 이름

동궁 영역 중 서쪽에 있는 자선당(資善堂)은 '선을 바탕으로 삼는다.'라는 뜻으로 해석할 수 있는데 세자의 좋은 자질이나 계책은 선을 바탕으로 삼아 성군의 자질을 갖추어 나가야 한다는 의미이다. 자선당은 세자가 거처하던 곳으로 동궁에서 정전 역할을 하는 곳이며, 이곳에 이르기 위해서는 두 개의 문을 통과해야 한다.

자선당 바로 앞은 중행각이 문 양쪽으로 늘어서 있는데 이 중간이 진화문(震化門)이 있다. 진(震)은 자연 현상에 있어서는 '벼락, 우레'를 뜻하지만 《주역》에서 진괘(震卦)는 '장자(長子)'를 의미하며, 8괘로 진은 동방(東方)이므로 '나라의 장자는 국가를 이어가고 지켜나가야 하는 사람'이며 이는 태양이 떠오르는 동쪽에서부터 준비해야 한다. 동쪽은 해 뜨는 양기가 왕성한 방향으로 좌청룡의 자리이며 길한 방향(吉方)이다. 세자는 동쪽에서 변화하여 차기 왕으

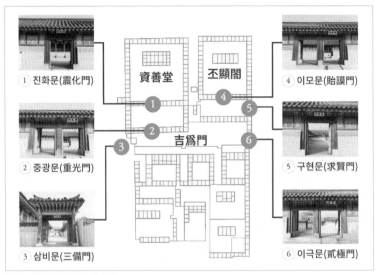

| 동궁 권역의 문(자선당, 비현각)

로서 자질을 갖추게 된다.

진화문 앞 외행각에는 '중광문(重光門)'이 있다. 진화문과 달리 두 짝의 문 구조이며 중광은 '(덕을) 거듭 밝힌다.'라는 의미인데 《서경》에서 주나라 성왕이 아들 강왕에게 유언에서 비롯된 고명(顧命)편에 나와 있다. 주나라 문왕과 무왕의 거듭 빛난 덕으로 백성을 다스려 이를 중광(重光)라 했고 이는 요순 임금의 중화(重華)와 같은 것이다.

외행각 밖 동서 양쪽으로 동궁으로 들어올 수 있는 문이 각각 하나씩 있다. 동쪽은 이극문(貳極門)이며 서쪽은 삼비문(三備門)이다. 이극은 '두 번째 북극'이라고 해석하는데 북극성은 동양에서 일반적으로 왕에 자주 비유된다.

《논어》위정편에는 "정치하는 것은 덕으로서 비유하자면 북극성이 제자리에 있어 뭇별들이 그를 향해 받드는 것과 같다."라고 하여

한권으로읽는경복궁

|비현각

왕을 북극성에 비유하였다. 이극은 두 번째 북극성이 되니 '세자, 태자'이다. 세자가 머무는 곳으로 들어가는 정문을 이극문이라 하고 방향도 동쪽에 두었다. 반대편 서쪽에서 동궁으로 들어오는 삼비문은 '세 가지를 갖춘다.'라는 뜻이다. 세자가 갖추어야 할 세 가지는 《예기》〈문왕세자〉 편에 있는데 "한 가지 일을 행하여 세 가지의 선한 것을 다 얻을 수 있는 이는 오직 세자뿐이다."라고 밝히고 있다.

비현각과 권역 문의 명칭

비현각은 남쪽으로 중행각과 외행각이 있으며 동행각에는 구현문이 있다. 비현각은 원래 비현합(조顯閣)으로 세조 때 사정전 동행각 내상고에 2칸짜리로 만들었으며 그 유래 또한 함께 적고 있다. 지금 비현각은 고종 대 중건 시 자선당 동쪽에 건축되었으며 비현(조顯)은 [클 비, 드러날 현]으로 해석할 수 있다.

《서경》 태갑편은 탕왕을 보좌하여 상나라를 반석에 올린 재상 이윤이 탕왕의 손자 태갑을 왕위에서 추방하였다가 다시 왕으로 옹립하여 선정을 베풀었다는 내용이다. 이 내용 중 '매상비현(昧爽丕顯)' '새벽에 일어나 덕을 크게 밝히시고'에 나와 있다.

동행각에 있는 구현문(求賢門)은 '어진 사람을 구한다.'라는 뜻인데 어진 이를 구하여 세자를 보좌하고 도울 수 있도록 해야 하므로 문 이름으로 사용했다. 남외행각의 문은 '이모문(詒謀門)'이다. 이를 태모문으로 읽는 것은 잘못이며 이(詒)는 '끼치다, 깨우쳐 주다'이고 모(謀)는 '도모하다, 꾀, 계책'을 의미한다. 모(謀)는 단순한 의미에서의 꾀나 계책이 아니라 《서경》의 편명 중 대우모, 고요모에서 '훌륭한 계책이나 말씀'으로 정의하였다. 《시경》 대아 문왕유성에는 "詒厥孫謀(이궐손모) 以燕翼子(이연익자) 그 후손에게 계책을 남겨 공경하는 아들을 편안히 하신다."가 있다. 이는 문왕이 후손에게 훌륭한 계책을 남겨 아들 무왕을 편하게 하고자 하는 아버지로서의 배려가 담겨있는 내용이라 하겠다.

동궁 남쪽에는 춘방 '세자시강원'과 계방 '세자익위사' 자리가 있으며 2021년부터 세자가 정사를 돌보는 계조당이 복원 공사를 시작하였다. 계조당 주변은 복원 전 발굴 조사가 진행되었는데, 이곳에서 궁궐 화장실 유구가 다량으로 출토되어 경복궁의 화장실 문화가 어떠하였는가를 보여 주었다.

08

수정전과 궐내각사
– 빈청, 승정원, 내반원

    근정전과 사정전 등의 중앙축을 기준으로 서쪽에는 경회루가 있고 그 남쪽에 수정전이 자리한다. 수정전 앞에는 임시로 지은 카페와 의자 등 휴식공간이 마련되어 있고 경복궁 서쪽 궁장 끝 영추문까지는 나무와 화단이 조성되어 있다. 고종 대 경복궁 중건 시 이곳은 '궐내각사(闕內各司)' 즉 '궁궐 안에 있던 각 부처 사무실'로 광화문 앞에 있었던 '궐외각사'와 함께 왕의 정사를 보좌하고 보필하는 역할을 하는 곳이다.

    궐내각사에서 현재까지 유일하게 남아 있는 건물은 수정전이다. 수정전(修政殿)이란 이름을 새로 붙인 것은 '잘 다스려지기를 간절히 바라는 마음'에서였다고 실록에서 밝히고 있다. 조선 초기에는 없었던 전각인 수정전보다 세종 때 한글 창제의 주역이 모여 있었던 '집현전'이 있던 곳으로 여기는 경우가 많다. 그런데 집현전과 수정전 사이에는 약 450여 년의 차이가 있으며 그 역할도 엄연히 달랐다.

집현전은 고려 관제에서부터 시작하여 조선 태조를 거쳐 세종과 문종 대에 가장 활발하게 꽃을 피우다가 세조 때 철폐되어 성종 대에 '홍문관'으로 바뀌었다. 수정전 자리에 집현전이 있었다는 결정적인 증거는 없으나 세종이 편전에서 정사를 돌보다가 집현전을 찾았다는 정사와 야사의 기록으로 미루어 볼 때 편전에서 멀지 않은 수정전 궐내각사 부근이 아니었을까 생각된다.

《고종실록》 고종 4년 11월 8일 기록에 의하면 경복궁 당호와 문 이름을 정하여 왕에게 보고하며 처음으로 등장한다.

> "수정전 안에 있는 행랑 전각의 남쪽문을 수정문·봉래문(鳳來門), 동쪽
> 문을 동화문(同和門), 서쪽문을 경숙문(景肅門), 북쪽문을 융지문(隆智
> 門)으로 한다. 중간 행랑 전각의 남쪽문을 영화문(永化門), 동쪽문을 함
> 수문(咸遂門), 서쪽문을 상현문(尙賢門)으로 하며 바깥 행랑 전각의 남
> 쪽문을 숭양문(崇陽門)으로, 동쪽문을 연명문(延明門)으로 한다."

이때 수정전을 둘러싸고 있는 주변 행각과 문의 이름이 정해졌다.

궐내각사와 수정전 권역의 변화

궐내각사는 조선 전기와 후기 각사의 변화가 많았던 곳으로 1867년 중건 이후 궐내각사를 기준으로 설정하고 1905년경에 발행된 궁궐지를 참고하면 파악할 수 있다. 궐내각사 권역에 유일하게 남아 있는 수정전은 1905년 이전 사방의 행각과 문들이 모두 훼철되었고 유일하게 남은 것은 좌우 복도였다. 좌우 복도의 모습이 있는 수정전 사진은 지금도 남아 있다. 고종 대 궐내각사 중건 이후

| 현재 수정전

수정전은 편전과 진전의 용도로 활용되었으나 고종 12년(1875) '건청궁 관문당'으로 어진 등을 이봉한 후 다시 편전으로 이용되었다. 그렇지만 고종 13년 9월 이후부터 고종 31년(1894)까지 18년간은 사용 기록이 없으며 '군국기무처'가 해산되는 칙령을 재가한 날 고종이 '수정전 수리'에 대한 내용을 묻는 과정에서 다시 수정전이 등장한다. 실제 '군국기무처'는 청사를 둔 기관이 아니라 '회의협의체'로 모일 때마다 그 장소가 일정하지 않았다. 또 고종은 '군국기무처' 처소를 차비문(差備門) 부근으로 하라고 명한 바가 있어 이는 편전의 전문 근처 근정전과 궐내각사 빈청, 사정전 등도 이에 포함되는 곳으로 볼 수 있다. 1894년 12월 고종은 칙령으로 궐외각사에 있던 의정부를 수정전으로 옮겨 '내각(內閣)'으로 칭하라고 하면서 이곳에 내각 청사가 이전하게 된다.

아관파천 이후 1910년 한일강제 병합까지 경복궁은 빈 궁궐로

존재하였다. 10여 년 넘게 방치된 궁궐은 1915년에 열린 '시정 5주
년 기념 조선물산공진회' 전시장을 만들기 위해 궐내각사에 있었던
건물 대부분이 1914년경에 훼철되었다. 수정전은 그보다 훨씬 전인
1900년경에 주변 행각과 문들이 사라졌다.

수정전의 기능과 군국기무처

고종 4년(1867) 11월부터 왕이 수정전에 나아가 정사를 보는 편
전으로 활용하다가 고종 9년(1872) 10월부터는 진전이 되었다. 고
종 12년(1875) 9월 이곳에 모셔두었던 어진과 책보, 고명을 건청궁
관문당으로 이봉하면서 수정전은 다시 편전의 기능을 회복하였다.
고종 13년(1876) 2월까지 신하들을 소견하고 경연과 직부전시 등
편전의 용도로 39회 이상 사용했다는 기록이 《승정원일기》에 있다.
고종 13년(1876) 6월 11일 일본 이사관이 입시하여 고종에게 문안
을 올린 이후 고종 31년(1894)까지 18년간은 수정전에 대한 기록이
없다. 고종 31년(1894) 11월 21일 총리대신 김홍집이 칙령 1호에서
8호까지를 왕에게 올려서 재
가를 받는 자리가 있었다. 이
때 칙령 1호는 '공문식(公文
式)'이, 4호로 박영효를 내무
대신으로 임명하는 칙령이 발
표되면서 새로운 정치 재편이
시작되었다. 이날 고종은 "수
정전은 과연 수리되고 있는
가?"라고 물었는데 이때 탁지
부 대신 어윤중이 "지금 수리
되고 있습니다."라고 대답하였

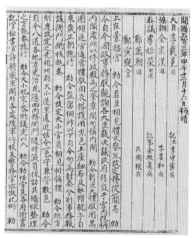

| 수정전을 내각으로 한다는 승정원일기 기사

다. 당시 수정전은 수년간 사용하지 않았으며 차후 사용할 경우 수리해서 준비해 두어야 했기 때문이었다.

같은 해 12월 16일 고종은 칙령으로 "의정부를 대궐 안에 옮겨 설치하여 내각(內閣)으로 이름을 고치고, 장소는 수정전(修政殿)으로 하며 규장각(奎章閣)을 내각이라고 칭하지 말라."고 하여 수리한 수정전으로 의정부를 옮겼다. 고종은 지금부터 국정에 대한 일을 직접 챙기고 궐외각사에 있던 의정부도 수정전으로 옮겨 직접 정사에 참여하겠다는 의지를 표현하였다.

한편 갑오개혁을 주도했던 '군국기무처'는 1894년 6월 21일 일본군의 경복궁 강제 점령 이후 만들어져 그해 6월 25일부터 11월 21일까지 한시적으로 존속되었던 협의제 정책 의결기관이었다. 그러나 실제 활동기간은 그보다 짧은 7월 28일부터 10월 29일까지 3개월 정도밖에 되지 않는다. 총재는 당시의 영의정이었던 김홍집이 겸직했고 40회의 회의와 210건의 의안을 통과시켜 나름대로 개혁을 이루기도 했다. 군국기무처는 6월 28일 각 아문의 관제를 개편했는데 핵심 내용은 기존의 중앙 관제를 궁내부와 의정부로 나누고 의정부 아래 내무, 외무, 탁지, 법무, 군무, 학무, 공무, 농상의 8아문을 설치하고 의정부에 총리대신을 두는 내용이었다. 그러나 군국기무처 회의체 내에서는 대원군 세력과 개화파 세력이 서로 대립하였다. 마침내 갑신정변으로 일본에 망명했던 박영효가 돌아오고 일본 내무대신 출신 이노우에 가오루가 공사로 부임하였다. 대원군과 이준용은 정권에서 배제되었고 박영효가 내무대신으로 임명되는 칙령을 발표한 11월 21일에 군국기무처는 폐지된다.

1894년 12월 16일 의정부를 내각으로 바꿔 수정전에 옮기도록 하였다. 또 갑오개혁을 주도했던 '군국기무처'가 활동하였던 6월 25월부터 폐지될 때까지 수정전을 사용했다는 이야기가 있다. 그러나 '군국기무처'는 정사와 군사, 국정을 최종적으로 심의하여 결정하는 회의체 국정 결정기관이었다. 정책은 타협과 토론으로 구성원의 과반수가 출석하여 다수결로 결정했으며 이를 대원군과 왕에게 올려 재가를 받았다. 군국기무처 처소를 차비문 근처로 한다는 실록 기사도 있어서 특정 장소에 청사나 회의 장소를 마련하지 않고 상황에 맞게 진행하였을 수 있다. 또 고종이 수정전 수리 상황을 묻는 내용으로 보아 군국기무처가 협의체를 운용하는 동안에 수정전이 활용되었을 개연성은 적어 보인다.

궐내각사 주변의 전각 규모 살펴보기

수정전 북쪽은 경회루가 있어 전각이 들어설 수 없지만, 남쪽 전면과 서쪽으로 궐내각사의 여러 전각이 있었다.

수정전의 규모는 40칸으로 전면 10칸에 측면 4칸이고 전각 전면에 월대가 갖추어져 있다. 수정전 주변에 행각과 문, 복도들은 모두 없어졌지만 1905년 궁궐지에는 수정전 동쪽으로 동복도는 13칸이고 서복도는 9칸이었다. 수정전 사방으로 33칸의 동·서·남행각과 북행각은 30칸, 동외행각은 22칸, 서외행각은 20.5칸이 있었으나 당시에는 없어졌다고 하였다. 남행각 밖으로 숭양문은 2칸 통 3칸 문으로 가운데 어문과 좌우에 협문이 있는 구조로 어문과 협문의 크기는 1척 정도이며 문 좌우에 10칸씩의 행각이 있었다. 숭양문은 당시까지도 있었으며 외부 출궁이나 정전 행사 시 내전에서 나와 숭양문-유화문을 거쳐 근정문 또는 흥례문을 통해 광화문으로 출궁하고 환어 시에도 그 역순으로 하였다.

고종대《궁궐지》를 기준으로 궐내각사에 있던 각사의 위치와 규모, 임무 등을 보면 수정전 바로 남쪽에 대전 장방이 있었다. 총 14칸으로 이곳은 '왕의 보좌하던 내관들이 사용하던 방'이며 동서에 각각 4칸의 행각과 7칸의 남행각과 13칸의 긴 북행각으로 둘러싸여 있었다. 주원(廚院)은 10칸이며 그 남쪽에 사옹원 소속으로 식자재를 출납하던 '2칸짜리 통칸'의 공상청(貢上廳)이 있다. 내반원(內班院)은 내관들의 관청으로 15칸이며 부속 건물로 신선에 비유한 6칸의 육선루(六仙樓)가 있다. 내반원은 내전의 출입을 관장하여 안팎의 말이 통하게 하고, 식사와 반찬을 준비하고 궁중의 방을 청소하는 등을 임무로 삼았다. 일상적인 일이지만 그 맡은 것은 중요하였다. 이와 함께 7칸의 수라간(水刺間)도 이웃해 있다.

정원(政院)은 '왕명을 출납하는 기관'으로 후원(喉院)·은대(銀臺)·대언사(代言司) 등으로 불리면서 정3품 아문(衙門)으로 도승지가 장을 맡았다. 2026년 경복궁 궐내각사 복원 14동에 속한 전각이다. 핵심 인원은 6승지라고 하는데 동벽과 서벽으로 나누어 도승지, 좌승지, 우승지는 동벽(東壁)에 좌부승지, 우부승지, 동부승지는 서벽(西壁)이라 하였다.《승정원일기》등 기록을 담당하는 정7품 주서 2인과 국문과 형옥에 관련된 기록을 하는 사변가주서 1인이 있으며 그 아래 서리, 사령 등으로 구성되어 있다. 궐내각사에서는 규모가 큰 26칸으로 소대청 12칸을 포함하고 있으며 동행각은 16칸, 남행각은 22칸이다.

빈청(賓廳)은 정원 남쪽에 있으며 10칸으로 2026년 궐내각사 복원 예정 전각 중의 하나이다. 삼정승을 비롯한 비변사 당상관(정2품) 이상 주요 관료들이 정기적으로 모여 회의를 하는 곳이다. 고종 대에는 대왕대비와 익종의 존호를 올리기도 하였고 국장에 대한 논의도 이곳에서 했다. 비변사 정기회의는 매월 3회씩이었으나 숙종 24년(1698)부터는 6회씩으로 늘어났다.

선전관청은 빈청 서쪽에 있는데 왕의 명령을 전달하는 정3품 아문으로 왕이 북과 나팔을 불거나 시위와 부신 등의 출납을 담당하

| 궐내각사와 주변 전각 복원 현황

던 관청이다. 고종 19년(1882) 폐지되었고 약 20인 남짓의 선전관
이 있었다. 14칸 건물이며 동서 행각은 각각 11칸과 12칸, 남행각은
9칸이었다. 선전관청 북쪽, 정원 서쪽에 당후(堂後)는 승정원일기
등을 기록하는 주서가 거처하던 방으로 총 14칸이며 서행각은 5칸
이다.

내반원 서쪽에 검서청은 옥당과 이웃하고 있다. 장서를 발간하
고 서적의 교정과 원본과 같이 모사하는 일 등 검서관이 근무하던
관청이며 6칸이다. 동행각 10칸과 서행각은 9.5칸이었다.

검서청과 서쪽으로 나란히 있는 옥당은 12칸 반이며 남행각 10칸, 외행각 5칸이다. 옥당은 옥서, 영각이라고도 불리는 삼사(三司: 사헌부, 사간원, 홍문관)에 속하는 홍문관의 별칭이다. 세종과 문종 때 집현전은 세조 때 혁파하면서 그 업무를 예문관으로 이관하였고 성종 때 홍문관을 신설하여 분리하였다. 연산군은 홍문관과 사간원을 혁파하였으나 중종이 부활하여 갑오개혁으로 관제 개혁이 될 때까지 지속되었다. 정2품 대제학과 부제학, 직제학, 전한, 응교, 교리, 부교리, 수찬, 박사, 저작, 정자 등 품계가 있었다.

옥당 북쪽에 약방 권역은 약방 17칸, 의관방 15칸, 의약청 7.5칸, 침의청 7.5칸과 남행각 13칸 북행각 5칸 등이 자리하고 있었다. 약방도 2026년 시작하는 궐내각사 복원 전각에 포함된다.

궐내각사 서쪽 영추문 안으로는 수문장청, 6칸의 초관청, 26칸의 영군직소가 있는데 영추문과 수문장청은 복원한다. 남쪽으로 물시계를 관리하던 누국9칸과 말과 수레 등을 관리하는 내사복(內司僕), 남쪽으로 가면 그 끝에 서십자각이 위치하였다.

이는 조선전기와 고종 중건 이후가 다소 다르므로 자료가 많이 남아 있는 고종 대 이후를 기준으로 궐내각사 주변 복원계획이 되어 있다. 다만 고종 당시 있었던 모든 전각을 복원하지는 않고 14동만 복원하며 그 대상은 수정전 남쪽 정원과 빈청이며 서남쪽에 의약청과 영추문, 그 앞에 있던 영군직소 정도이다.

09

경회루 36궁과
물과 불의 조화

경회루는 연회 공간이지만 경회루 연못의 물은 궁궐에서 여러 가지 의미가 있다. 경복궁은 중건 당시 7,200여 칸의 규모로 많은 전각이 있었는데 모두 목조였으며 전각과 전각 사이는 복도로 연결되어 있어 한군데에서 불이 발생하면 복도를 따라 순식간에 불이 번질 정도로 화재에 취약하였다. 이때 가장 필요한 것이 물 즉 방화수이다. 이 때문에 궁궐에서는 방화수를 확보하는 일 이외에도 화재 예방을 위한 기원과 보호 장치, 그를 이기려는 염승(厭勝)을 위해 여러 가지 방법을 동원하였지만 불은 지속해서 발생했다.

기울어진 누각을 경회루로 크게 세우다

경복궁 후면 백악과 인왕 골짜기에서 내려오는 물은 그리 많지 않았다. 이에 태종은 공조판서 박자청에게 명하여 기울어진 작은 누각과 연못을 큰 규모로 확장하고 그에 걸맞게 새 누각을 세웠다.

| 경회루

그리하여 누각 주변 연못에는 전보다는 많은 물을 담을 수 있게 되었고, 건물도 연못에 비례하여 확장하여 지었다. 새로 지은 경회루는 규모가 너무 컸기 때문에 무리한 토목공사를 했다는 상소가 빗발쳐 공사를 맡은 박자청의 탄핵을 요구하기도 하였는데 태종은 받아들이지 않았다. 비로소 새 누각은 경회루라는 이름을 얻었고 경회란 '임금과 신하가 덕으로 서로 만나는 것'으로 연회뿐만 아니라 기우제나 활쏘기, 인견, 과거시험 등 다양하게 활용되었다. 경복궁은 임진왜란에 불에 탔고 이때 경회루도 소실되었지만, 그 터에 초석과 기둥 일부는 남아 있었다. 그 이후에도 경회루는 행행한 왕과 겸재 정선의 그림, 왕과 신하들의 지은 경회루 관련 시에서 계속 언급되고 있다.

　　고종 연간 초야의 정학순은 을사년(1865) 경회루를 방문하여 빈터와 초석의 모습을 보고 주역의 원리를 궁리하여《경회루전도》를 제작하였다. '경회루 36궁 지도'라고도 하는데 1867년 경복궁과 경회루를 중건할 때 영건소에서 활용했던 것으로 보인다. 이 전도는 국립중앙도서관과 일본 와세다 대학에 필사본으로 남아 있으며 주역의 원리와 36궁의 오묘한 변화 이치를 담고 있다.

주역 64괘는 36궁

경회루는 누각을 둘러싸고 있는 연못의 물과 모양 전각에 사용된 초석과 기둥 그리고 각종 건축 부재, 물속에 가라앉았다는 동용 등 36궁과 관련된 물의 숫자 6, 불과 관련된 숫자 2 등의 의미를 담아 지었다. 고대 하상주(삼대) 궁실의 명칭은 하나라는 세실(世室), 상나라는 중옥(重屋), 주나라는 명당(明堂)이라고 했다. 이는 각각 오행과 사방, 정전법에서 그 명칭을 취한 것이다. 왕은 하늘의 뜻을 이어받아 왕위에 올라 하늘의 질서에 맞게 다스리면 삼대처럼 성왕의 법을 취할 수 있는데 경회루는 성왕(삼대)의 법을 상징하는 전각이다. 경회루는 건설 초기부터 성왕의 법과 주역 36궁에서 그 상을 취했다. 주역은 천지의 법칙과 함께하며 그 이치는 천지와 합하는데 주역 64괘는 성인이 만들었다. 64괘는 36궁과 같은데 경회루를 36궁으로 지었으므로 주역 64괘의 원리로 지었다는 이야기와 마찬가지이다.

8괘에서 64괘까지

주역에는 8괘가 있는데 괘라는 뜻은 '건다, 걸렸다[卦]'는 의미로 '태극'이라는 조그만 씨앗과 같은 것에서 둘로 분화하여 두 개의 모양인 양의(兩儀)로 음과 양이 된다. 음과 양은 각각 '--'와 '—'로 표시한다. 음양이 다시 한번 분화를 하면 네 개의 모양이 만들어지는데 이를 사상(四象)이라 한다. 사상이 한 번 더 분화하면 태극기에 있는 것과 같은 8괘가 되는데 그 순서는 일건천, 이태택, 삼리화, 사진뢰, 오손풍, 육감수, 칠간산, 팔곤지이다.

8괘는 아래위로 중첩하면 막대기의 모양이 6개인 괘가 되는데 이를 대성괘, 완성된 괘로 본다. 여덟 개의 대성괘는 그 모양이 뒤집어도 똑같으므로 변하지 않는 불변 괘이다. 64괘 중에서 불변 괘는 이 8개뿐이며 읽는 방법은 두 개가 겹쳐있다고 해서 중(重, 거듭)을 쓰고 괘의 뜻과 이름 순서로 하면 된다. 불변 괘를 순서대로 나열하면 중천건·중택태·중화리·중뢰진·중풍손·중수감·중산간·중지곤이다. 불변 괘를 빼면 나머지는 56괘가 남는데 두 괘씩 짝을 지어 한 괘를 뒤집으면 반대괘(도전괘)가 나온다. 예를 들어 아래에 건괘가 있고 위에 곤괘가 있는 경우 지천태괘라고 하는데 이 반대괘(도전괘)는 아래가 곤괘 위가 건괘인 천지비괘가 된다.(p.131 '만물을 사귀어 통하는 교태(交泰)' 참조)

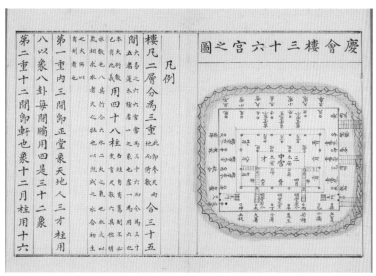

| 경회루 36궁 지도(와세다대학본 소장)

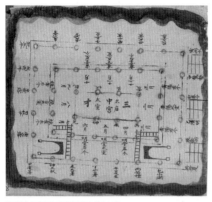

| 경회루 36궁 지도(국립중앙도서관 소장)

지천태를 뒤집으면 천지비가 되고 천지비를 뒤집으면 지천태이니 이는 둘이면서 하나이다. 56괘 모두 짝을 지면 이러한 형식이므로 28괘가 56괘이기도 하다. 주역 64괘는 불변 괘 8과 도전 괘 28을 합쳐 36괘 이것이 바로 36궁이다. 그러므로 36궁은 주역 64괘의 원리와 같고 경회루 36궁은 주역의 원리라고 해도 무방하다. 또 36은 8괘의 모양을 숫자로 환산하여 합한 수와 같은데 8괘에서 하나의 작대기 모양에 따라 양효(ー)는 1로 음효(--)는 끊어졌으므로 2로 한다. 건태이진손감간곤(3 + 4 + 4 + 5 + 4 + 5 + 5 + 6 = 36)을 모두 합하면 36이다. 이는 주역 64괘의 의미와 통한다. 경회루는 정면 7칸, 측면 5칸 즉 35칸의 전각이다. 36의 대연수는 35이며 36에는 대연수의 허일이 들어 있어 35+1로 본다. 결론적으로 36궁은 주역 8괘(소성괘)와 64괘의 의미가 있으므로 숫자 36에 숨어있는 뜻을 알면 경회루가 어떤 원리로 만들어졌는지 쉽게 이해할 수 있다.

| 36궁의 생성과 주역 36괘

8괘	건	태	이	진	손	감	간	곤
숫자합	1	2	3	4	5	6	7	8
효수	3	4	4	5	4	5	5	6
건물 칸수	정면 7칸 x 측면 5칸 = 35칸 + 허일 1칸 = 36칸(궁)							

[주] 大衍之數(대연지수)란 49와 50은 같다는 뜻.
경회루 35칸(궁)는 36칸(궁)과 같다.

36궁은 숫자 6을 곱해 나온 숫자로 물이다

36은 6×6이며 6은 《주역》 하도에서 투명하고 검은 동그라미로
숫자를 표시하고 있다. 하도 표시를
보면 1과 6은 방향이 북쪽, 2와 7은
남쪽, 3과 8은 동쪽, 4와 9는 서쪽, 5
와 10은 중앙이다. 양은 투명한 작
은 동그라미로 표시하였고 음은 검
은색 동그라미로 표시했다. 1에서 5
까지는 생수(生數)라 하고 6에서 10

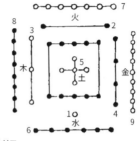

|하도

까지는 성수(成數: 생수를 기본으로 만들어진 수)라고 한다. 여기에
서 경회루를 36궁으로 지었다는 의미는 숫자 6×6으로 숫자 6은 물
이라고 했다. 1도 물이고 6도 물이지만 1이 작은 물인 데 반해 6은
성수로 큰물이다. 36은 큰물을 두 번이나 거듭하여 곱한 숫자이니
얼마나 더 큰물을 의미하겠는가? 경회루 연못에 많은 물을 담았는
데도 누각마저 36궁으로 지어 경회루를 온통 물바다로 만들고자 했
던 것이다.

경회루 기둥 수와 내부 구조의 상징

경회루는 48개의 석주 위에 정면 7칸 측면 5칸 총 35칸 건물이
며 내부는 3겹으로 설계하였다. 이는 주역에 나오는 하도와 같은데
1겹 중앙은 3칸이고 천지인 삼재(天地人 三才)를 상징한다. 이곳은
가장 가운데 자리로 연회 시 왕이 앉는 자리이다. 3칸을 둘러싼 기
둥은 8개인데 8괘를 상징하며 각 칸마다 창이 4개여서 32창, 32상
이다. 2겹은 헌(軒)이며 그를 둘러싼 기둥 개수는 12개로 12월을 상
징하며 칸은 16칸이다. 매간 마다 창은 4개로 16×4=64개 즉 64괘
이다. 3겹은 20칸이며 낭무(복도)이고 기둥은 24개로 24절기를 상

	용어	괘의 명칭	세부 내용
1	삼재	1겹 정당 3칸	천지인(天地人) 삼재(三才) 상징
2	8괘	정당 8개 기둥	乾.兌.離.震.巽.坎.艮.坤 건.태.리.진.손.감.간.곤
3	12월	2겹 간수 12간	寅卯辰 巳午未 申酉戌 亥子丑 인묘진 사오미 신유술 해자축
4	64괘	2겹 16기둥×4창	乾.坤.屯.蒙.需.訟.師 ~ 旣濟.未濟까지 64괘 건.곤.준.몽.수.송.사~기제.미제
5	24절기	3겹 기둥 수 24개	小寒.大寒.立春~小雪.大雪.冬至까지 소한.대한.입춘~소설.대설.동지까지
6	36궁	35 +태극허일 (대연수)	6×6=36은 성숙한 물(水). 출전 하도(河圖)
7	아래 기둥 48개	8행. 6열	8은 6+2이며 6이 2를 품어 불이 꺼짐
8	천원지방	연못은 원형 누각터는 방형	지금 경회루 연못은 원형이 아님
9	상층 들보	소량 12/대량 36	12(2×6) 36(6×6)
10	동용 2마리	2마리: 동(銅)은金 금생수로 물을 생함. 2는 불색으로 불이 소멸(2는 火數)	금생수의 원리로서 물을 생함 2는 불로 경회루 물에 넣으면 불이 꺼짐
11	남쪽	南쪽은 불[火]로 離卦를 상징	경회루 물로 불을 다스림
12	육육 양제법	六六攘除法	숫자 6으로 불을 제어하는 원리

징한다. 낭무는 가장 밖이어서 외부를 낙양각으로 장식했기 때문에 창문은 없다. 누각으로 들어가는 다리는 3개인데 이는 삼광(해별달)을 뜻한다. 누각 아래에서 위로 오르는 계단은 양쪽에 각각 하나씩 두 개로 양의를 뜻하며 각 계단은 상층이 6개이며 하층은 12개로 모두 18개이다. 숫자 18은 10과 8을 합한 숫자로 10은 하도에서 중앙토이고 8은 6+2로 나눌 수 있다. 6은 앞서 큰물을 뜻하는 숫자라고 언급하였다. 또 2는 하도에서 불을 상징하는 숫자이나 생수(生數)로 작은 불이다. 왕성한 큰물(숫자 6)로 작은 불씨(숫자 2)를 품은 형상이다.

숫자 6과 2, 물과 불의 조화

경회루 초석과 기둥, 각종 부재는 별과 바둑판처럼 벌어 있는데 이를 구성하고 있는 숫자는 6과 8, 9가 섞여 있다. 누각 위 '보'와 '도리'는 숫자 9를 사용했고 '초석'이 있는 아래는 숫자 6을 사용했다. 숫자 9는 '노양수'이기 때문에 위에 있는 것이고 숫자 6은 '노음수'로 아래에 있는 것이다. 위와 아래가 서로 대응하여 전각을 이루고 있어서 임금과 신하가 서로 마음을 합하여 뜻을 얻는 것과 같다. 건괘는 순 양(陽)으로 건구(乾九)이며 곤괘는 모두 음으로 곤육(坤六)이다. 천지가 건과 곤의 덕으로 합하듯 임금과 신하도 마찬가지이다.

위층 2겹 칸을 둘러싼 나무 기둥은 6.6척(36)이며 3겹의 나무 기둥은 3.6(18)척이다. 칸의 길이와 넓이는 2.6(12)척을 썼고 칸마다 '서까래'는 2.6(12)개 지붕 네 귀퉁이 '서까래'와 '최제'는 3.6(18)개, '동자기둥'은 6층을 썼다. 결과적으로 이는 모두 6과 관련된 숫자이며, 성한 물(水)을 상징하는 숫자를 사용한 것이다. 기타 부재의 길이와 넓이도 기둥과 초석의 숫자로 옛 척을 측정하였다.

연못에 사는 동용(銅龍)

지금 경회루 연못은 둥글어 보이지 않지만 정학순이 이곳을 관찰했을 때만 해도 원형이었으며 누각 터는 방형이었다. 이는 천원지방(하늘은 둥글고 땅은 네모지다.)이라 하고 하늘이 땅을 품고 있는 형상이다. 경회루 연못 남쪽 물속에 동으로 만든 용 두 마리를 넣었는데 이 중 한 마리가 1997년 경회루 준설 때 발견되었다. 동용(銅龍)은 원래 붉은색이니 불색(火色)과 같고 2마리는 숫자 2로 불을 상징하는 숫자이다. 용은 주역에서 건구(乾九)의 상이며 9는 노양수로 양이 지극한 건괘이고 바로 용을 상징한다. 팔괘에서 건(乾)의 자리는 남쪽으로 음양오행 상 불(火)을 의미한다. 실제 활용에서는 앞선 팔괘(선천팔괘)가 아닌 후천팔괘를 쓴다. 선천팔괘 건의 자리는 후천팔괘에서는 리(離)이고 불을 뜻하므로 그 의미가 같다. 건(乾)은 용(龍)을 상징하므로 건구 또한 용이다. 숫자 9와 6의 관계는 노양과 노음의 관계이기도 하지만 9(4. 9 금)는 금을 상징하는 숫자이고, 6(1. 6 수)은 수를 상징한다. 이 둘의 음양오행 금생수(9금으로 6물을 생성한다.)로 생해주는 관계이다. 또 6(1.6 수)과 2(2.7 화)는 수극화로 물로 불을 제어하는 관계이다

숫자 9는 금(金)을 상징하며 금생수(金生水)는 건구(乾九) 용덕(龍德)으로 물을 관리할 수 있다. 물을 왕성하게 하여 불을 제어할 수 있다는 이야기다. '물에 잠긴 용은 쓰지 말라[潛龍勿龍]'은는 건괘 초구 효사로 아래에 놓은 용은 쓰지 않는다는 말이다. 숫자 2(불)를 물 아래에 두어 쓰지 않도록 하면 불씨는 살아나지 못하는 것이며 이는 천지, 성인과 역의 이치이다. 돌무소는 두보의 석서행이라는 시에 나오는데 수재(水災)를 막는다고 하였다. 금사자는 연기와 불을 좋아하여 불을 물리치고 막는 데 그를 사용하므로 향로 등에 새겼다.

|경회루 출토 동용(고궁박물관 소장)

큰물로 작은 불씨를 품어 불을 제어한다

경회루는 불을 제어하기 위한 숫자 6을 전용하였는데 6은 왕성한 물을 상징하는 숫자이다. 초석 위 돌기둥은 6열 8행으로 모두 숫자 6을 사용한 1.6에서 8.6이다. 주역에서 감괘(坎)는 물상으로는 물을 상징하며 암컷이다. 이(離)는 불이고 수컷이다. 둘이 서로 접하면 감응하고 합하면 큰물이 작은 불을 품어 제어하여 꺼진다. 이는 물은 물대로, 불은 불대로 기본 성질을 간직하며 합하면 소멸하는 이치를 담고 있다. 두 마리 동용을 물속에 두었다는 이야기는 큰 세숫대야에 물을 가득 떠 놓고 성냥불을 켜서 그 안으로 넣는 것과 같다. 당연히 성냥불은 금세 꺼지고 만다. 큰물은 숫자 6으로 36궁의 6×6과 같으며 두 마리를 물속에 두고자 한 것은 숫자 2가 성냥불과 같은 작은 불씨이기 때문에 이를 물속에 넣는 순간 불씨는 흔적도 없이 사라지게 된다. 이는 '조그만 불씨조차 살아나면 안 돼.'라고 하는 강한 메시지를 담고 있다 하겠다. 경회루를 36궁으로 지은 이유는 이곳은 온통 물바다이며 작은 불씨조차 살아나지 말아야 한다는 의미를 담은 물의 궁전이라 하겠다.

2001년 근정전을 중수할 때 근정전 지붕 아랫도리에서 한자로 '용(龍)' 글씨 1,000자로 물 수자를 쓴 부적 2점과 용 그림 한 점이 발견되었다. 또 육각형 은판도 5점이 발견되었는데, 각 은판의 가장 자리에 물 수(水)자 6개가 있었다. 용은 물에 사는 상상의 동물이며 물을 왕성하게 하기도 한다. 용 글씨 천 개로 물수(水)자를 썼다는 것은 천은 많다는 의미이고 그만큼 물을 왕성하게 하겠다는 의지라고 봐야 한다. 또 육각형 은판에 6자의 물수(水)자는 숫자 6이 의미하는 큰물로 36궁과 비견된다고 하겠다.

　이처럼 경회루는 단순한 연회의 공간에서 주역과 36궁 원리로 물은 왕성하게 하고 화기는 조금도 살아남지 않게 하는 비보염승과 신묘한 수학적인 주역의 원리가 반영된 곳이다.

한권으로 읽는 경복궁

10

강녕전의
황극과 오복

향오문은 강녕전 남쪽에 있는 행랑문이다. 가운데 큰 문과 좌우로 각각 하나씩의 문을 가진 삼문구조이다. 향오문의 '향' 글자는 '嚮' 모양인데 이를 자해(字解)하면 '鄕(향)'이란 글자 아래 '向(향)'이 있는 구조이다. 앞에 향(鄕)은 '고향, 마을, 방향, 대접하다, 향응하다'라는 뜻이고, 그 아래에 있는 '向(향)'은 '향하다, 향하는 방향, 과거를 나타내는 부사' 정도로 쓰인다. 이 두 글자가 결합하여 만들어진 향(嚮)은 '향하다, 누리다, 흠향하다, 권면하다.' 등으로 해석할 수 있다. 특히 '향오(嚮五)'는 '오복(五福)을 향하다.' 또는 '오복을 권면하다.'의 뜻인데 이는 동양의 정치 철학서인 《서경》 홍범에 나오는 말로 그곳에서는 '오복을 권면하다.'로 해석하고 있다. 오복을 권면하려면 그를 향해 가야 하므로 향오문을 들어서는 순간 '오복'에 가까이 가고 있다는 뜻도 된다. 향오문을 들어서서 강녕전 앞에 서는 순간 바로 앞에는 '오(五)'의 세계가 펼쳐진다. 중앙에 강녕

| 향오문

전과 그 좌우에 각각 두 동씩 총 다섯 동의 전각이 눈 앞에 펼쳐진
다. 동소침 연생전과 서소침 경성전, 북쪽 연길당과 응지당 중앙 강
녕전이다. 눈앞에 오복을 상징하는 전각이 서 있고 이 '오복'을 실현
하기 위해 왕은 이곳에서 표준이 되는 법을 세워 '황극'으로 백성들
에게 펼쳐 주어야만 한다.

연거지소(燕居之所)의 의미

임금이 편안히 쉬는 곳을 연거(燕居)라고 한다. '연(燕: 제비
연)'은 '연(宴: 잔치 연)'자와 통하며 잔치할 때처럼 몸과 마음이 편
안한 상태를 말한다. 사람들이 편안한 마음으로 있는 장소를 임금
의 경우 침전 또는 연침, 연거지소라고 하는데 이는 공적인 업무에
서 벗어나 한가롭고 편히 쉰다는 의미가 있다. 《논어》 술이 4장에
서 연거(燕居)는 다음과 같은 뜻으로 개념을 정의하였다. "子之燕

한권으로읽는경복궁

居 申申如也 夭夭如也(자지연거 신신여야 요요여야) 공자께서 편안히 거하심에 몸이 쭉 펴진 듯하셨으며 용모가 온화한 듯하셨다." 이는 공자께서 13년간 동안 전국 주유를 마치고 68세에 노나라로 다시 돌아와서 주역과 육예를 저술할 때였다. 이때는 여러 제자를 거느리며 가르치고 저술 활동을 펼쳤던 그의 일생 중에서 가장 안정적이고 편안한 시기였다. 연거는 '한가로우며 일이 없는 편안한 때'로 '신신은 용모가 쭉 펴진 것'을 뜻하며 '요요는 얼굴빛이 부드러운 모습'이라 했다. 제자들은 성인이신 공자께서 '거처' 함에 몸이 쭉 펴졌다는 말로는 다 설명이 되지 않자 얼굴빛이 환하고 부드러운 모습까지 더 하여 설명하였다. '신신요요(申申夭夭)'는 모든 것을 풀어놓아 루즈(loose)함도 아니며, 너무 엄숙하여 두렵게 하는 타이트(tight)함도 아닌 공자와 같은 성인만이 가질 수 있는 중화의 기운이다.

《시경》소아 북산에는 "或燕燕居息(혹연연거식) 어떤 이는 편안히 거하면서 쉬고 있다."가 있는데 이 시에서는 나랏일로 바쁘게 돌아다니며 몸이 초췌한 모습과 '연거'로 편안하게 있는 모습을 대비하였다. 《중종실록》14년(1519) 4월의 기사에서 연거의 의미를 찾을 수 있다.

> "만약 연거하여 혼자 계실 때라도 엄숙하게 정사(正士)들이 좌우에 있는 것 같이 하여 감히 조금이라도 태만하거나 방심하는 일이 없게 함으로써, 몸과 마음을 모두 깨끗하고 엄숙히 하여 정일(靜一)한 속에 둔다면, 의리가 날로 밝아지고 총명이 날로 넓어져서 (후략)"

《영조실록》36년(1760) 4월 1일 희정당에서《대학》을 강할 때 지경연 황경원은 연거는 그냥 편히 쉬는 때가 아님을 임금에게 경연을 통해 이야기하고 있다.

| 왕의 연거지소 강녕전

"인군이 연거 때에는 게을러지고 방종하기가 쉬우므로, 듣지 않고 보지
않는 데에서도 공구(恐懼) · 계신(戒愼)을 해야 성(誠)이 있습니다."

이러한 내용으로 볼 때 '연거'란 단순히 편안하고 한가한 곳과
때가 아니며 그 가운데에서도 안일하지 않은 마음과 신독(愼獨)의
자세와 중화의 기운을 간직해야 한다. 강녕전은 이처럼 단순한 침
전으로서 수면과 편안히 쉬는 장소라기보다는 임금은 성인과 같으
므로 나태하고 게을러 방종하지 않은 마음으로 이곳에 머무르면서
정성을 유지해야 성왕이 될 수 있다는 의미라 하겠다.

오복과 황극을 세우는 곳

강녕전은 5동의 전각이기도 하지만 전각의 앞면과 옆면을 모두
볼 수 있는 곳으로 가서 강녕전의 칸수를 세어보면(1칸은 기둥과

한권으로읽는 경복궁

기둥 사이) 앞면은 11칸이고 옆면은 5칸으로 총 55칸이다. '55'는 '1'에서부터 '10'까지 숫자의 합이다. 동양에서 숫자 1에서 10까지는 하늘과 땅(천지)의 모든 '수(數)'의 이치와 원리를 담고 있다고 본다. 강녕전이 '55칸'인 이유는 전각이 크다는 의미뿐만 아니라 천지의 이치를 담고 있는 전각이기 때문이다. 또 강녕전에서 '5'는 오복으로 해석하므로 5가 연속으로 있는 '55'도 오복과 관련이 있는 숫자라 하겠다.

강녕은 '오복' 중에서 가운데인 세 번째에 해당한다. 강녕 하나만을 지칭하여 전각 이름을 지었지만, 그 속에는 오복의 의미를 모두 포함하고 있다. 《서경》 홍범에는 '향용오복 위용육극(嚮用五福 威用六極) 오복은 권면하고 육극은 위엄으로 다스린다.'라는 내용이 나온다.

홍범은 '은나라 기자가 주나라 무왕에게 전해 준 하늘의 대법'으로 총 9주(九疇)로 이뤄졌다. '아홉 가지 큰 대법'이며 이는 동양 정치 철학의 압축판이다. 하늘과 땅의 이치에 맞게 정치해야 한다는 큰 가르침이라 할 수 있다. 대략의 내용은 '첫 번째 오행(五行)으로 자연의 법칙을 알아야 하며 다섯 번째 왕은 대법 황극(皇極)을 세워 표준이 되어야 하며 아홉 번째 권면은 오복(五福)으로 하고 징계하고 억제하는 것은 육극(六極)으로 한다.'라는 내용이다. 이 중 아홉 번째에 해당하는 오복(五福)은 사람이 먼저 감동해야만 하늘이 그에 응한다는 의미이다.

오복과 황극의 관계

오복은 임금이 마음을 바르게 하고 덕을 닦아서 황극(皇極: 표준이 되는 큰 법)을 세워야 능히 다섯 가지 복을 향유할 수 있다고 하였다. 태조 4년(1395) 9월 29일 태묘와 경복궁을 완성하고 나서 10

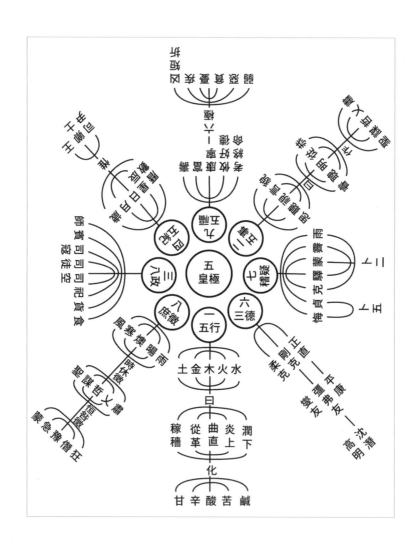

| 홍범구주도 - 12시부터 시계방향으로 가운데가 마지막

한 권으로 읽는 경복궁

구오복	九五福	수.부.강녕. 유호덕.고종명	육극	흉단절.질.우. 빈.악.약			
		壽富康寧. 攸好德考終命	六極	凶短折.疾憂. 貧惡弱			
이오사	二五事	모.언.시.청.사	왈	공.종.명.총.예	작		숙.예.철.모.성
		貌言視聽思	曰	恭從明聰睿	作		肅乂哲謀聖
칠계의	七稽疑	우.제.몽.역.극	복오				
		雨霽蒙驛克	卜五				
		정.회	복이				
		貞悔	卜二				
육삼덕	六三德	정직.강극.유극		평강.강불우.섭우 平康.彊弗友.燮友			
		正直.剛克.柔克		침잠.고명 沈潛.高明			
일오행	一五行	토금목화수	왈	윤하.염상.곡직. 종혁.가색	화		감.신.산.고.함
		土金木火水	曰	潤下.炎上.曲直. 從革.稼穡	化		甘.辛.酸.苦.鹹
삼팔정	三八政	우.양.욱.한.풍.시	시휴징	숙.예.철.모.성	항구징		광.참.예.급.몽
		雨暘燠寒風時	時休徵	肅乂哲謀聖	恒咎徵		狂僭豫急蒙
팔서징	八庶徵	식.화.사.사공. 사도.사구.빈.사					
		食貨祀司空. 司徒司寇賓師					
사오기	四五紀	세.월.일. 성신.역수	유	왕.경사.사윤			
		歲月.日. 星辰.曆數	惟	王卿士.司尹			
오황극	五皇極						

월 7일 판삼사사 정도전에게 새 궁궐의 전각 이름을 짓게 하였다.

"강녕전(康寧殿)에 대하여 말씀드리면, 《서경》 홍범구주(洪範九疇)의 오복 중에 셋째가 강녕(康寧)입니다. 대체로 임금이 마음을 바르고 덕을 닦아서 황극(皇極)을 세우게 되면, 능히 오복을 향유할 수 있으니, 강녕이란 것은 오복 중의 하나이며 그 중간을 들어서 그 남은 것을 다 차지하려는 것입니다. (중략) 옛날 위(衛)나라 무공(武公)이 스스로 경계한 시에, '네가 군자와 벗하는 것을 보니 너의 얼굴을 상냥하고 부드럽게 하고, 잘못이 있을까 삼가는구나. 너의 방에 있는 것을 보니, 다른 사람이 보지 않는 곳에서도 부끄러움이 없도록 하는구나.' 했습니다. 무공의 경계하고 근신함이 이러하므로 90세를 넘어 향수했으니, 그 황극을 세우고 오복을 누린 것의 밝은 징험이옵니다. 대체로 공부를 쌓는 것은 원래가 한가하고 아무도 없는 혼자 있는 데에서 시작되는 것입니다. 원컨대 전하께서는 무공의 시를 본받아 안일한 것을 경계하며 공경하고 두려워하는 마음을 두어서 황극의 복을 누리시면, 성자신손이 계승되어 천만 대를 전하리이다. 그래서 연침을 강녕전이라 했습니다."

강녕은 홍범구주의 오복 중에서 3번째인데 오복은 수(壽), 부(富), 강녕(康寧), 유호덕(攸好德), 고종명(考終命)이다. 연거에 있을 때 공자님처럼 '신신요요(申申天天)'하여 중화의 도를 지키면 황극은 저절로 서게 된다. 사람은 수명(壽命)이 있고 난 뒤에 여러 복을 누릴 수 있기 때문에 수(壽)가 가장 먼저이고, 부는 수명을 기르는 재물이며 원천이다. 강녕은 수와 부가 있을지라도 우환에서 벗어나지 못하면 심신이 불안해지므로 강녕을 세 번째로 꼽았는데, 강(康)은 신체이고 녕(寧)은 마음의 편안함을 뜻한다. 유호덕은 수, 부, 강녕한데 덕을 좋아하지 않는다면 늙어도 재물 때문에 죽지 못하고 어질지 않아 거짓을 하게 되어 마음이 불안해진다. 유호덕을 하면 마음이 편안하고 날마다 아름다워 스스로 많은 복을 구해서 복의 근본을 자신이 거하는 곳에서 찾아 바른 도를 즐기게 된다. 고종명의 고(考)는 완성한다는 뜻으로 모든 복이 갖춰진 것이다. 타고난 수명을 완성하면 온전히 저승으로 돌아가서 그 올바른 정도(正道)를 순히 받아들여 복을 짓게 된다.

오복은 홍범구주의 다섯 번째인 '건용황극(建用皇極: 임금이 대법을 세워 천하를 다스리는 표준이 된다.)'이 뒷받침되어야만 한다. 임금이 황극을 바르고 중도에 맞게 세워 하늘에서 받은 오복을 모아 백성에게 잘 펼쳐서 내려주면 이에 백성들은 감화하여 왕이 내려 준 복을 보호하고 다시 왕에게 되돌려 준다고 하였다. 오복의 작동 시스템은 오로지 황극을 통해 임금과 백성이 함께 이루어가는 바람직한 정치 시스템인 셈이다. 이는 민본정치의 기본이며 천지의 이치에 맞게 공정하고 상식적인 정치를 펴나간다는 의미이다.

황극을 올바로 세운다는 것은 가운데에 맞고 공평하여 그 뜻이 넓고 원대하며 곧아야 한다. 탕평(蕩平)은 역시 홍범편 '무편무당 왕도탕탕 무당무편 왕도평평(無偏無黨 王道蕩蕩 無黨無偏 王道平平)'이란 말에서 나왔다. 강녕전은 왕이 부단히 '황극'을 세워 '오복'으로 권면하여 올바른 정사를 오랫동안 이어가는 성인 정치의 중심이어야 한다. 이는 삼봉 정도전이 경복궁 전각 이름을 지으면서 근정전과 사정전이 아닌 강녕전을 가장 먼저 이름 지은 이유라고 하겠다.

55년간 왕으로 재위한 위나라 무공은 아무도 없이 혼자 있는 방구석에서도 하늘에게도 부끄러움이 없이 자신을 늘 경계하고 근신하여 장수를 이루었다. 무공이 90세를 넘어 고종명을 이룬 것은 평소 안일을 경계하고 공경하는 마음으로 '유호덕' 하였고, 황극을 세워 진정한 오복을 지었기 때문이었다. 강녕전 주변의 행랑 문과 여러 전각의 이름에는《서경》과 이를 뒷받침하는 경서에서 이름을 차용한 것이 많다.

강녕전과 주변 전각과 문

강녕전 권역 5동의 전각 이외에 동서 남쪽에 행랑이 둘러있고 그사이 사이에 문과 조그만 '당(堂)'이 있다. 각 문과 당의 이름은 오복과 일치하는 내용이 대부분이다. 향오문 남행각 동편에 있는 '청심당(淸心堂)'은 마음을 맑게 한다는 의미이므로 연침에 거처하면서 어지럽고 혼탁한 마음은 버리고 깨끗한 마음으로 편함을 추구하라는 뜻이다. 동편 '안지문(安至門)'은 '편안함이 지극하다'라는 뜻이다. 서편 '연소당(延昭堂)'은 '밝음을 맞이한다'이고 용부문(用敷門)은 '用敷錫 闕庶民(용부석 궐서민)'에 나오는 말로 '오복으로

| 20세기 초 강녕전 사진 엽서(국립고궁박물관 소장)

황극을 세움에 있어서 그 백성들에게 (복을) 펴서 내려주면'의 뜻이다. 그 외 동행각의 수경당(壽慶堂)은 장수의 경사스러움을 뜻하며 흥안당(興安堂)은 '강녕처럼 편안함을 흥기한다.'이고 내성문(乃成門)은 '이에 완성한다.'라는 의미로 완성[成]은 서쪽을 뜻한다.

강녕전은 실제 55칸 전각이지만 동서에 이방(耳房)이 한 칸씩 있어 실제로는 9칸에 이방 각각 1칸씩 전면은 11칸이 된다. 가운데 어칸은 3칸으로 마루이며 동서에 방이 있다. 동서의 방은 우물정(井)자 모양인데 가운데 'ㅁ'는 침실로 이용 시 사용한다. 강녕전 침전도 우물정자 구조이다. 공전(公田)에 해당하는 가운데 방은 평상시 문을 들어 올려 큰 방이 되었다가 문을 내리면 아홉 개의 방으로 나뉘게 된다. 왕은 언제나 중앙에서 여러 지역을 통괄하여 정사하고 있기 때문에 여기에서 왕의 방도 가운데가 된다. 가운데 어칸은 복도이고 동서에 각각 같은 방이 있는데 왕과 왕비가 합방할 때는 동쪽에 있는 방을 이용했다. 머리는 동쪽으로 두었으며 침실에는 특별한 장식품이나 가구는 없었다.

강녕전의 지붕구조는 무량각 지붕으로 지붕 용마루 안쪽에 종도리가 없이 두 개의 중도리만 있어 지붕은 곡와로 장식하였다.

강녕전 동서소침의 의미

강녕전은 왕의 침전으로 연거지소(燕居之所)라고 한다. 조선 초기 경복궁이 완공되면서 태조 4년(1395) 10월 7일 삼봉 정도전은 경복궁 이름을 짓고 가장 먼저 강녕전의 이름부터 짓는다. 강녕전 다음으로 동쪽에 있는 소침을 연생전, 서쪽에 있는 소침을 경성전이라 하고 연침의 남쪽을 사정전이라 하였고 또 그 남쪽을 근정전이라 이름을 차례대로 붙였다. 경복궁 전각 중에서 유교의 기본 정신을 담은 출발점은 강녕전이었다. 조선 초기 강녕전은 동서에 소침인 연생전과 경성전이 있었고 강녕전 앞으로 천랑이 연결되어 보평청(사정전), 그 앞으로 근정전이 있는 구조였다. 일반적으로 천자는 '육침(六寢)'인데 정침 1동에 연침 5동의 구조이다. 제후는 그 절반인 3침으로 정침 1동에 연침 2동이라고 하지만 그 해석은 사람마다 다소 달랐다. 그러나 청나라 이후 3침은 연침 3동만을 이야기했고 정침은 제외되었다. 초기 경복궁의 경우 정침과 연침의 구분은 엄격히 하지 않았지만, 정도전은 강녕전을 연침으로 정의하였으므로 경복궁은 강녕전과 동서소침이 있는 3침 구조로 보는 것이 타당하다고 하겠다.

봄은 세상 만물들이 낳아 살리는(生) 계절로 동소침을 연생전이라 했고 가을은 만물이 열매를 맺는 완성(成)의 계절이어서 서소침은 경성전(慶成殿)이라 했다. 성인(聖人) 즉 왕은 만백성을 다스림에 있어서 한쪽(동쪽, 좌측)은 인(仁)으로 자애롭게 살리고(生) 다른 한쪽(서쪽, 유측)은 의(義)로서 완성(成)하여 하늘의 이치에 부합하도록 백성을 다스렸다. 정치를 행하는 것이나 천지의 운행 법칙은 모두 같으므로 사람(人)이 가진 사덕 중에서 인(仁)과 의(義)는 사시(四時)의 봄과 가을이 되는 원리와 같다.

《태조실록》 태조 4년(1395) 9월 29일 연침과 동서 소침의 구조를 설명한 기록이 있다.

"새 궁궐은 연침(燕寢)이 7간이다. 동서이방(東西耳房)이 각각 2간씩이며, 북쪽으로 뚫린 행랑이 7간, 북쪽 행랑이 25간이다. 동쪽 구석에 연달아 있는 것이 3간, 서쪽에 연달아 있는 누방이 5간이고, 남쪽으로 뚫린 행랑이 5간, 동쪽의 소침이 3간이다. 통하는 행랑 7간은 연침의 남쪽에 있는 행랑에 닿았고, 또 통하는 행랑 5간은 연침의 동쪽 행랑에 닿았으며, 서쪽 소침 3간과 통하는 행랑 7간은 연침의 남쪽 통하는 행랑에 닿았다."

강녕전 주변의 전각 배치를 보면 강녕전은 7칸, 동소침과 서소침은 3칸이며 연침과 소침 모두 행랑으로 둘러싸여 있어 지금 강녕전 권역과는 전혀 다른 모습을 보여 주고 있다. 강녕전 북쪽 동서에 있는 연길당과 응지당은 없었던 것으로 보인다.

연침과 퇴선간

고종 4년(1867) 중건된 강녕전의 모습은 1868년 12월 11일에 강녕전에서 열린 신정왕후 조씨의 회갑과 혼인 50주년을 기념하여 진찬을 열고 이를 8폭의 병풍에 담겼다. 이 그림은 경복궁 중건 후

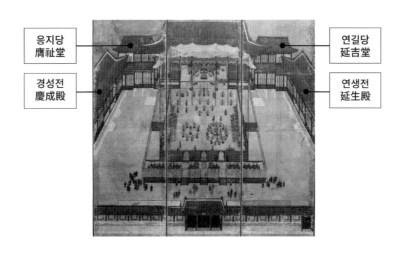

응지당
膺祉堂

경성전
慶成殿

연길당
延吉堂

연생전
延生殿

| 무진진찬도병 퇴선간(LA카운티박물관 소장)

강녕전의 완전한 모습을 볼 수 있는 유일한 자료이다. 가운데 강녕전이 있고 좌우로 동서소침인 연생전과 경성전이 강녕전 뒤쪽은 행랑으로 연결되었고 연길당과 응지당의 모습도 보인다. 연길당과 응지당은 동서소침과 같이 마주 보고 있는 구조가 아니라 정면 남향을 하고 있다.

강녕전은 초기 실록에 의하면 정면 7칸이었다. 그러나 고종 대 중건 후 정면 11칸, 측면 5칸 총 55칸으로 규모가 바뀌었다. 동서소침은 초기 3칸이었으나 《궁궐지》에는 정면 6칸, 측면 4칸으로 기록되어 있지만 지금은 정면 7칸 측면 4칸 총 28칸이다. 초기 강녕전에는 없었던 연길당과 응지당은 《궁궐지》에 정면 5칸, 측면 3칸 15칸으로 기록되어 있으나 지금은 정면 4칸, 측면 3칸으로 총 12칸이다.

강녕전 권역은 〈무진진찬도병〉에 보이는 것처럼 복원 전에는 전각들이 행랑과 천랑으로 연결되어 있었으나 1995년 복원된 강녕전에는 그 모습이 사라졌다. 경복궁 초기 연침은 '3침' 구조였으나 고종 대 중건하면서 '5침' 구조로 바뀌었다고 하였다. 그러나 동아시아에서 연침은 천자는 6침, 제후는 3침이라는 제도가 있어 5침은 어느 곳에도 해당하지 않는다.

강녕전 뒤쪽에 중건 시 새로 지은 연길당과 응지당은 연침이 아닌 '퇴선간(退膳間)'이었다는 사실이 《경복궁영건일기》를 통해 밝혀졌다. 《경복궁영건일기》에서 퇴선간은 수라상을 차리면서 식은 음식을 데우고 드신 수라상을 물리는 공간인데 주로 왕의 연침이나 편전 등에 붙어 있었다. 수라(水剌)는 강녕전과 교태전 사이 동쪽에 있는 소주방과 수정전 서남쪽 내반원 소주방, 세자는 동궁 동쪽의 소주방 등에서 장만했다. 소주방(燒廚房)과 수라를 드시는 연침이나 편전은 소주방에서 조금의 거리가 있을 수 있어 그 수라 음식을 드실 곳으로 옮겨오는데 뜨거운 음식은 식을 수도 있다. 소주방에서 옮겨오는 동안 음식이 식게 되면 '퇴선간'에서 음식을 데워 상을 차렸다. 이러한 이유로 침전과 편전의 행각에는 퇴선간을 두어 중간 부엌 역할과 수라상을 올리고 물려서 간단한 설거지 등도 하였다. 강녕전 권역의 동서소침 이외 북쪽의 이 두 전각이 중건 이후 만들어지면서 보조 침전의 역할보다는 연침과 연결된 행랑을 통해 수라를 올리는 '퇴선간'이었다는 사실이 흥미롭다.

퇴선간 관리는 지밀방(至密房)에서

지밀방은 왕과 왕비의 주변 신변 보호와 의식주 등과 관련된 모든 일들을 주관하였으며 왕의 밤일까지 담당했다. 내시부의 환관, 내의원 어의, 소주방의 상궁, 사옹원의 상궁들과 협조하며 가례와 제례, 혼례 그리고 각종 진찬 등을 준비하는 일도 수행하였다. 때로는 궁중 가례의 진행요원으로 활약하기도 했고 행사 중에는 절을 하는데 도와주는 수모 역할과 절을 할 때 옆에서 구령한다든지 왕이나 왕비, 왕대비의 교명(敎命)등을 낭독하는 일도 하였다. 궁궐 내명부에서 가장 핵심이고 은밀한 왕실의 일을 수행하는 부서[房]이므로 7~10세 정도 어린 나이에 궁에 들여 고된 훈련과정을 겪도

| 퇴선간 관리 및 내명부 소속 부서

소속부서		담당업무
지밀방	至密房	의식주 주관. 왕의 밤일 담당. 퇴선간 관리
침방	針房	각종 궁중 바느질
수방	繡房	옷에 수. 장식품
세수간	洗手間	목욕물. 매우 관리
생과방	生果房	식사 외 간식. 식혜. 한과
소주방	燒廚房	불을 사용한 음식. 내외 소주방
세답방	洗踏房	빨래 및 옷 염색

록 하였다. 지밀방 나인은 다른 궁녀와 마찬가지로 일반 백성의 자녀나 관노에서 들였다. 대전 또는 편전 퇴선간(退膳間) 관리 역시 지밀방에 소속되어 있었다. 지밀방 이외에 내명부 소속부서는 바느질하는 침방(針房), 옷에 수를 놓는 수방(繡房), 세수와 목욕물, 매우(梅雨) 틀 등을 관리하는 세수간(洗手間), 다과와 간식을 준비하는 생과방(生果房), 왕의 평상시 수라를 만드는 소주방(燒廚房), 궁중 빨래방인 세답방(洗踏房)을 담당하는 여러 부서가 있어 그에 각각 소속되어 궁녀로서 활동을 했다.

11

중궁(中宮)의
의미로 본
교태전

교태의 뜻은 하늘과 땅이 화합한다는 주역괘 중 11번째 괘인 지천태(地天泰)괘에서 왔으며 큰 것이 오고 작은 것이 가서 만사가 형통하는 가장 좋은 괘 중 하나이다.

태조 4년(1395) 9월 경복궁의 강녕전과 사정전, 근정전 등 주요 전각과 문 등이 완성되었다. 교태전은 그보다 45년이 지난 세종 22년(1440) 9월에 왕과 왕비의 처소를 동궁으로 옮기고 교태전을 지었다. 명종 8년(1553)에 경복궁 대화재로 교태전이 소실되어 그 후 재건하였으나 임진왜란 때 경복궁 전체가 불에 타면서 이때 교태전도 함께 없어졌다. 고종 4년(1867)에 중건했으나 고종 13년(1876) 대화재로 고종 25년(1888)에 다시 세웠다. 그 후 교태전은 1917년 창덕궁 대화재로 대조전 일곽이 소실되자 그 자리로 옮겨 대조전 권역을 새로 짓는 데 사용되었다. 지금 교태전은 강녕전과 함께 1995년 경복궁 내전 영역 복원으로 새로 들어선 전각이다.

구분	왕 및 연도	주요 내용
초건	세종 22년(1440) 9월	주요건물보다 45년 후에 완공
	명종 8년(1553) 대화재	경복궁 내전 대화재
	선조 25년(1592) 전소	임진왜란으로 전소
중건	고종 4년(1867) 중건	경복궁 중건
	고종 10년(1873) 화재	복원 중 화재 발생
	고종 13년(1876) 화재	내전 영역 전소
	고종 25년(1888) 복원	건청궁을 침전으로 사용
	일제강점기 1917년 철거	창덕궁 대조전 이전 복원
복원	1995년 현 장소 복원	현재 교태전

실록에 등장한 내정 관할 본부

《단종실록》 단종 즉위년(1452) 8월 7일 혜빈 양씨(세종의 후궁)가 현덕왕후 권씨가 죽자 문종에게 청하여 교태전에 들어와 내정을 총괄하고자 하였다. 그러나 문종은 이를 잘못으로 여겼고 안평대군도 잘못된 일이라고 비판하였다. 혜빈은 처음 내명부 궁인으로 들어와 세자였던 문종이 병났을 때 잘 보살펴 세종의 눈에 들어 후궁으로 삼았다. 후궁으로 승승장구하면서 최고의 자리인 정1품 혜빈의 첩지를 받았다. 혜빈은 자신 낳은 아들 영풍군을 키우면서 세자빈 권씨가 산후병으로 죽자 문종은 부왕 세종에게 건의하여 경혜공주와 단종의 육아를 혜빈에게 맡겼다. 단종은 어린 시절 혜빈을 잘 따랐고 그녀도 단종을 잘 보살펴 둘은 좋은 관계가 유지될 수 있었다. 세종이 승하하면서 후궁은 궁을 떠나 비구니로 생활해야 하는 법도에 따라 혜빈도 궁을 떠났다. 문종이 즉위하자 혜빈 양씨는 교

|교태전

태전에서 내정을 총괄하고자 하였으나 이를 반대하였다. 그러나 문종이 재위 2년 만에 승하하고 단종이 왕위에 오르면서 혜빈 양씨를 다시 궁으로 불러들였다. '중궁'이 없었던 때 혜빈 양씨가 교태전에 들어와 '내정'을 총괄하고자 한 것이다. 그러나 수양대군은 혜빈 양씨를 궁에서 내보내고 문종의 후궁 홍귀인의 작위를 숙빈으로 높여 내궁(內宮)의 일을 맡겼다. 세종 때 건립된 교태전은 '왕비가 내명부를 관할하던 총본부이며 침전'으로 인식하고 있으나 실록에는 혜빈 양씨가 교태전에 들어와 내명부를 관장하고자 했다는 기사 이외에는 왕비의 사용 기록이 나와 있지 않다.

혼례 때 동뢰연(同牢宴)이 열렸던 교태전

단종 2년(1454) 1월 왕비 송씨(정순왕후 송씨)를 "효령대군 집에서 봉영하여 동뢰(同牢)를 설치하고 교태전에서 잔치하였다."라는 기록이 있다. 그 의식 절차는 가장 먼저 효령대군 집에 있던 왕비 송씨를 모시고 대궐로 나아가면서 시작된다.

'동뢰'의 '뢰(牢)'자는 '宀(집)' 아래 '牛(우)'가 있는 글자로 '소를 넣어두는 집'이란 뜻이지만 조선 시대 가례(왕, 왕세자, 왕세손의 혼례 의식)를 진행하는 육례(六禮) 중의 하나이다. 이 의식은 왕과 왕비가 서로 절하고 술잔과 음식을 나누어 먹는 '교배례'가 동뢰이다. 가례 중 왕비를 맞아들이는 의식인 납비의(納妃儀)를 행하는 순서는 국조오례의에 있다. 육례(六禮) 순서는 먼저 혼인을 청하는 납채(納采)와 예물을 보내는 납징(納徵), 왕비 맞아들이는 날을 적은 교서를 전하는 고기(告期), 왕비로 책봉하는 책비(冊妃), 사신을 보내 왕비를 모셔오는 명사봉영(命使奉迎) 그리고 마지막이 동뢰(同牢)이다. 동뢰가 끝나면 축하 하례연이 이어진다.

왕실의 가례는 국혼이므로 엄격한 절차에 의해 진행되었다.《세종실록》133권 가례(嘉禮)에서 동뢰 절차에 대해 소상히 기록해 놓았다. 실제 단종 2년(1454) 1월 24일 왕비 송씨를 효령대군의 집에

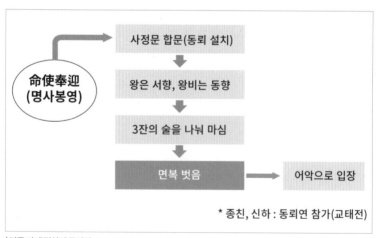

| 단종 가례 절차와 동뢰연

서 명사봉영 하여 동뢰하는 과정까지 기록하였다. 동뢰의 시작은 사정전 합문 밖에 자리를 펴고 왕과 왕비가 동서로 마주 보며 읍하며 중계(中階)를 따라 실(室)로 들어가서 왕은 서향, 왕비는 동향으로 서로 마주 앉는 절차부터이다. 마주 앉아 첫 잔부터 3잔의 술을 나눠 마시면 면목(冕服)을 벗고 실내 휘장이 쳐진 어악(왕의 천막)으로 들어가면 의식이 끝난다. 단종의 가례를 축하하기 위한 동뢰연은 '교태전'에서 열렸다. 동뢰 의식의 시작은 사정전 밖 합문이고 실제 진행 장소는 편전인 사정전이었다. 동뢰연이 열렸던 교태전은 평상시에도 종친과 신하들을 불러 뜻을 같이하며 인견과 연회 장소로 많이 활용하였다.

동뢰에 대해서는 정조 11년(1787) 2월 12일 수빈 박씨와 신시(申時)에 동뢰(同牢)를 행했다는 기록도 있다. "빈을 인도하여 합문(閤門) 밖에서 임금은 원유관과 강사포에 규를 들고 합문 안으로 입장하였다." 합문 안에서 빈에게 사배를 받고 술 3잔을 마시는 의식을 거행한 후 휘장으로 쳐진 천막(어악)으로 입장하였다. 정조 당시에는 동뢰를 행한 곳은 창덕궁으로 그 절차는 동일하지만 동뢰연을 행한 장소에 대한 기록은 없다.

만물을 사귀어 통하는 교태(交泰)

교태는 주역에서 '하늘과 땅이 사귀는 것'이며 만물이 크게 통하는 시기이고 천지의 기운이 서로 통해서 만물이 본성대로 삶을 살아가는 것이라 하였다. 괘의 모양은 위에 곤괘(☷: 음효가 3개)가 있고 아래에 건괘(☰: 양효가 3개)가 있는 형상이며 곤상건하이다.

곤은 땅[地]을 건은 하늘[乾]을 상징하며 위에서 아래로 읽어 지천태라고 한다. 이 괘를 반대로 뒤집으면 건괘가 위쪽에 곤괘가 아

| 양의문(음양 두 개의 모양)

래쪽에 있는 건상곤하의 형태로 천지비[否]괘가 된다. 비색(否塞)
이라는 표현을 쓰며 막혀서 서로 소통이 전혀 되지 않는 괘이다. 양
과 하늘을 상징하는 건이 그 자리만 지키고 있고, 음과 땅을 상징하
는 곤 역시 자신의 자리만을 지키고 있어 이 둘 사이에서는 교감이
일어나지도 않고 위에 뜻이 아래로 내려오지 않아 소통이 되지 않
는다. 아래의 뜻과 위에 있는 뜻이 서로 막혀 통하지 않는다는 뜻이
다.

비괘와 반대괘인 태괘는 상하가 통하는 통태(通泰)로 주역 64
괘 중에서 가장 좋다고 하며 절기로는 입춘에 해당한다. 입춘이 되
면 사람들은 입춘방(立春坊)을 써서 대문에 붙이고 그 문구는 입춘
대길(立春大吉)과 건양다경(建陽多慶)이 주류를 이룬다. 이 시기는
양이 기운이 커지면서 만물이 서로 사귀어 새로운 것을 낳는 시기
로 괘의 풀이에서 '작은 것[陰]이 가고 큰 것[陽]은 와서 길하다.'라

고 하였다. 삼양교태(三陽交泰)라 하여 양이 셋으로 장차 양이 커지며 태평하고 경사스러움이 찾아온다는 의미도 있다. 또 천지 교태는 음과 양이 화합하여 임금과 신하들의 뜻이 서로 통해서 아래와 위가 함께 한다. 임금은 천지의 사귐을 보고 그를 관찰해서 도가 옳은지 그른지를 가려서 바른 도를 이루어 백성을 돕고 보호하는 존재라는 것이다.

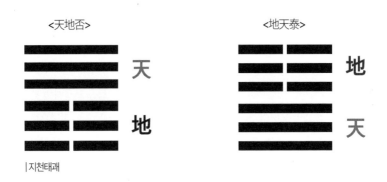

<天地否>   <地天泰>

| 지천태괘

《세조실록》에 왕 혼자가 아닌 왕비와 안팎에서 서로 역할 분담을 하여 건과 곤의 뜻으로 만물을 낳게 하여 기르고 이를 교태의 공이라고 칭송한 내용이 있다.

"전하께서 크게 대업에 당하시매 왕비 전하께서 은밀히 내치를 도우시어 곤(坤)이 건(乾)을 이어받아 만물을 생육하니 능히 교태(交泰)의 공을 이루었다." 하였다

《승정원일기》 인조 4년 3월 군신 간 도의(道意)에 대한 민응형의 상소에도 는 내용에서 교태의 의미를 잘 설명하고 있다.

"역에 천지교태는 상하가 사귀어 뜻이 같아지는 것입니다. 나라가 없다

는 것은 나라가 망한다는 것으로 위아래가 서로 사귀지 못하면 비록 조정
이 있고 임금이 있고 신하가 있다 하더라도 나라가 망할 모양새가 이미
갖추어져 있다는 것이니, 두렵지 않겠습니까? 또 천지가 사귀지 못함은
비색(否塞)이니 위아래가 서로 사귀지 않아 천하에 나라가 없는 것입니
다. 상하가 사귀지 못하면 천하에 우방도 없고 나라가 없으므로 망국을
뜻합니다."

숙종은 진강에서 태(泰)괘에 대해《주역》내용을 그대로 인용하
였다. 주역 상전에

"천지교태는 천지의 도를 재단하여 이루어 천지의 마땅함을 보상하여 백
성들을 돕고 보호하여 (중략) 사람의 일로 말하면 임금은 오직 정성으로
아래에 임하고 신하는 성심을 다하여 임금을 모신 후에 상하의 뜻이 같아
지는 것이니 건은 높으나 반대로 아래에 있고 곤은 낮으나 도리어 위에
있으니 작은 것이 가고 큰 것이 오는 것이다."

라고 하여 음은 작은 것이며 양은 큰 것으로 음이 위에 있어 작
은 것은 밖(외부)으로 가버린다고 하였다. 아래에 있는 양은 큰 것
으로 안(내부)으로 들어오면 양은 커지게 되고 음은 작아진다는 의
미를 설명하였다.

교태전이 중건된 고종 대《승정원일기》에는 "옛말에 하늘의 기
운은 하강하고 땅의 기운은 상승하여 두 기운이 서로 통태한 후에
공력을 이루는 세대가 된다. 임금의 은택이 아래로 흐르고 신하는
성심으로 위에 진달하여 서로 하나가 된 연후에 치세의 도가 일어
난다. 군신 간의 구분은 비록 지극한 법일지라도 서로 함께하면 진
실로 거리낌이 없는 것이다."라고 기록한 내용이 있다. 이는 하늘은
항상 위에 있어서 만물이 탄생하기 위해서는 그 기운이 아래에서

|정궁중하나인함원전

위로 올라가야 하고 땅의 기운은 위에서 아래로 내려와 서로 만나
통태 해야 공을 이룰 수 있다는 뜻이다. 임금은 종종 하늘에 비유되
어 그 은혜가 아래로 내려오고 신하는 아래에서 그 뜻을 받아서 위
에 있는 임금에게 올림으로서 하나가 되어야 정치를 잘 이끌어갈
수 있다. 군신 간에는 지위의 구분이 있어야 하지만 서로 함께 마음
과 뜻이 합하여야만 편안하게 태평성대를 이룰 수 있다.

황상원길(黃裳元吉)의 중궁(中宮)

'황색 치마를 입으면 크게 길하다.'라는 주역 곤괘(坤卦)의 효사
(爻辭)에 나오는 말이다. 곤괘는 여섯 개의 효 중에서 아래에서부터
위로 5번째 효를 육오(六五)라고 부른다. 그 자리(궁)는 원래 왕의
자리이지만 육오가 음효(--)이므로 왕비의 자리이기도 하다. 왕비
가 입는 황색 옷 황상(黃裳)은 정복(正服)인데 이는 바른 옷을 입었

으니 왕비의 덕이 크고 바르다는 뜻이 된다. 주나라 문왕의 어머니 태임(太妊)과 문왕의 후비 태사(太姒)의 덕을 칭송하여 말한 것이다. 하늘의 별자리 삼원은 자미원과 태미원, 천시원이며 이를 둘러싸고 있는 별은 28수이다. 이 중 가장 가운데는 자미원인데 중궁(中宮)이라고 하며 임금이 있는 곳이다. 그의 곁에는 늘 후비가 함께 있으므로 중궁전이기도 하다. 중국 진한시대 이후 황후가 거주하는 궁실이나 황후 자신을 뜻하는 말이 바로 중궁(中宮)이다. 곤(坤)괘는 땅을 의미하는데 "땅의 기세를 곤이라고 하니 군자가 이를 관찰하여 두터운 덕으로 세상 모든 만물을 그에 실어 기른다."라고 하였다. 근정전에서 언급했던 대로 하늘의 운행은 한 치의 오차도 없이 늘 굳건하여 중궁은 이를 관찰하여 스스로 쉬지 않고 노력해야 하고 땅의 기세는 두터운 덕이 있으므로 임금은 그를 본받아 만백성을 잘 길러내야 한다.

《세종실록》 세종 31년(1449) 기사에는 "세자가 교태전이나 함원전 같은 곳에는 거처할 수 없어 인지당에 있게 하였다."라고 했는데 이는 교태전이 강녕전이나 사정전처럼 왕이 사용할 수 있는 정궁(正宮)이었기 때문이었다. 왕과 왕비만이 사용할 수 있는 '정궁'은 경복궁에서 그중에서도 핵심 전각에 해당하는 강녕전, 사정전, 근정전, 교태전과 함원전과 같은 곳이었다.

12

자경전은 어떻게
고종의 편전이
되었을까?

　고종 때 중건된 경복궁은 태조가 경복궁을 지은 1395년보다 규모 면에서 훨씬 큰 7,200여 칸이었다. 주요 전각의 이름은 초기와 같았으나 자경전과 같이 초기에는 없었던 전각들도 많이 생겨났다. '자경전'이란 이름의 전각은 정조가 창경궁에 처음 지었던 전각으로 자신의 어머니인 혜경궁 홍씨(헌경왕후 홍씨)를 위해 영춘헌 뒤쪽 경모궁이 바라보이는 곳에 지은 전각이다.

　경복궁 자경전은 고종의 양어머니인 신정왕후 조씨를 위해 경복궁 중건 시 지은 전각이라고 한다. 고종이 익종(효명세자)의 법통을 이은 것은 신정왕후 조씨의 선택이었다. 고종이 왕위에 오른 후 신정왕후 조씨로부터 경복궁 중건 교지를 받은 실질적인 책임자는 흥선대원군이었다. 대원군은 경복궁 주요 전각 건립과 함께 자신의 친아들을 왕으로 만들어준 대비가 편히 머물 수 있는 전각을 짓는 일에도 신경을 썼을 것이다. 대비의 강녕을 기원하고 수복을 누리

|자경전

라는 의미로 만세문과 전각을 둘러싼 담장에 아름다운 전각 글씨와 그림으로 장식하였다. 자경전 뒤쪽 굴뚝에는 장수를 상징하는 십장생을 전돌로 만들어 구워서 치장했다. 왕비의 침전보다도 더 아름답게 꾸며 대비를 편히 모시고자 노력하였다.

고종을 왕으로 지명한 신정왕후 조씨

신정왕후 조씨는 평소 친분이 있던 종친 흥선군의 둘째 아들 명복을 왕으로 낙점하였다. 남편 익종이 젊은 나이에 죽고, 아들 헌종마저 23세의 젊은 나이에 보내야 했던 슬픔과 왕대비 순원왕후 김씨의 그늘에 가려 힘을 쓸 수 없었던 서러움을 털어내는 순간이었다.

《철종실록》철종 14년(1863) 12월 8일에는 고종에게 사위한 내용에 대해 다음과 같은 기록이 있다.

"대왕 대비전에서 흥선군의 적자인 제2자에게 명복(命福) 사위 시키라고 명했다."

고종은 익종대왕(효명세자)의 대통을 이어서 익성군(翼成君)으로 올린 다음 철종 승하 6일째 되는 13일에 창덕궁 인정문에서 즉위하였다. 이와 함께 대왕대비 신정왕후는 희정당에서 수렴청정을 시작하였다. 신정왕후가 흥선군의 둘째 아들을 왕으로 선택한 이유는 안동 김씨의 세도 정치 폐해가 엄청나게 컸음을 알았고 이를 견제하고자 왕과 그 종친 세력을 중심으로 왕권 강화를 해야 한다고 생각했기 때문이었다. 나이 어린 고종을 익종의 양아들로 삼아 왕위에 올리고 자신은 일정 기간 수렴청정을 통해 남편(익종)과 아들 헌종이 이루고자 했던 경복궁 중건 등의 일을 종친 흥선대원군과 함께 도모코자 하였다.

| 만수무강을 기원한 십장생 굴뚝

고종은 왕이 된 후 실질적인 실권자 아버지 흥선대원군의 개혁 드라이브를 경험하게 된다. 세도 정치의 온상이었던 비변사를 폐지하고 의정부와 삼군부를 부활하였다. 만동묘를 이전하고 경복궁 중건을 통해 선대의 꿈을 이루고 정통성과 왕권 강화를 이뤄나갔다.

신정왕후 조씨는 고종 2년(1865) 4월 3일 경복궁 중건에 대한 교지를 내린다.

"중대한 일은 나의 정력으로는 모자라기 때문에 모두 대원군에게 맡겨버렸으니 매사를 꼭 의논하여 처리하라."

이렇게 신정왕후는 고종을 왕위에 올리고 수렴청정을 통해 흥선대원군과 함께 왕권 강화에 힘을 기울였으며 경복궁 중건을 지시하였다. 이런 신정왕후에게 흥선대원군은 최고의 선물로 새로 지어지는 궁궐에서 건강하게 장수와 복을 누리면서 살아갈 수 있게 하는 일이었을 것이다. 자애로운 어머니 즉 대비를 위한 경사스러운 집이 바로 새 경복궁에 '자경전'이란 이름으로 들어섰다. 이러한 이유로 지어진 자경전이지만 실제 신정왕후 조씨가 이곳에서 수렴청정을 펼치거나 철렴 후 편히 쉬는 공간으로 사용했다는 기록은 보이지 않는다. 이는 자경전이 완공되고 나서 두 번이나 화재가 일어났고, 불이 나기 전 신정왕후가 철렴한 고종 3년(1866) 이후에는 고종이 편전으로 주로 사용하였기 때문에 대비가 사용할 수 있는 기간이 없었다. 두 차례 화재를 당하고 1891년 자경전이 다시 사용할 수 있을 때까지 신정왕후는 주로 창덕궁에 머물며 경복궁을 오가며 다른 전각에 머물렀다. 신정왕후 조씨는 1890년 83세로 경복궁 흥복전에서 훙서(薨逝)했는데 조선 왕대비 중에서는 가장 장수한 인물이었다.

고종의 편전으로 주로 쓰인 자경전

《승정원일기》 고종 2년(1865) 10월 26일에 다음과 같은 내용이 있다.

"영건도감이, 자경전(慈慶殿) 철거는 이달 29일 신시에, 자미당(紫微堂) 정초(定礎)는 11월 22일 오시에, 입주(立柱)는 12월 3일 축시에, 상량(上 樑)은 12월 15일 축시에 하기로 정하였다."

이는 새로 자경전을 짓기 위해 임시로 지었던 자경전을 철거한 것으로 보인다. 고종 4년(1867) 8월에는 '자경전 및 각전과 각문의 이름'을 별단으로 올렸고 주요 전각이 완공되었다.

《승정원일기》 고종 4년(1867) 11월 18일 "상이 자경전에 나아 갔는데 승지가 공사를 가지고 입시하였다."고 하여 경복궁을 완공 하고 고종이 처음으로 자경전에서 집무를 수행했다는 기록이 나온 다. 이후로 고종 6년(1869) 36차례 자경전에서 관료를 인견하고 소 대와 진강을 진행하였다. 이는 통상적으로 편전에서 이뤄지는 일이 며 고종은 고종 5년(1868) 7월 2일 경복궁으로 이어하고 그다음해 부터 자경전을 편전으로 활용했다. 고종 7년(1870) 118회, 고종 8년 (1871) 10회로 급격히 줄었다가 고종 9년(1872) 42회로 다시 늘면 서 고종이 친정을 시작한 고종 10년(1873)에는 143회로 그 활용 빈 도가 최고로 높아졌다.

고종 10년(1873) 12월 10일 자경전에서 화재가 발생하면서 더 이상 편전으로 사용할 수 없게 되었다. 그 후 자경전을 중건하기 위 해 고종 12년(1875)에 상량문제술관을 정하고 정초와 기둥을 세웠지만, 고종 13년(1876)에 다시 경복궁 내전에 대화재가 일어났다. 사정전 북쪽 강녕전과 교태전 등 수많은 전각이 불에 타면서 중건은 연기되고 말았다. 고종 25년(1888) 4월 길일을 정해 자경전 초석을 놓고 5월에는 김병학이 상량문을 지어 중건에 착수하였다. 자경전이 다시 완공된 시기는 고종 28년(1891) 10월 1일로 "상이 자경전에 나아가 영국 영사와 함장 등을 접견하였다."라는 기사를 마지막으로 고종이 편전으로 이용했다는 내용은 더는 나오지 않는다. 이는 고종 13년(1876) 경복궁 대화재로 내전 영역이 대부분 불에 탔고 남아 있는 전각은 고종 10년(1873)에 완공한 건청궁 정도였다. 고종은 그 후 창덕궁과 경복궁으로 이어와 환어를 거듭하였고 고종 22년(1885) 이후에는 건청궁을 편전으로 삼았다. 고종 25년(1888)부터 본격적인 중건에 들어간 자경전은 고종 28년(1891)에 완공했다. 그러나 개화정책과 근대문물을 도입하고 외교 사절을 만나는 중심이 이미 건청궁으로 바뀌어 자경전의 활용도는 예전만 하지 못했다.

이처럼 경복궁 자경전은 왕대비 신정왕후 조씨를 염두에 두고 흥선대원군이 모든 공력을 기울여 지은 전각이라고 하지만 기록에는 실제 고종의 편전으로 대부분 사용된 것으로 나타난다. '경사스럽고 자애로운 어머니'를 뜻하는 '자경(慈慶)'은 당시 왕대비였던 신정왕후 조씨를 이르는 말로 당연히 그녀가 자경전에 머물렀을 것이라는 생각하지만 실제 활용은 달랐다는 것을 알 수 있다.

신정왕후가 고종의 킹메이커가 되기까지

정조 연간은 조선의 르네상스라 불릴 만큼 탕평 인사와 학문 장려 등으로 부활의 시대를 열었지만, 정조는 비교적 젊은 나이에 갑자기 붕어하였다. 정조의 문치는 그가 죽자 다시 혼돈의 늪으로 빠

|자경전 서쪽 담을 장식한 꽃담

져들어 갔다. 정조는 효의왕후 김씨와의 사이에는 후사가 없었으나 후궁 수빈 박씨에게 순조를 얻었는데 11살에 세자로 책봉되었다. 세자로 책봉되던 정조 24년(1800) 6월 정조가 죽자 조선의 23대 왕에 올랐다. 11살밖에 되지 않은 나이여서 대비 정순왕후(영조 계비)가 순조가 15살(1804년)이 될 때까지 수렴청정하였다. 정조는 죽기 전에 "지금 내가 이 신하에게 너를 부탁하노니, 이 신하는 반드시 비도(非道)로 너를 보좌하지 않을 것이다. 너는 그렇게 알라."고 유언을 했는데 그 신하가 김조순이다. 정조는 죽기 전 김조순과 세자를 함께 불러 부탁을 했고 김조순의 딸을 세자빈으로 1차 간택하였으나 정조가 승하하면서 국장이 끝난 2년 후(1802)에 가례를 올려 새 왕비가 되었다.

경주 김씨였던 정순왕후 김씨가 수렴청정을 끝내고 순조가 친정을 시작하였지만 외척인 안동 김씨(장동 김씨)들이 정국을 주도하였다. 외척 안동 김씨의 세도 정치가 심해지자 순조는 차츰 정치에 흥미를 잃어가고 있었다. 그런 가운데 순조와 순원왕후 김씨 사이에 효명세자가 있었다. 효명세자의 세자빈으로 풍양 조씨가 간택되었는데 그가 바로 신정왕후다. 그 사이에는 원손인 훗날 헌종이 있었다. 효명세자는 순조 30년(1830) 부왕을 대신하여 대리청정하다가 22세의 나이로 죽고 말았다. 세자빈이었던 풍양 조씨는 왕비가 되어 보지도 못한 채 남편 효명을 떠나 보내야 했다.

순조는 효명세자가 죽은 지 4년 후 승하했다. 효명과 세자빈 조씨의 아들이며 원손이 8세에 왕위에 올랐다. 어린 나이에 왕에 올랐으니 자신의 어머니인 대비가 성인이 될 때까지 '수렴청정'을 해야 하였지만, 왕비가 아닌 세자빈으로는 불가능하였다.

당시 순조의 왕비였던 순원왕후 김씨가 왕대비였으므로 할머니

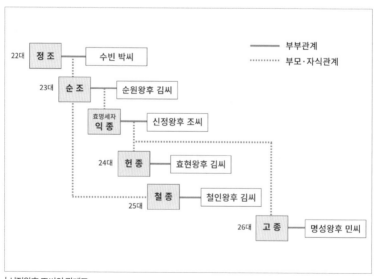

| 신정왕후 조씨의 관계도

한권으로읽는경복궁

가 15세까지 수렴청정을 하였다. 헌종이 왕위에 오르고 나서 효명세자를 익종으로 추존하면서 세자빈 조씨도 왕후로서 대비가 되었다. 헌종은 15세에 친정을 시작하였지만 23살의 나이에 후사 없이 훙서하며 왕통은 끊기고 말았다.

당시 정국을 주도했던 안동 김씨와 왕대비 순원왕후 김씨가 재빨리 움직이면서 정조의 이복동생 은언군의 손자인 전계대원군 아들 원범을 강화도에서 데려와 덕완군으로 봉하고 철종으로 추대하였다. 19살 철종은 왕실에 대한 규범이나 법도를 몰랐기 때문에 다시 대왕대비 순원왕후 김씨가 수렴청정하였다. 철종은 김문근의 딸 철인왕후와 혼인을 했고 3년 후부터 친정을 시작했다. 아무런 준비 없이 왕이 된 철종은 강력한 외척 안동 김씨를 막기에는 역부족이었다. 삼정과 민란 등으로 전국이 어지러운 가운데 외척의 세도 정치는 날로 심해졌다. 철종은 후사를 이을 왕자가 없었고 33살에 죽자 다시 왕통을 세워야만 했다. 2차례 수렴청정을 했던 순원왕대비는 이미 6년 전 죽어 당시 왕실의 가장 웃어른은 익종(효명세자)비인 신정왕후 조씨였고 흥선군의 아들을 고종으로 등극시켜 '킹메이커'가 되었다.

13

복을 다시 일으키는
흥복전(興福殿)

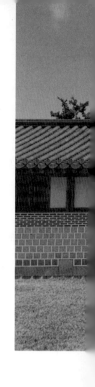

　흥복전이 있는 위치는 경복궁 광화문에서 교태전에 이르는 중심축 상에 있는데 동으로는 만화당과 만경전, 서로는 경회루 북쪽, 남쪽에는 자경전과 교태전, 북쪽에는 함화당과 집경당과 인접해 있다. 흥복전 권역의 주요 전각은 흥복전, 광원당, 회광당(이상 빈전 내외 소주방), 소주방, 다경합, 부속 담장과 행각이 있으며 남쪽으로는 아미산과 연결되는 화계가 있다. 다경합은 흥복전 동편에 있는 별도의 공간이며 1873년 화재 이후《승정원일기》고종 14년(1877) 기사에 왕자의 강학 상견례 장소를 '다경합'으로 하라는 전교가 있어 경복궁 화재 이후 1877년경에 다시 복원되었던 것으로 보인다.

　흥복전 권역은 흥복전과 주변행각, 남쪽 및 동쪽 행각과 담장, 화계시설 3부분으로 크게 구분할 수 있다. 먼저 흥복전과 그 주변 행각 중 흥복전 북쪽은 조금은 복잡하지만 이를 순서대로 열거하면

|복원된 흥복전 입구

'북행각'–'중행각'–'중행각의 북행각'–'화광당'–'소주방' 순서이고 중행각에서 소주방까지는 동서편 행각이 북으로 이어진다.

특히 중행각은 서편행각과 만나 남쪽으로 이어지며 흥복전 권역의 외행각과 접한다. 이어지는 외행각 남쪽 끝에 'ㄷ'자 전각은 전각 출입을 알리는 시종이 거처하는 '창차비(唱差備)'가 있는 곳이며 그곳에 정문 수인문이 위치한다. 다음 동북쪽은 다경합과 남북으로 행각이 있어 흥복전과 별도 공간을 이룬다. 마지막 남쪽은 화계와 담장이 교태전 아미산 화계와 경계를 이루고 있다.

흥복전과 주변 시설들

흥복전의 가장 외곽 서쪽과 경계를 이루는 곳에 있는 외행각은 담장 문을 기준으로 주(廚)와 방(房), 청(廳)이 조합되어 연이어져 있다. 소주방은 흥복전 권역 가장 북쪽에 있고, 북궐도에는 금무(今

無: 지금은 없음)이며 경복궁배치도에는 빈궁 생물방과 상궁 처소로 표시되어 있다. 발굴 결과 소주방 행각은 총 29칸이었다.

그 앞에는 회광당과 광원당이 있었는데 경복궁배치도에는 빈궁 내소주방, 빈궁외소주방으로 각각 용도가 표시되어 있다. 그다음은 중행각에서 북행각인데 23칸으로 이곳에서 온돌과 고래가 발견되었다. 그 앞 중행각은 24칸이다.

이곳을 기준으로 동쪽으로 10칸의 다경합과 북행각 8칸, 남행각 7칸으로 《승정원일기》에 '경복궁 중건 시 영건도감에서 올린 전각 별단'에 편액 이름이 나오고 1873년 화재 이후에 개건하여 1877년 세자의 강학 상견례 장소로 정했다는 기록이 있으나 북궐도형에 금무(今無: 지금 없음)으로 기록되어 있다.

중심전각 흥복전은 총 40칸으로 동서 양측에 1칸의 누각이 있는

| 복원된 흥복전 화계

한 권으로 읽는 경복궁

구조이며 중앙 청(廳) 3칸을 중심으로 누와 청 사이에는 각각 3칸의 방이 위치하는 구조이다. 이 일대에는 일제강점기 일본식 회유식(廻遊式) 정원이 들어섰기 때문에 발굴 시 원래 흥복전 주변의 원형이 많이 훼손된 상태였다. 흥복전은 2019년 복원 시 외관은 옛 모습으로 하고 내부는 LED 조명과 냉난방 기구, 빔프로젝터와 현대식 화장실 등을 설치하였다. 궁능을 복원하는데 처음으로 활용기반시설을 구축한 최초의 전각이라는 평가도 있지만, 문화재 복원과 활용 사이에 논란거리는 지속될 가능성도 배제할 수 없다.

흥복전의 남쪽에 있는 화계는 동편으로 이어지는데 이는 백악에서 경복궁으로 들어오는 내맥이 흐르는 길이다. 남쪽 화계 동서에는 2열로 조성했는데 동편 끝에서는 남북으로 1열로 화계를 만들어 다경합 북행각까지 연결하였다. 화계는 작은 판석형 깬돌을 고임돌로 놓고 그 위에 방형 기단으로 1단을 조성하였는데 2단부터 장대석을 쌓아 화계를 만들었다. 흥복전 화계와 연결된 남쪽 아미산은 5단의 화계이며 북쪽에는 흥복전 2단 화계가 조성되었다. 이 화계를 따라 동북쪽으로 올라가면 다경합 북행각까지 이어지는 것이다. 백악의 용맥이 향원정 동쪽으로 들어와 흥복전 화계를 따라 아미산에서 맺은 혈점이 교태전에서 근정전까지 이어지는 기맥을 완성하는 그 중간에 흥복전 화계가 있는 것이다.

흥복전 조성과 편전 활용

2019년 복원 완공된 흥복전은 남쪽으로 교태전과 북쪽으로 집경당 사이에 있다. 조선 초기 경복궁에서는 확인되지 않는 전각이며 1867년 중건 시에 새롭게 지어진 전각이다. 조선 후기 고종의 킹메이커였던 신정왕후 조씨가 이곳에서 승하하였다는 기록 정도만 알려져 왔다. 그러나 흥복전은 '하늘에 순응하여 나쁜 것을 막아 화를 없애며 복을 다시 일으킨다.'라는 의미로 경복궁을 중건했던 뜻과도 일치하는 모습이다. 왕실의 권위를 높이고자 했던 시도는 경복궁 중건과정에서 인지당을 원래 위치에 세우고 청연루와 자미당 자리에 자경전을 복원하며 그 옆에 흥복전까지 새로 짓는 일까지 진행하며 이곳은 내전 영역의 중심이 되었다.

흥복전이 처음으로 언급되는 것은 고종 4년(1867) 4월 8일 영건도감에서 경복궁 각 전의 당호에 대한 별단을 아뢸 적에 '흥복전(興福殿)'이란 이름이 처음 나온다. 고종 9년(1872) 1월 철종의 딸 영혜옹주가 부마를 간택하는데 그 처소로 흥복전을 사용했다는 《승정원일기》 기사도 있다. 그 후 1873년 12월 화재와 잇단 1876년 내전 영역의 화재로 복원하여 고종 22년(1885) 3월부터 외국 공사를 접견하고 경연과 신하를 인견하는 편전으로 사용하였다. 고종 13년(1876) 화재 이후 복원 공사는 어렵게 진행되어 그로부터 12년이 지난 고종 25년(1888) 이후에야 자경전과 교태전이 완공될 정도였다. 고종은 화재 이후 다른 전각보다 먼저 복원된 흥복전을 편전으로 활용하였다. 이때 고종은 창덕궁과 경복궁을 반복하여 이어와 환어를 하면서 1885년 이후 진전으로 활용하던 건청궁을 편전으로 삼았던 때였다. 《고종실록》과 《승정원일기》 기사에 흥복전 사용 기록을 보면 왕실의례에 관한 내용인 19건, 편전의 기능이 129건, 외국 공사를 접견한 기록도 15건이나 되어, 주로 편전으로 활용되었음을 알 수 있다.

흥복전 화계와 일제의 파괴

고종 30년(1890) 흥복전에서 신정왕후 조씨가 승하하였다. 신정왕후는 당연히 왕대비의 처소로 인식하고 있는 경복궁 자경전에 있

興福殿四十間 西北有萬宜樓 初翼工
柱長九尺 樑通二間八尺五寸式 前後
退五尺式 道里通御間九尺 左右狹間
八間八尺五寸式 西有複道四間 以南
間墻一角門 攸同門

흥복전은 40칸 서북에 만의루, 초익공 기
둥 길이 9척, 양통 2간 8척 5촌식 전후퇴오
척식, 도리통 어칸은 9척, 좌우 협칸은 8간
8척 5촌식, 서쪽에 복도 4칸, 이남칸 에 담
장 일각문은 수동문이다.

東行閣 八間 北間墻 一角門 協仁
門 東間墻 一角門 維日門 西行閣
二十四間 以南有受多門 以北 有宜義
門及啓香堂 以北 有積慶門 北行閣
二十二間 以東 有弘安堂及祥和門 以
西 有光順門及泰祉堂 以北有 中行閣
二十四間 東有崇廣門 西有景昭門

동행각은 8칸 북칸 담장 일각문은 협인문
동칸 담장 일각문은 유일문이다. 서행각은
24칸 이남에 수다문이 있고 이북에 의의
문과 계향당 북에 적경문이 있다. 북행각은
24칸 동쪽에 홍안당과 상화문, 서쪽에 광
순문과 태지당이 있다. 북쪽으로 있다. 중
행각은 24칸 동에는 숭광문, 서에는 경소
문이 있다

北行閣 二十四間 間半五樑 有綏厚門
東行閣 四間 西行閣 五間 有瑞安門
以北有 廣元堂 五十一間半 二間五樑
西有會光堂及日新門 東行閣 四間 以
北有

북행각은 24칸 칸반 오량이며 유후문이 있
다. 동행각은 4칸. 서행각은 5칸 서안문이
있고 북쪽으로 있다. 광원당 51칸 반 2칸
오량이며 서쪽에 회광당과 일신문이 있다.
동행각 4칸 북으로 있다

燒廚房 一處 六十一間 北墻東邊 一
角門 茂顯門 西邊 履惠門 以東 貽信
門 東邊有 多慶閣 十間 今無 南行閣
七間 有是捻門 今無
北行閣 八間 西間墻 一角門 綏大門
今無 興福殿西邊有 中行閣 二十二間
有崇禧門 以西 外行閣 五十二間 北
有善報門 南有壽仁門 門內有

소주방 한 곳 61칸 북담장 동쪽변 일각문
은 무현문이며 서변은 이혜문 동으로 이신
문 동변은 있다. 다경합은 10칸이며 지금
은 없다. 남행각은 7칸인데 시념문이고 지
금은 없다. 북행각은 8칸 서쪽칸 담장 일각
문 유대문 지금은 없다. 흥복전 서변은 있
다. 중행각은 22칸 숭희문이 있고 서에 있
다. 외행각은 52칸 북에 선보문이 있고 남
에는 수인문이 있으며 문 안은 있다.

唱差備 九間 內有時五門 東間墻 一
角門 介爾門 南行閣 六間 員役處所
六間半 北間墻 一角門 安昌門 西間
墻 一角門 萬始門 長房 二十九間 員
役處所 二十三間 西間墻 一角門 寶
芳門 卽今無 廣元堂 以北有

창차비는 9칸 안으로 시오문 동칸 담장
일각문은 개이문 남행각은 6칸. 원역처
소 6칸반 북쪽 칸 담장 일각문은 안창문
서쪽 칸 일각문은 만시문이다. 장방은 29
칸. 역원처소는 23칸 서쪽 칸 담장 일각
문 보방문으로 지금은 없다. 광원당은 북
에 있다.

었을 것으로 생각하겠지만 실상은 그렇지 않았다. 이웃한 자경전이 신정왕후를 위한 맞춤 전각이었던 것은 맞지만 실제 그녀가 거처했다는 기록은 남아 있지 않다. 흥복전도 신정왕후가 승하할 당시에 머물렀던 전각일 뿐이며, 당시는 경복궁 화재로 인해 전각이 한창 복원되는 어수선한 상황에서 내전에서 먼저 완공된 흥복전이 편전과 신정왕후의 마지막 거처까지 활용되었다.

1910년 일제강점기에는 경복궁 내전과 동궁, 궐내각사가 1914년에 훼철되고 흥복전은 1917년 창덕궁 화재로 강녕전, 교태전과 함께 철거되어 창덕궁으로 이건 된다. 흥복전 자리는 향원지의 물을 끌어들여 일본식 회유식(回遊式) 정원을 곡수(曲水)로 만들면서 전각터까지 파괴하였다. 남쪽 아미산과 경계 지점에 있던 화계도 손상되어 원형 확인이 불가능해졌다. 또한 백악에서 아미산으로 이어지는 경복궁 내맥이 통과하는 바로 그 자리에 연못을 만들어

| 일제강점기 흥복전《조선고적도보》

한 권으로 읽는 경복궁

물을 채움으로써 백악의 기를 끊는 결과를 만들었다. 해방 이후 홍복전에 조성되었던 일본식 정원은 없어졌지만, 과거로 되돌리지 못한 채 왜곡된 터만 남게 되었다.

1990년부터 시작된 경복궁 복원 공사 진행 과정에서 홍복전지에 대한 발굴조사가 3차례에 걸쳐 진행되었다. 1차는 2004~2006년까지 홍복전과 주변 집경당, 함화당, 소주방지를 발굴했고, 2차는 2012~2013년까지 홍복전 동북쪽에 있었던 영훈당과 전기등소를 함께 발굴 조사하였다. 3차는 2016~2017년까지 홍복전 외곽과 담장, 화계, 아미산과 경계 부분, 북행각, 동서행각 일부 구간 모두를 발굴 조사하였다. 3차 발굴조사를 마치고 2015년 9월에서 2018년 12월까지 3년 3개월 복원을 완성하여 2019년 7월부터 일반에 공개하고 있다. 그러나 일제가 훼손하여 회유식 정원을 만들었던 화계 부분과 홍복전 권역의 대부분이 원형을 찾기 힘들게 되었다.

| 2019년 복원된 홍복전

14

향기는 멀수록
더욱 맑다, 향원정

경복궁에서 사계절 경치가 가장 아름다운 곳을 꼽으라고 한다면 단연 '향원정'이다. 백악을 배경으로 봄, 여름, 가을, 겨울 향원정과 그 주변으로 철 따라 피고 지는 꽃, 연못이 어우러져 환상의 경치를 만들어낸다.

향원정은 육각 정자이면서도 온돌방이 있는 특이한 구조의 누각이다. 누각은 2층으로 1층에는 방이 있으며 그곳에는 '온돌' 시설이 있다. 구들장은 걷어내고 과거 보수과정에서 시멘트로 덮어버렸지만, 그 아래 불길과 연기가 함께 나가는 고래둑과 불기운을 오래 머무르게 하는 온돌 윗목에 파 놓은 개자리, 연기가 빠져나가는 연도가 해체 보수과정에서 발견되었다. 향원정은 밖에서 불을 때는 아궁이가 노출되어 있기 때문에 온돌이 있으리라 추정했는데 실제 온돌이 있었다.

| 향원정의 가을

　온돌은 일반적으로 불을 때는 아궁이에서부터 밭고랑이나 부챗
살 모양으로 고래둑이 만들어지는데 향원정은 특이하게도 방의 가
장자리를 둘러 고래둑이 만들어져 있다. 마치 둥근 반지 모양으로
고래둑을 만들었고 연기를 배출하는 연도는 동북쪽으로 호안(護岸)
과 연결하여 자연스럽게 연기가 빠져나가도록 하였다. 향원정의 온
돌 난방 방식은 가장자리를 빙 둘러 둥근 반지 형태로 한 특이한 예
인데 이는 연못 안에 있는 정자의 특성상 습기가 올라오는 것을 방
지하고 겨울에도 따뜻한 온기를 공급하기 위해 만들었을 것으로 추
측하고 있다.

후원 서현정, 취로정과 향원정

　《신증동국여지승람》과 《궁궐지》에는 경복궁 후원에 서현정과
취로정, 관저정, 접송당, 충순당이 있었다고 하였다. 서현정은 《세종

실록》에 '이곳에서 활쏘기를 했다.'는 기록이 처음으로 나오며 문종 대에는 '궁궐의 북쪽 후원에 있었다.'는 내용이 있다. 그러나 중종 이후로는 서현정에 대한 기록이 전혀 보이지 않는다. 또 하나 '취로 정'은 세조대에 등장하여 명종까지만 기록이 존재한다. 경복궁 후원 에 있었던 서현정은 활쏘기, 취로정은 농사짓고 시를 지었다는 기 록들이 대부분이다. 향원정은 서현정과 취로정이 있던 곳에 만들어 진 정자라고 하는 이야기가 있기는 하지만 그를 확신할 만한 자료 는 보이지 않는다.

'향원정' 기록이 처음으로 나오는 것은 《승정원일기》 고종 24년 (1887) 9월 18일 '仍命書銘題曰 香遠亭(잉명서명제왈 향원정: 이에 명제를 향원정이라고 쓰도록 명하다.)'라는 내용이다. 이는 고종이 경서 강독을 위한 전강(殿講)을 대신하여 '향원정'이란 제목으로 글 을 써내도록 하여 과차(科次: 등수 정함)를 정한 기록에 보인다.

| 향원정과 편액

또 궁궐 내 현판의 제액(題額)을 모아 놓은 어필 현판집에도 '향원정'이란 글씨가 보이는데 책 상태와 글씨체 등으로 미루어 이를 고종의 글씨로 추정하고 있다. 글씨첩에는 '곤녕합(坤寧閤)과 장안당(長安堂), 관문각(觀文閣)' 등 건청궁에 있는 전각들의 편액 글씨가 있다. 건청궁은 향원정과 이웃하고 있으며 건축 연대 또한 비슷한 것으로 추정된다. 향원정의 정확한 조성 연대는 알 수 없으나 위 여러 내용으로 볼 때 적어도 '건청궁' 건축 시기와 맞물려 있을 가능성이 높다 하겠다.

《선원전증건도감의궤(璿源殿增建都監儀軌)》는 1900년에 제작된 의궤로 의궤 설명서에는 '경복궁 선원전은 고종 대에 경복궁을 중건하면서 향원정 동측에 건립했다.'는 내용이 있어 경복궁이 중건된 1868년 무렵에 향원정이 먼저 건립되었을 가능성도 배제할 수는 없다.

향원정 주련시

향원정은 육각 정자로 편액과 함께 기둥에 주련이 걸려 있다. 주돈이의 애련설에 있는 '향원익청(香遠益淸)'의 뜻과 함께 주련은 당시 이 연못과 정자의 의미를 담은 좋은 자료이다. 주련은 두 구씩 대우(對偶: 짝)로 이루어져 있는데 대구 주련은 각각 2구씩이며 그외 하나는 분실되어 짝이 없이 하나만 있다. 주련의 내용은 연못과 누각을 종종 신선이 사는 세계와 비유하기 때문에 향원정 주련 또한 천상 세계와 도교에서 신선이 사는 곤륜산과 봉래궁 등을 배경으로 하

| 향원정 주련(문화재청 소장 <궁궐현판과 주련>)

고 있다. 주련의 순서를 정하자면 가장 먼저 '玉池龍躍舞(옥지용약
무)'가 되는데 대구되는 주련은 빠져 있다. 누각 2층 육각기둥에 모
두 걸려있으면 6구인데 하나가 빠진 5구만 걸려 있다. 우선 2, 3번
째 대우(對偶)가 맞는 주련 시부터 살펴보면 천산(千山)과 만리(萬
里), 월형(月逈: 달이 빛난다)과 성명(星明: 별이 밝게 빛난다)을 대
비하였고 운(韻)도 형과 명으로 발음이 같게 하였다.

3번째 대우 주련은 곤랑(崑閬) 즉 곤륜산과 봉호(蓬壺) 봉래산
을 대비하였으며 운하(雲霞) 노을에 구름이 쌓인 모습과 일월(日
月) 신선 사는 봉래산의 긴 세월을 비교하여 향원정을 신선 세계와
동급으로 취급하면서 왕도 이곳에서는 신선이 된다는 의미를 부여
하고 있는 주련이다.

첫 번째 짝이 없는 주련은 2, 3구의 흐름으로 비춰볼 때 걸려 있
는 시구 중 옥지(玉池)는 '아름다운 연못'이고 그곳에서 용(龍)이
춤추며 뛰는 모습(躍舞)이라 할 수 있다. 이와 대구되는 주련은 없
어졌지만 '옥지'는 지상에 있는 아름다운 연못의 물이므로 그와 대

| 향원정 주련 읽기와 대구(안)

	對偶	기존 주련	대구(안)	읽기 [해석]
1	出句	玉池龍躍舞		옥지용약무 [옥지에는 용이 뛰며 춤추고]
	對句	X	碧雲鳳翔遊	벽운봉상유 [푸른 구름 속 봉황이 나르며 노니네]
2	出句	千山華月逈		천산화월형 [천산에는 달이 멀리 빛나고]
	對句	萬里衆星明		만리중성명 [만리에는 뭇별들이 밝게 비치네]
3	出句	崑閬雲霞積		곤랑운하적 [곤륜산 꼭대기 노을 구름 쌓여있고]
	對句	蓬壺日月長		봉호일월장 [봉래산에는 세월이 길구나]

한권으로읽는 경복궁

비할만한 것은 하늘에 있는 아름다운 '벽운(碧雲: 푸른 구름)'으로 설정해 보았다. 또 용(龍)은 봉황(鳳凰)과 대비하고 용이 물속에서 뛰는 모습의 약(躍)은 봉황이 하늘에서 높이 나를 모습의 상(翔)으로 각각 짝을 이루게 하였다. 마지막으로 용이 물속에서 춤추는 '무(舞)'자는 봉황이 높이 날며 노는 유(遊)와 각각 대비 하였다. 그리하여 향원정 주련에 빠져 있는 시구의 다음과 같이 완성하였다. 출구(出句)옥지용약무(玉池龍躍舞), 대구(對句) 벽운봉상유(碧雲鳳翔遊).

주돈이의 향원익청

경복궁에서 가장 아름다운 경치의 향원정은 복원과 해체를 통해 누각에서는 좀처럼 볼 수 없던 반지 모양의 온돌과 연도 등이 확인되었다. 남쪽으로 잘못 복원했던 취향교도 원래 위치에 아치형으로 복원하였다. 향원정은 경복궁에서 활쏘기하던 '서현정'과 권농을 했던 '취로정' 자리에 만든 연못과 정자는 아니었다. 앞에서 언급한 《궁궐지》와 《어필현판집》, 1900년 제작된 《선원전증건도감의궤》의 내용 등을 종합하여 향원정의 건립 연대를 1868년에서부터 건청궁이 완공된 1873년에는 있었던 것으로 보았다.

향원정이란 이름은 숙종 18년(1692)에 창덕궁에 만들어진 애련정과 관계가 있다. 애련정과 향원정의 이름은 모두 송나라 학자 주돈이의 '애련설'에서 나왔으며 숙종은 그가 지은 '애련정기'에서 정자를 세우게 된 이유와 의미를 이야기하고 있다. 경복궁 향원정은 애련정보다 한참 후대인 경복궁 중건 후에 만들어진 정자이므로 창덕궁 애련정의 이름과 뜻을 모델로 삼았다고 하겠다. '향원익청'은 연(蓮)의 고고함을 대표하는 말로 '향기는 멀수록 더욱 맑다.'는 뜻이다.

주돈이는 애련설에서 자신이 연을 좋아하는 이유를 여러 가지로 열거하였는데 향기 이외에도 멀리서 바라볼 수는 있어도 함부로 희롱할 수 없으며 대중들이 좋아하는 부귀의 모란보다 군자의 고고함을 간직하고 있는 연을 사랑한다고 하였다. 연을 사랑한 조선 후기 표암 강세황은 자신의 작품 '향원익청도'에서 자신의 그림 화제에 멀리서 바라봄이 마땅하다고 하였다.

향원정과 애련정

창덕궁 후원 부용지를 지나 후원으로 가면 돌로 만든 불로문이 있다. 불로문 안 왼쪽에는 기오헌이 북쪽을 향해 있고 오른쪽에는 한여름 연꽃이 가득한 연못과 정자가 있다. 이곳이 애련정(愛蓮亭)이다. 창덕궁 애련정은 주돈이의 애련설과 숙종이 '기문'에 밝힌 바대로 정자 이름을 명명했다. 그러나 경복궁 향원정에는 '기문'과 정확한 건축 시기가 나와 있지 않다. '애련설'에 있는 연꽃의 특징에서 이름을 가져왔으므로 의미상 고고한 군자를 상징하는 연못과 정자라고 하겠다. 주돈이는 '애련설'에서 나는 연꽃을 사랑했는데 그 이유는 속세에 물들지 않고 고고한 자태를 지닌 군자의 꽃이기 때문이라고 노래하고 있다.

주돈이 자신은 홀로 연(蓮)을 사랑했는데 그 이유는 진흙에서 나왔어도 오염되지 않았으며 속은 비었어도 밖은 곧으며 덩굴과 가지치기를 하지 않고 연꽃의 향기는 멀수록 더욱 맑아서라고 하였다. 또 연은 군자의 꽃이며 세상 사람들 중에서 나와 같이 연을 좋아하는 사람은 많지 않을 것이라고 하였다.

향원정은 '애련설' 내용 중 '향원익청(香遠益淸)'이라는 문구에서 그 이름을 따서 지은 만큼 향원지에는 연꽃이 가득 심겨 있었다.

| 수련으로 가득한 향원지(ⓒ류태석)

1990년대 초까지만 하더라도 경회루와 향원정에는 연꽃들이 무성했는데 1995년 어느 날 모두 사라져 버렸다. 그 이유는 불교를 상징하는 연꽃이 유교의 조선 궁궐에는 어울리지 않는다는 이유에서였다. 연꽃은 불교에서뿐만 아니라 일반인들에게도 '연생귀자(連生貴子)'의 의미로 다산을 상징하였다. 연꽃은 꽃과 함께 열매를 맺기 때문에 자식을 많이 낳게 해달라는 소망으로 여인 옷에 연꽃무늬를 수놓기도 하고 병풍에도 연꽃이 자주 등장하기도 했다. 송나라 학자 주돈이(周敦頤)는 '군자의 꽃'으로 여겨 좋아했다.

조선 영·정조 때 61세에 처음 관직에 나갔던 대쪽 같은 선비 표암 강세황은 '향원익청도'의 제화 글에서 "염계선생께서 말씀하시기를 연꽃은 멀리에서 보는 것이 좋고 함부로 가지고 놀면 안 된다고 했는데 내가 그린 연꽃 또한 마땅히 멀리서 봄이 좋다고 하겠다. [濂溪先生謂蓮可遠觀不宜褻翫 余則曰畵蓮亦宜遠觀焉. 豹菴]"한

水陸草木之花 可愛者甚蕃	(수륙초목지화가애자심번)
晉陶淵明 獨愛菊	(진도연명독애국)
自李唐來 世人甚愛牡丹	(자이당래 세인심애모란)
予獨愛 蓮之出於淤泥而不染	(여독애련지출어니이불염)
濯淸漣而不夭 中通外直	(탁청련이불요 중통외직)
不蔓不枝 香遠益淸	(불만부지 향원익청)
亭亭淨植 可遠觀而不可褻翫焉	(정정정식 가원관이불가설완언)
予謂菊花之隱逸者也	(여위 국화지은일자야)
牡丹花之富貴者也	(모란 화지부귀자야)
蓮花之君子者也	(연은 화지군자자야)
噫! 菊之愛 陶後鮮有聞	(희! 국지애 도후선유문)
蓮之愛 同予者何人	(연지애 동여자하인)
牡丹之愛 宜乎衆矣	(모란지애 의호중의)

물과 뭍에 핀 풀과 나무의 꽃 중에 사랑할 만한 게 많은데 진나라 도연명은 유독 국화를 좋아했고 이씨의 당나라 이래로 세상 사람들은 모란을 좋아했으나 나는 홀로 연꽃을 사랑했는데 (연꽃은) 진흙 속에서 나왔지만 오염되지 않았고, 맑은 잔물결에 씻겼으나 요염하지 않고, 속은 비었어도 밖은 곧으며 덩굴과 가지 치지 않고, 향기는 멀수록 더욱 맑아 곧고 깨끗하게 심어져 있어, 멀리서 볼 수는 있지만 함부로 희롱할 수는 없다. 국화는 은일한 자의 꽃이고 모란꽃은 부귀한 자의 꽃이며 연꽃은 군자의 꽃이라고 나는 생각한다. 아! 국화를 사랑하는 사람은 도연명 이후에 들은 적이 드물고, 연꽃을 사랑하는 사람은 나와 같은 사람이 얼마인가? 모란을 사랑하는 사람은 여러 사람이라는 것이 당연하구나.

것과 같이 연(蓮)을 좋아하는 이유를 밝혔다. 이렇게 연꽃은 다양하게 여러 분야에 쓰였는데 연을 단순한 불교의 상징화로만 생각하여 향원정에 가득했던 연을 모두 없애버린 것은 황당한 사건이 아닐 수 없다. 그 후 향원정 연못에는 수련(睡蓮: WATER LILY)이 심어져 '애련설'에 나오는 '군자의 꽃'을 대신하고 있지만 이는 완전 다른 종류의 연이다.

15

경복궁 건청궁은 단청하지 않은 백골집

명성황후가 살해된 비운의 장소 건청궁은 2007년에 복원되었다. 건청궁은 고종이 실질적인 친정을 시작하던 해인 1873년에 완공하였는데, 이곳에서 명성황후가 일본의 자객들에 의해 살해되면서 애통의 전각으로 인식되었다. 건청궁은 국권을 피탈 당하기 이전인 1909년에 철거되어 그 전의 모습은 흑백 사진 몇 점만 남아 있다. 그러나 흑백사진으로는 건청궁이 단청을 했었는지 아니면 애초부터 백골집이었는지 알 수 없어 궁금증을 자아내고 있다. 궁궐에 있는 대부분의 전각과 문은 건물을 보호하고 화려하게 채색으로 꾸미기 위해 단청을 했지만 '궁중궁'이었던 건청궁은 그렇지 않고 소박한 사대부집과 같이 지었던 것으로 보인다. 효명세자가 지었다고 하는 창덕궁 연경당이나 헌종이 지은 낙선재와 분위기도 비슷하지만 2007년에 복원되어 고풍스러운 맛은 덜하다.

창덕궁 낙선재과 연경당

　창덕궁 낙선재와 연경당은 궁궐 내에서 사대부 집의 형식을 따라 소박하게 지은 집이다. 《궁궐지》에는 영조 32년(1756) 낙선당(樂善堂)은 저승전(儲承殿) 남쪽에 있다고 하였는데 저승전은 세자가 거처하는 곳인데 영조가 지은 〈낙선당 시〉에 '빛나는 옛날로 태자를 경계하니'라는 내용이 있다. 이 건물은 당시 화재로 소실되어 없어졌다. 낙선재는 효종의 잠저였던 '어의궁(於義宮)'에 있던 부속 전각으로 영정조대 전각을 수리했다는 기사가 《승정원일기》에 나오지만, 궁궐 내에 있던 전각은 아니었다.

　창덕궁 후원 주합루를 지나 불로문을 들어서면 궁궐과 사뭇 다른 분위기의 전각들이 나타난다. 단청을 하지 않은 의두합(倚斗閤 기오헌)과 운경거(韻磬居)가 북쪽을 향해 단아하게 자리하고 그 앞에는 애련지가 있다. 이곳을 지나 안으로 더 들어가면 연경당이라고 하는 99칸 집이 나온다. 그러나 실제로는 109칸이며 《궁궐지》에는 120칸으로 기록되어 있다.

　경복궁 중건이 끝나면서 중건도감이 해체된 고종 9년(1872) 이후 경복궁에도 사대부집 형식의 건청궁이 들어섰다. 고종 10년(1873)은 고종 즉위 후 10년간 실질적으로 정치를 장악해 온 흥선

| 창덕궁 내 낙선재　　　　　　　| 창덕궁 내 연경당

대원군이 물러난 해로 그 시기에 건청궁이 완공됨으로서 고종이 흥선대원군으로 독립하기 위해 지은 집이라는 주장이 나오게 되었다.

건청궁을 화려하게 짓지 마소서

건청궁을 화려하게 짓는다는 소식을 듣고 1873년 부호군 강진규가 무리한 토목공사로 인한 폐해와 지나친 경비 지출 등을 문제 삼아 상소하였으며, 그를 고종이 가납(嘉納)한다고 비답 하였다.

《고종실록》 고종 10년(1873) 5월 10일 부호군 강진규의 상소 내용이다.

> "삼가 듣건대, 건청궁(乾淸宮)을 짓는 역사(役事)가 몹시 웅장하고 화려하다고 합니다. 이곳은 행차할 때 임시로 거처하는 장소에 지나지 않는데, 그토록 웅장하고 화려하게 지어서 어디다 쓴다고 지나치게 경비를 허비하는 것입니까? 게다가 창고가 화재를 입어 한창 수선하고 있는데 다시 이렇게 정도에 지나친 큰 공사를 한다면 백성들은 거듭 시달림을 받게 되고 나라의 저축은 더욱 모자라게 될 것이니 밝고 검박한 성상의 덕에 손상을 주는 것이 작지 않을 것입니다. 삼가 바라건대, 절약하는 일에 힘쓰시고, 늘려서 크게 하는 일은 하지 마시도록 하여 더욱 빛나는 덕을 수양하는 학문에 뜻을 두소서."

이때는 1868년 경복궁 중건을 마치고 1872년 영건도감을 해체하여 그동안 경복궁 대역사를 모두 끝낸 상황이었다. 경복궁 중건을 위해 원납전과 당백전 등을 발행하여 국가 재정에도 많은 문제점이 있었을 때였다. 이때 왕이 행차 때 임시 거처로 쓰는 곳인데 궁궐 내 다른 전각처럼 '단청' 등을 해서 화려하게 짓지 말라는 상

| 건청궁 입구(©이옥화)

소를 올린 것이었다. 이에 대해 고종은 검박하게 짓겠다는 뜻으로
상소를 받아들였다. 《조선경국전》〈궁원(宮苑)〉 편에는 "궁실은 사
치하게 되면 반드시 백성을 수고롭게 하고 재정을 손상시키게 되고
아름답지만 사치스럽게 하지 않는 것이다."라고 하였다. 궁실을 짓
는데 화려하다는 기준은 조선경국전이나 일반적인 동아시아의 경
서 등에서 언급하고 있는 전각 외부를 채색하고 단청하여 꾸미는
것을 뜻하므로 검박하게 짓겠다는 뜻을 밝힌 것은 단청을 하지 않
겠다는 의지의 표명이라고 보아야 한다.

　《고종실록》 고종 10년(1873) 8월 19일, 좌의정 강로가 건청궁
공사비용을 절약할 것을 정사를 행하는 곳에 입시(入侍)하였을 때
아뢰었다.

　　　　　　　　　　　　　　　　　　한권으로읽는경복궁

"재상(宰相) 강진규의 상소문에 대한 비답을 보고서야 비로소 건청궁을 짓고 있으며 대내에서 그 경비를 대고 유사(有司)에 맡기지 않았다는 것을 알았습니다. 그리고 대로 합하의 말씀을 듣고 나서 어진을 봉안하는 곳으로서 칸수가 매우 적고 그 규모도 화려하지 않을뿐더러 또한 공한지의 좋은 자리이므로 대로 합하께서 조치를 취하신 일이라는 것을 알게 되었습니다. 비록 그렇기는 하나 신들은 모두 사체(事體)로 보아 그렇게 하지 않을 수 없었다는 것을 알고 있습니다." (후략)

강진규 상소에 이어 이번에는 좌의정 강로가 다시 건청궁 짓는 문제를 거론하였다. 건청궁을 짓는 경비는 국가 재정이 아닌 내탕금으로 충당하고 이곳은 어진을 봉안하는 장소로서 규모도 작고 화려하게 짓지 않는다는 사실을 강진규 상소에 대한 비답으로 알았다는 것이다. 그리고 '대로합하께서 건청궁을 유사에게 맡기지 않았으며 내탕금과 어진봉안을 목적으로 짓고 있다.'고 좌의정 강로에게 이미 알려주었던 것이다.

두 실록의 기록을 보면 건청궁을 화려하게 짓지도 않았고 어진의 봉안처로 검소하게 지은 전각이라는 것이다. 이는 고종이 흥선대원군의 그늘에서 벗어나 친정을 선포하기 위해 몰래 내탕금으로 지은 집과는 거리가 멀다. 건청궁이 완공된 1873년부터 1885년 4월 전까지는 어진 봉안과 고종의 임시 거처로 사용하였다. 이 기간에 건청궁에서 신하와 인견한 기록은 1873년 4회, 1875년 육상궁 전배(展拜)시 임시로 사용하였고, 1876년 2회, 1882년 3회의 기록 등이 있을 뿐이다. 건청궁이 고종의 주 정치 공간으로 사용된 것은 1885년 4월부터 1895년까지이다. 이때 이곳은 각종 개화 정책 등을 주도하는 편전이었으나 그 끝에는 을미사변이 있었다.

건청궁의 단청 여부

건청궁에 대한 당시의 사진과 도면, 건축 기록이 남아 있다면 확실하게 그 여부를 판단할 수 있겠지만 그러한 자료는 남아 있지 않다. 다만《고종실록》과《승정원일기》에 나온 상소 내용에서 화려하지 않게 하겠다고 한 것은 성리학에서 검소하게 짓겠다는 의미이므로 건청궁을 백골집으로 여긴 것이다. 그러나 그동안 많은 자료나 기사에서 건청궁 단청에 대해 "원래는 단청이 칠해져 있었으나 복원 후 지금까지 단청을 칠하지 않고 있다."라는 내용이 심심찮게 발견되어 단청을 했다는 사실이 정설로 굳어져 가고 있다. 그러나 그 근거가 되는 정확한 내용은 없으며 이는 일반적인 궁궐 건축물의 경우를 상정한 내용으로 보인다.

이에 반해 단청을 하지 않았다는 기록은 고종이 '건청궁을 화려하게 짓지 않겠다.'는 의지를 표명한 실록의 기사를 들 수 있다. 일반적으로 전각을 화려하게 짓지 않겠다는 의미는 전각에 채색과 장

| 단청이 되어 있지 않은 건청궁 장안당

한 권으로 읽는 경복궁

식을 하여 화려하게 단청을 하지 않겠다는 의지이기 때문이다. 화려함보다 검박함을 임금의 덕으로 했던 성리학을 기본 바탕으로 삼았던 조선에서 소박한 전각을 지었다면 당연히 단청을 하지 않았다고 보아야 맞을 듯하다. 고종이 친정을 하려는 의지 표명으로 건청궁을 지었다는 내용도 사실과 거리가 있다. 흥선대원군은 당시 이미 건청궁이 어떻게 지어지고 있는지를 알고 있었다. 1873년 최익현의 상소로 촉발된 종친의 정치 참여 문제는 대원군을 실제 정치에서 물러나게 한 실질적인 이유이며, 이는 건청궁과는 아무런 관련성이 없다. 다만 건청궁의 완공 시기와 대원군이 물러난 해가 우연히 같았을 뿐이다.

건청궁은 처음에 고종의 편전이 아니었다

건청궁이 건립되고 난 후 경복궁에서는 크고 작은 화재가 발생하였다. 건청궁은 당초부터 왕이 거처 목적으로 지어진 전각은 아니어서 건청궁 건립 초기 고종은 이곳에서 정사를 펼치지 않았다.

건청궁이 완공된 고종 10년(1873)부터 고종 22년(1885)까지를 건청궁 전반기라고 하면 이때는 왕의 임시 거처 및 어진 봉안처였다. 경복궁 북쪽에는 왕실의 제사와 관련된 전각들이 많았는데 북서쪽에 빈전인 태원전(泰元殿)과 왕의 신위(神位)를 모셔두는 혼전인 문경전(文慶殿), 국장 시에 사용했던 회안전(會安殿) 등이 있었다. 북동쪽에는 역대 왕의 어진 등을 모시고 제례를 지냈던 선원전도 있었다. 조선 초에는 선원전 앞에 문소전이 있었으나 중건 경복궁에는 복

| 복원된 태원전(서북쪽 빈전)

원하지는 않았다. 고종은 종종 신무문 밖 후원 경무대에서 문무 전시(殿試)행사나 망배례(望拜禮)를 거행한 후 참가했던 관료과 함께 잠시 건청궁에서 차를 마시기도 했다. 고종 12년(1875)에는 수정전에 모신 어진과 책보를 건청궁 관문당으로 이봉하였다. 건청궁은 건립 초기 장춘실(長春室)과 관문당(關文堂)이 있었지만, 그 후에 관문각(關文閣). 장안당(長安堂). 곤녕합(坤寧閤)으로 바뀌었다.

고종 22년(1885) 이전 경복궁 화재로 내전 영역이 완전히 복구되지 않은 상황에서 고종은 경복궁과 창덕궁을 오고 가며 정치를 했고 그 해를 기점으로 건청궁은 고종이 거주하며 정치하는 곳으로 바뀌었다. 이는 을미사변이 일어난 1895년까지 지속되었으며 건청궁에서 각국과 조약을 체결하고 신문물과 군사 제도를 정비하고 외국 공사를 접견하는 등의 개화 정책을 추진하는 편전과 연침이 되었다.

러시아 건축가 사바친이 설계한 궁궐 최초의 서양식 전각인 관문각도 6개월을 공사한 끝에 1891년 8월에 완공하였다. 이곳에는 어진과 책보 등을 보관했다. 그런데 당시 돈에 눈이 멀었던 조선의 담당 관료들이 관문각을 부실시공을 하는 바람에 10년 정도밖에 사용하지 못하고 헐리고 말았다. 이처럼 건청궁은 고종의 편전으로 개화정책과 근대 문물을 수용하는 중심지로 변모한 것은 건립 후 12년이 지난 1885년 이후의 일이었다.

을미사변 이후 고종은 경복궁 건청궁을 벗어나 러시아 공사관으로 거처를 옮기는 주필이어(駐蹕移御)를 단행하였다. 그 후 1909년 건청궁은 경복궁 전각 중 가장 먼저 철거되었으며 그 자리에는 1939년 총독부 미술관이 들어섰다. 1998년까지 이 자리를 지키고 있던 미술관 건물이 철거되고 2007년 건청궁을 지금과 같은 모습으로 복원하여 단청을 칠하지 않은 백골집으로 남아있다.

16

정통성을
세우고자 한 전각,
태원전

경복궁 서북쪽에 있는 태원전은 조선 전기에는 없었던 전각이며 1868년 경복궁 중건 시 새로 지은 전각이다. 조선 초기 경복궁이 들어서기 전 이 부근에는 고려의 남경 행궁이 있었으며 천체 관측을 위한 '간의대'가 설치되어 있던 곳이다. '간의대'가 있던 기슭은 좋은 빛깔의 황토가 있었기 때문에 경복궁을 조성하면서 썼던 질 좋은 황토는 모두 이곳에서 가져다 썼다고 한다. 높은 구릉 지역이었던 이곳은 황토를 파내면서 평탄한 지형이 되었고 그 후 이 자리에 '태원전' 터를 닦았다. 재미있는 사실 하나는 세종시대 간의대에 설치했던 동표(銅表)를 옛날의 모양과 같게 만들어 이 터 아래에 말뚝 박듯이 눌러서 묻은 후 그 위에 태원전을 세웠다고 한다.

《승정원일기》 고종 9년(1872) 1월 남전(南殿: 당시는 공식 명칭은 영희전이었다.)에 있었던 태조와 원종의 어진을 모사하는 장소

| 태원전 일곽

를 태원전으로 하라는 고종의 명이 있었다.

종친부가 아뢰기를, "이번에 남전(南殿) 제1실의 어진(御眞)과 경기전
(慶基殿)에 이봉(移奉)할 어진, 남전 제3실의 어진을 옮겨 모사하라고
명을 내리셨습니다. 장소는 어느 곳으로 합니까? 감히 여쭙니다." 하니,
전교하기를, "태원전(泰元殿)으로 하되, 홍인군, 영평군, 완평군, 지종정
경 이승보, 종정경 이재면이 감독하여 하라."하였다.

어진 모사를 위해 고종 9년 4월 7일에는 남전(영희전) 제1실과
제3실의 어진을 태원전(泰元殿)으로 이봉하고 작헌례를 행했다. 이
봉한 어진은 한 달 후 이모(移摹)를 끝내고 신본(新本) 어진은 태원
전에 모시고 구본(舊本) 어진은 봉안해 왔던 남전(영희전)으로 가
져가 세초(洗綃: 어진을 그린 비단을 닦아 어진의 그림을 지우는 작

　　　　　　　　　　　　　　　　　　　한권으로읽는경복궁

업) 작업을 한 후 북쪽 섬돌가에 묻기로 하였다.

　태원전이 어진의 모사와 봉안처로 활용된 이후 다시 등장하는 것은 고종 27년(1890) 4월 17일 미시 대왕대비 신정왕후가 흥복전에서 승하하였는데 그때 태원전은 빈전이 된다. 동월 20일 인시 흥복전에서 대왕대비의 영상(靈床)을 태원전으로 옮기고 오시(11:00~13:00)에 대렴, 신시(15:00~17:00)에 재궁에 안치한 후 제사를 지냈다.

명성황후의 빈전이 된 태원전

　고종 32년(1895) 명성황후가 일본인들에 의해 살해당한 한참 후 빈전을 태원전, 혼전은 문경전으로 한다는 조칙을 발표하여 신정왕후가 이곳을 빈전으로 사용한 이후 다시 한번 빈전으로 사용되었다.

　《승정원일기》고종 32년 10월 15일 기사에는 "조칙을 발표하여 태원전을 빈전으로 삼는다."라고 하였다. 명성황후가 살해당한 을미사변일은 10월 8일이었다. 일주일이 지난 후 빈전을 공식 발표한 것은 이례적인 일이다. 황망한 사건에서 죽음을 공식 선포하고 국장 절차를 위한 빈전을 태원전으로 하였다.

　일반적으로 왕이나 왕비의 죽음은 승하라는 표현을 쓰지만, 명성황후는 일본의 자객들에게 살해당했으니 정상적인 승하라고 볼 수는 없다. 변고가 일어난 일주일 후 승하 발표가 있었고 그로부터 국장 절차에 의해 명성황후의 장례가 진행된 것이다.

　《고종실록》고종 32년 10월 17일과 19일 이에 장례에 대해 기록하였다.

"대행 왕후를 목욕시키고 염습을 행했다." "손시(巽時: 오전 9시경)에 소렴을 하고 미시(未時: 오후 2시경)에 대렴, 신시(申時: 오후 4시경)에 시신을 재궁에 넣었다."

국장 절차에 의하면 소렴과 대렴은 같은 날에 진행하지 않지만 사체가 온전하지 않고 승하일도 한참 전이었기 때문에 아마도 동시에 진행한 것으로 보인다.

10월 22일 기사에서 "손시에 성복을 행하였다. 대행 왕후의 시책문 제술관으로는 김영수" (후략) 으로 보아 성복과 시책문 제술관과 서사관 등이 임명된 것을 알 수 있다.

10월 28일 기사에는 "재궁(梓宮)의 은 못 위에 옻칠을 날마다 하라고 명하였다."가 보이고, 11월 1일부터는 정기적으로 빈전에 나아가 초하루와 아침 제사, 낮다례 등이 행해졌는데 5개월간 진행

| 태원전과 천랑

되는 국장 절차는 계속되지 못하였다. 국장 중에 고종 33년(1896) 2월 11일 고종이 러시아공사관으로 주필(駐蹕)을 옮기는 일이 발생하였기 때문이다. 이로 인해 국장은 중단되었고 고종 33년(1896) 9월 4일 빈전은 태원전에서 경운궁으로 옮겨갔고 실제 장례는 그 이듬해 대한제국 선포 후 치러졌다.

정통성을 세우는 태원전

태원전(泰元殿)은 회안전(會安殿)과 함께 조성되었는데 그 앞으로는 문경전(文慶殿)이 있었다. 《궁궐지》에 따르면 태원전은 20칸이고 회안전은 9칸으로 표시되어 있다. 태원전 권역에 있던 문경전은 신정왕후의 '혼전'이었으나 1904년 순종의 태자비인 '순명효황후 민씨'의 혼전을 마련하기 위해 회안전과 함께 경운궁 영성문 안쪽으로 옮겨졌다.

'태원(泰元)'은 하늘을 뜻하므로 '왕실의 정통성을 세우는 곳'이라 할 수 있어 처음 사용은 진전이었다. 국상이 발생하면 궁궐에는 장례 절차를 진행하는 5개월간 사용할 빈전과 종묘에 부묘할 때까지 3년 상을 치르는 혼전이 필요하게 된다. 이로 인해 기존 궁궐에서는 여러 전각과 공간 사용에 많은 제약이 따를 수밖에 없었다. 창덕궁 선정전은 '편전'이지만 실제로는 '혼전'으로 많이 사용된 것이 그 예라 하겠다. 이러한 폐단을 막기 위해 흥선대원군은 경복궁을 중건할 때 경복궁 서북쪽에 '빈전과 혼전'의 전문 기능을 할 수 있는 태원전과 문경전, 회안전을 지어 후일에 대비하였으며 이는 신정왕후 조씨의 빈전과 혼전 왕후 민씨의 빈전으로 실제 사용하기에 이르렀다.

태원전은 일제강점기 철거되었고, 경호부대와 육군수도경비사령부가 이곳에 주둔하기도 하였으나 1993년에 이전하였다. 2006년 문경전 권역을 제외한 태원전만 복원하였고 2009년 일반에게 공개되었다.

국조오례의 상례 절차

태원전과 같은 영역에 있었던 문경전과 회안전은 국조오례 중 '흉례'에 해당하는 국장을 진행하는 '빈전과 혼전'으로 사용되었다. 왕의 죽음은 왕이 국가였던 조선에서는 '국정의 공백' 상황이 발생하지 않도록 미리 그 절차를 정해 둘 필요가 있으므로 이를 국조오례의 '상례'에서 규정하고 있다.

왕이 승하하기 전 국휼고명(國恤顧命)을 행하는데 대신들 앞에서 왕세자에게 고명(왕이 임종 시 남기는 말로 유명(遺命), 유훈(遺訓)으로도 쓴다)을 발표한다. 왕비의 경우에 고명이 없다. 왕이 승하하면 가장 먼저 초종(初終)을 행하는데, 이는 사망 여부를 확인하는 작업이다. 선왕의 코에 햇솜을 대어 숨을 확인하며 햇솜이 움직이지 않는 것이 확인되면 모든 사람들이 곡을 시작한다. 내시는 왕이 입었던 옷을 왼쪽에 들고 승하한 전각 동쪽 앞 처마에서 지붕으로 올라가 용마루를 밟고 왼손으로는 옷깃 위를 오른손으로는 허리단을 잡고 흔들며 '상위복(上位復)'을 세 번 외친다. 왕비는 '중궁복'이라 한다. 들고 간 옷을 지붕 아래로 던지면 아래에서 내시가 이를 받아서 대행왕의 위에 덮는다. 지붕에 올라갔던 내시는 내려올 때는 반대인 서쪽 뒤로 내려온다.

왕세자와 대군 등 친자는 관을 벗고 머리를 풀며 소복을 입고 버선을 벗으며 3일 동안 밥을 먹지 않는 역복불식을 행한다. 병조는 계령을 발표했는데 상례에 관한 일은 의정부에 보고하고 내외에서 그 직책을 이행하도록 하였다. 목욕에서 염습 등 제반 장례 절차와 혼인과 음악, 시장을 정지시켰다. 이조는 의정부에 보고하여 빈전,

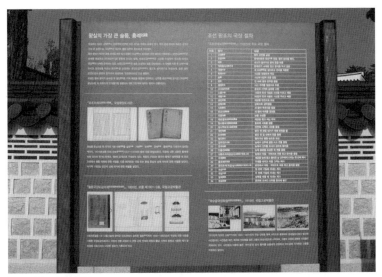

| 국조상례보편 국장절차

국장, 산릉 3도감을 설치하였고 도감별 업무를 분장했는데 3도감 도제조는 좌의정이 맡았다.

시신을 깨끗이 씻는 목욕 후 염습을 행하는데 이때에는 곤룡포와 9벌의 옷을 입힌다. 제사를 지내고 세자 등은 곡을 시작하며 종친과 문무백관은 바깥뜰에서 곡을 했다. 죽은 왕의 입에 쌀과 진주를 물리는 함(含)을 행하고 왕성한 봄 이후 절기를 봐서 얼음으로 둘러싼 상을 만들었는데 이를 빙반이라 했다. 빙반 위에 선왕의 시신을 놓고 그 앞에 '교의'라는 의자를 설치한다. 내시는 교의 위에 '왕이 입던 옷'을 함에 담은 후 그 위에 '흰 비단' 한 필을 묶어 '혼이 머무는 비단(魂帛)'을 올린 후 교의에 모신다. 이로서 영좌가 설치되었다. 영좌에는 붉은 천에 '대행왕재궁'이라는 금니 글씨로 써서 명정을 만들어 영좌의 오른쪽에 설치한다.

승하 3일째에 사직과 종묘 등에 알리고 소렴을 행한다. 염의는 19칭(稱)이라고 하여 19벌을 사용한다. 대렴은 5일째이며 염의는 90칭이다. 같은 날 성빈(成殯)은 대행왕의 재궁의 동서남북에 사신도를 그린 종이를 붙인 다음 찬궁에 모시는 절차이다.

승하 6일째 성복(成服)은 단순히 상복을 입는 행사가 아니라 상복의 모양과 입는 기간을 '오복제(五服制)'에 따라 정한다. 왕의 경우에는 최고의 복제인 '참최(斬衰)'였다. 성복을 마치면 빈전이 있는 궁궐 정전문 앞에서 왕위를 잇는 '사위(嗣位)'가 진행된다. 이는 선왕이 승하한 슬픔이 있는 가운데 진행되는 행사이므로 악공 진열은 하나 연주하지 않고 의식도 간단히 마쳤다. 그 후 새로 왕이 즉위했다는 교서를 발표하고 아침, 저녁으로 곡을 하며 제사를 올리는 상식과 초하루와 보름에도 제사와 곡을 한다. 문무 2품관 이상의 관료가 모여 종묘에 시호를 정하고 시책과 시보를 만든다. 장례는 5개월간 진행되기 때문에 능을 어디에 둘 것인가를 산릉도감에서 정하고 능의 규모와 관리 내용 등을 상세히 기록한다.

빈전에서 발인 후 호위 군관과 의장, 부장품과 시책, 시보 등을 가마에 함께 싣고 반차 행렬을 구성하여 왕릉으로 향한다. 왕릉에 도착하면 미리 만들어 놓은 광에 재궁을 내려서 곽을 닿아 왕릉 조성을 마친다. 5개월간의 장례를 마치고 우제를 지낸 후 가신주를 만들어 궁궐로 돌아오며 신주는 혼전에 모신다. 장례를 마치면 국장도감은 해산하고 빈전도감은 혼전도감으로 변경한다. 27개월 후 가신주는 종묘 터에 묻고 새로 만들어 모셨던 신주를 종묘에 모시는 부묘를 절차가 끝나면 모든 과정이 종료된다.

경복궁 혼전 문경전, 의효전이 되다

1905년(광무 9) 1월 4일 우재(虞齋)가 시작되었고 '순명효황후

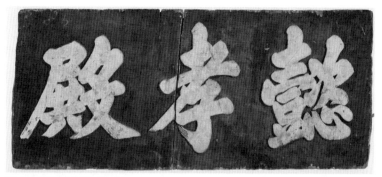

민씨(순종의 정비)'의 혼전 의례가 시작되어 1907년(융희 1)까지 지속되었다. 혼전은 일반적으로 빈전에 있던 기간을 제외한 22개월 동안 의례가 진행되지만 왕보다 왕비가 먼저 승하한 경우에는 왕이 승하하여 종묘에 부묘 될 때까지 궁궐 '혼전'에 머물러있어야 한다.

경운궁 영성문 안에는 선원전이 있었다.(현 구 경기여고 자리) 그 맞은편 현 덕수초등학교 자리에는 '의효전(懿孝殿)'이 있었는데 이곳에 '순명효황후 민씨'의 혼전이 마련된 것이다. 이 의효전은 경복궁 문경전과 회안전을 이건하여 경운궁에 세워 혼전이 되었다.

순명효황후의 신주를 모시는 '의효전'은 순종이 승하하여 종묘에 부묘되는 시점까지 오래 유지되었다. 명절이나 특별한 날과 왕세자의 가례에 고유제를 올리기도 했고, 육순을 기념하여 작헌례를 올리기도 했다. 의효전은 1921년 경운궁 영성문이 철거되고 선원전 어진과 함께 창덕궁 신선원전 자리로 옮겨갔다. 의효전은 순종이 종묘에 부묘되는 1928년까지 혼전으로 남아있었으나 부묘 후 없어졌다. 그 후 건물 명칭이 '의로전(懿老殿)'이라고 알려졌으나 이는 의효전의 효(孝)자를 노(老)자로 잘못 해석한 데서 나온 것이다.

태원전 부속 전각과 문

태원전의 '태원'은 한서 예약지에 "하늘은 높고 땅은 복을 주며 둘이 씨줄과 날줄이 되어 사계절을 이루고 일월성신이 되어 음양오행이 다시 처음으로 돌아간다." 내용이 있는데 여기에서 태원은 하늘[天]이라고 하였다. 하늘과 같이 높은 왕실의 존귀함과 정통성을 상징하는 곳이 '진전'이다. '빈전'은 사람이 태어나 누구나 원래 있던 하늘로 다시 돌아가는 의식을 치르는 장소이므로 이러한 이름을 정했다고 할 수 있다.

태원전 권역을 대략 살펴보면 태원전을 중심으로 앞쪽에 복도각이 연결되었으며 그 끝에 경안문이 있다. 경안문 남쪽에는 태원전으로 출입하는 건숙문이 있다. 경안문과 건숙문 사이 마당 좌측(동쪽)에 별도 담장을 둘러 그 안에 공묵재를 두었다. 태원전과 동북쪽으로 연결된 영사재가 있으며 서북쪽에 별개의 전각인 숙문당이 자리한다. 태원전을 둘러싸고 있는 동서행각 밖으로 궁중 빨래방에 해당하는 세답방이 각각 있다.

태원전 남쪽으로 출입문에 해당하는 건숙문은 삼문의 구조이고 맞배지붕의 5량 형식이다. 문 양옆으로는 담장이 연결되어 있는데 '건숙'은 '엄숙함을 세운다.'는 뜻이므로 이곳이 엄숙한 공간임을 강

| 숙문당　　　　　　　　　　　　　| 태원전 서쪽 세답방

한권으로읽는경복궁

|영사재

조한 이름이라 하겠다. 건숙문에서 마당을 지나 북쪽으로 가면 태원전으로 들어갈 수 있는 경안문이 나온다. 삼문 구조이고 중앙은 4짝의 당판문으로 장식했는데 '경안'은 '크게 편안하다.'는 의미이다.

《승정원일기》 고종 9년(1872) 3월 26일 편안하다는 의미의 '보안문'이 후에 경안문으로 이름이 바뀐 듯하다.

"4월 7일에 남전(영희전)에서 어진을 태원전으로 어진 이봉 한 후 작헌례를 행할 때 보안문(寶安門)과 건숙문을 내외 신문(神門) 으로 삼고…"

태원전과 남행각. 경안문 동쪽 별도 담장 안에는 공묵재(恭黙齋)가 있다. 공묵은 《서경》 〈열명〉편에서 그 출전을 찾을 수 있다. 은나라 고종은 선왕 소을(小乙)이 죽자 국상을 마치고도 아무 말도

| 태원전 정문 건숙문

말하지 않았다. 군신들은 그런 일에 대해 이는 예(禮)에 넘치는 일
이며 왕의 말씀을 법으로 삼고 정치를 해야 하는데 왕이 말씀을 하
지 않으니 어디서 명령을 받느냐고 탄식하였다. 이에 고종은 직접
글을 지어 신하들에게 내려 주었는데 그 내용은 다음과 같다. "덕이
있는 선대의 사람과 같지 못할까 두려워 말하지 않고 공손하고 침
묵[恭黙]하였는데 상제께서 나에게 어진 짝을 주셨으니 그가 말을
대신할 것이다." 하였다. 고종의 어진 짝 즉 배필은 바로 명재상 부
열(傅說)이었으며 이는 역사상 '군신' 간에 가장 아름다운 만남으로
평가받고 있다. 고종을 닮아 공순하고 과묵하여 참다운 군신의 경
회를 이루고자 하는 뜻에서 공묵재라 이름을 지었다고 볼 수 있다.
궁궐지에는 7칸 반 규모로 표시되어 있다.

　　태원전 동북쪽 영사재(永思齋)는 14칸으로 중앙은 대청 2칸이
고 서쪽은 1칸, 동쪽은 2칸의 온돌방이 있다. '돌아가신 분을 생각하

고 그리워하다.'는 뜻으로 '영모(永慕)'의 뜻과 비슷하다. 돌아가신 선조를 기리는 사당의 이름에는 영사재, 영모재가 많이 쓰인다.

태원전 서북쪽 석축 위에 있는 숙문당(肅聞堂)은 《궁궐지》에 4 칸 반으로 표시되어 있으나 복원한 건물은 3칸이며 내부는 통 칸 마루로 구성되어 있다. '엄숙하게 듣는다.'는 뜻으로 빈전에서 "혼백(魂魄)"의 말씀을 엄숙하게 듣는다는 뜻도 있다.

태원전에서 특이한 점이라면 세답방이 있다는 것인데 한군데가 아닌 3곳이나 된다. 이곳은 제사나 진전의 기능을 가진 곳이 아니며 단순히 빨래와 다림질 등을 담당했던 나인들이 있었던 곳이다. 공묵재 동쪽 세답방과 영사재 동북쪽 세답방, 서쪽 숙문당 서편 3곳인데 이 중 서쪽 세답방은 지금 경복궁 궁장 넘어서까지 복원되어야 마땅하지만, 일제강점기 총독부 관사 등으로 인해 궁장이 변하여 정상적인 복원이 이뤄지지 못했다.

나머지 행각과 문의 뜻

태원전 정문 건숙문 서편 행각 인수문(仁壽門)은 《논어》〈옹야(雍也)〉편에서

"知者樂水 仁者樂山 知者動 仁者靜 知者樂 仁者壽
(지자요수 인자요산 지자동 인자정 지자락 인자수)
지혜로운 사람은 인하며 장수한다"

인수의 예를 볼 수 있다. 일중문(日中門)은 태원전 동쪽 세답방에서 경회루로 가는 방향에 있는 문으로 '해가 하늘 한가운데 있듯이 만물이 빛나고 성함'을 비유하여 지었으며, 영사재로 들어가는 동쪽문 대서문(戴瑞門)은 '상서로움을 머리에 이고 있다.'는 뜻이며

'서(瑞)'를 간직한다는 의미이다.

큰 광명 즉 해를 뜻하는 홍경문(弘景門)은 공묵재로 들어가는 동쪽 문이며 그 앞에 보강문(保康門)이 있다. 기원문(綺元門)은 건숙문 서편 세답방 남쪽 행각에 있는 문이며 건길문(建吉門)은 영사재 남쪽 문이다. 길함을 세우는 것은 복을 세운다는 의미와 통한다. 경사합(敬思閤)은 공묵재 북쪽 행각에 있는 건물이며 공경히 생각한다는 뜻이므로 영사재와 관련성이 있어 보인다. 유정당(維正堂)은 공묵재 북쪽 행각 건물로 '바르게 마음을 가진다.'는 뜻이다. 2005년에 복원된 태원전 영역에서 혼전으로 쓰였던 회안전과 문경전은 복원되지 못했다. 태원전을 기준으로 하면 남서쪽에는 회안전이 그보다 동쪽으로 태원전과 경회루 사이에 있었던 문경전이 있었다.

조선 시대 국가와 왕실에 대한 오례의 의식과 절차를 규정하고 있는《국조오례의》에는 '흉례'에 해당하는 '상례(喪禮)'를 단순한 장례 절차로만 규정한 것이 아니었다. 선왕의 승하로 발생한 국정 공백의 기간과 위기를 극복하고 새 시대로 나가기 위한 자연스러운 의식을 치르는 데는 여러 장소가 필요했으며 그중 가장 중요한 곳이 장례식장 즉 빈전이었다. 국상을 통해 왕이 평소에 정치하던 편전이 빈전과 혼전이 될 경우 다시 원래의 공간적인 기능을 하기는 힘들었다. 이러한 예를 거울삼아 궁궐에서 전용 장례식장에 해당하는 별도의 태원전을 중건하여 활용했던 조선의 지혜를 바로 이곳에서 엿볼 수 있다.

한권으로읽는경복궁

17

광화문 앞에 있는
돌짐승은 해치

경복궁에는 광화문부터 북쪽 집옥재까지 돌로 만든 서수(상서로운 동물)가 곳곳에 있다. 서수들은 동물의 모습이지만 대부분 문헌과 전설 속에 나오는 상상 속의 동물들이라 실제 모습과는 다른 경우가 있다.

경복궁 중건과 함께 전각이나 문, 월대, 다리 주변에 많은 서수를 배치했다. 광화문 삼문 천정에는 그림으로 신수를 표현했고 건춘문과 영추문, 신무문에도 각 방위를 상징하는 신수가 그려져 있다. 돌로 만든 석수는 전설 속의 신수(神獸)이며, 이는 별자리로 왕이 사는 궁전을 나타내기도 하고 왕을 상징하기도 하며 벽사(사악한 것을 막음) 등의 의미를 지니기도 한다.

경복궁 서수상은 일반적으로 102점이라고 알려져 있는데 세부적으로 보면 광화문 7점, 영제교 8점, 근정문 3점, 근정전 56점, 경회루 20점, 자경전 1점, 집옥재 7점이다. 그렇지만 서수의 범위가 어

| 광화문 야경(©류태석)

디까지이며 이를 근거로 조사한 객관적인 자료는 아니기 때문에 기준에 따라 다소 달라질 수 있어 실제 더 많은 서수가 있다고 봐야 한다. 전각이나 문루의 지붕과 추녀마루를 장식하고 있는 잡상의 경우 서수에 포함하지 않고, 장식 기와로 분류하고 있는데 경회루 추녀마루에는 경복궁에서 가장 많은 11개의 잡상이 있다.

광화문 서수와 해치의 의미

광화문에는 총 7점의 서수가 있는데 문 양쪽에 대형 해치 2점, 광화문 남쪽 여장 동서 모서리에 있는 법수(해치) 2점, 남쪽 삼문 위 이맛돌에 새겨진 용 조각 3점 등이다. 그런데 실제 광화문 남쪽 물을 빼기 위한 홈을 장식하고 있는 용 모양도 서수로 볼 수 있어 실제는 6점을 더 추가해야 한다.

한권으로 읽는 경복궁

구분	해치	법수	용	괴수
위치	문앞 동서편	문루 양끝	삼문 이맛돌	전면 물 홈
숫자	2	2	3	6
의미	시비곡직	신수	신수	물 홈통

1904년 세키노 타다시의 《한국건축 조사 보고》에는 다음과 같은 내용이 있다.

"물을 빼기 위하여 전후 각 6곳에 괴수(怪獸) 모양을 새겨 이를 벽면으로부터 돌출시킨 것이 흡사 서양의 고딕양식 가고일(gargoyle: 물을 멀리 내보내기 위해 상당 부분 밖으로 돌출된 양식)을 보는 것 같다."

물빼기를 위한 장식은 용 모양이므로 당연히 서수에 포함해야 하지만 광화문 삼문 천정에 그려진 신수는 그림이므로 포함하지 않는 게 맞을 것이다. 광화문 중앙 어문 천정에는 쌍봉(봉황)이, 동문에는 천마(또는 기린), 서문에는 현무가 각각 그려져 있다. 또 광화문의 석조물 중 서울의 상징이기도 한 '해치(獬豸)'는 경복궁을 중건한 1868년 이세욱(훈련도감 기패관(旗牌官: 종9품 군관))이 제작하였다고 알려져 있다.

《별건곤》 제23호, 1929년 9월 27일 자에는 다음과 같은 내용이 있다.

"광화문 앞으로 월대가 설치되었으며 그 끝에 앞 동서 양쪽에 마주 보며 해치를 있었다."

① 큰 해치(2마리)
② 지붕 육축사이 동서 작은 해치(각각 1마리)
③ 각각 다른 이맛돌 용모양(3마리)
④ 물빼기 위한 가고일 형식 괴수(6마리)

| 광화문 서수 위치도

이 자리는 지금 정부종합청사 앞(현 해치에서 100미터 남쪽)쪽
이다.

시비곡직을 가리는 정의로운 동물 해치

해치는 어떤 동물일까? 이에 대해 정확한 내용은 여러 문헌에
나오는데 그 모습과 특징을 살펴보면 고대 신화 속의 신수(神獸)로
체형이 큰 것은 소와 같고 작은 것은 양과 같다고 했다. 기린(麒麟)
을 닮았고 전신에 짙고 검푸른 털과 양 눈은 빛나며 신과 같은 지혜
가 있으며 이마에 통상 긴 외뿔이 하나 있다. 사람의 말을 잘 알아
들어 사람의 성정을 잘 이해하기도 하고 악과 불의를 보면 성이 나
서 눈을 동그랗게 뜬다고 한다. 사악한 관원을 발견하면 즉시 뿔로

한권으로 읽는 경복궁

들이받아 쓰러뜨린 후에 먹어 삼키고 능히 시비곡직을 판별하였다. '신령스런 양'이며 이 신수는 '용맹과 공정'을 대표하여 사법의 '공명정대와 광명천하'를 상징하는 동물이 되었다. 광화문 해치는 외뿔이 없어 해치가 아니라고 주장하는 학자들도 있으나 《승정원일기》 고종 7년(1870) 2월 12일 자에 "해치(獬豸) 이내에서는 백관이 말을 타지 못하도록 함께 엄히 신칙하라."는 내용이 있어 광화문 하마비 근처에 있던 석수를 해치로 명명하였음을 알 수 있다. 광화문 해치는 '관악산의 화기를 누르기 위한 목적'이라는 주장을 편 경우도 있지만 이를 뒷받침할만한 기록이나 입증할 만한 정확한 근거 자료는 나와 있지 않다.

광화문 해치의 수난

일제강점기인 1923년 10월 04일 동아일보에는 '생후 처음으로 자리를 옮긴 해태-경복궁 옛 대궐 굳게굳게 지켜오던 한 쌍 해태도 이제는 이리저리 옮겨 천대받는 가엾은 몸'이라는 제목으로

성이 헐린 터에 길이 되고, 임금이 있던 대궐터에 총독부가 들어서는데, 너만이 편안히 살 수 있겠느냐, 그러나 춘풍추우 지키던 그 자리를 떠날 때 네가 마음이 있다면 방울 같은 눈매에도 응당 눈물이 흘렀으리라.

| 광화문 해치

| 1923년 동아일보 해치 기사(국사편찬위원회 소장) | 1925년 동아일보 해치 기사(국사편찬위원회 소장)

　라는 기사가 실렸었고 이후 해치상은 어디론가 사라졌다. 당시는 조선총독부 공사를 한창 진행할 무렵이었다.

　그 후 1925년 9월 15일 자 '독자와 기자'란에 '경복궁 안에 있는 해태-시비곡직은 몰라요? 궁문 안에 은둔생활'이라는 제목의 기사가 나왔다. 경산읍에 사는 안태인이라는 독자가 '한동안 말썽이 있던 광화문 앞 해태가 지금 어디에 있는지 알고 싶다.'는 질문이었다. 처음에는 해치상이 어디로 옮겨 갔는지 알지 못했다. 얼마 후 총독부 청사 서편 담장 밑에 방치되어 있다는 것을 알게 된 기자는 그곳을 찾았다. 해치상은 조금의 배려도 받지 못하고 거적을 쓴 채 버려져 있었다. 이 모습을 본 기자는 울분을 참지 못하고 또 이런 기사를 썼다.

　'총독부 서편 앞 궁장 밑에서 무슨 하늘도 못 볼 죄라도 지은 것처럼 거적

　　　　　　　　　　　　　　　　　한 권으로 읽는 경복궁

자리를 둘러쓰고, 고개를 돌이켜 우는 듯, 악쓰는 듯, 반기는 듯, 원망하는 듯한 해치를 발견하고 가슴이 뜨끔하였습니다. 옛 주인 경복궁이 뒤로 밀려 나가고 낯선 사람들이 지어 놓은 총독부 새집 앞에서 모든 하대 갖은 구박을 다 받는 해치의 신상을 염려하는 조선 사람들이 많은 것을 그가 안다면 피나는 설움이라도 참을 듯 하니이다.'

해태의 모습이 다시 보인 것은 1929년 11월 23일 '집어넣다가 끌어냈다가 해치 생애도 신산(辛酸)-총독부 청사 앞으로 나와 감금 생활오개성상. 총독부 청사와 해태'라는 기사였다. 총독부 신청사가 완공되어 근정전 처마 밑에 5년 동안 구박받다가 다시 끌어내어 신청사 앞 층계에 금년 내에 설치한다는 내용이었다. 이 기사 말미에는 해태에 대해 관악산 화기를 잠재우기 위해 설치했다는 근거보다는 선악 시비를 가리는 영물로 궁궐 앞에 세워 '문무백관' 마음을 바르게 하고 큰 건물의 위상을 돋우기 위해 세운 것이라고 하였다.

해방 이후에는 1968년 광화문이 콘크리트로 복원되면서 해치는 문 양쪽 벽 가까운 곳으로 옮겼다가 2010년 그보다 5미터 정도 남쪽으로 이전하였다. 서울시는 2022년 8월 광화문 광장을 재정비하여 개장하였다. 광화문 앞으로는 50여 미터 정도의 월대가 설치되고 그 끝 동서에 해치를 이전할 예정이다.

|1929년 동아일보 해치 기사(국사편찬위원회 소장)

18

어로(御路)에
있었던 유화문

왕의 출궁문로 유화문

광화문과 흥례문을 지나고 영제교를 건너면 근정문(勤政門)이
있다. 흥례문과 근정문 사이에 중앙 어로는 영제교를 지나 근정문
까지 이른다. 영제교와 근정문 사이 동서에는 출입할 수 있는 문이
있는데 동쪽은 덕양문이고 서쪽은 유화문이다. 광화문 동서 협문인
협생문이나 용성문처럼 항상 개방되어 있지는 않지만, 꽤 큰 규모
의 문이다. 동쪽 덕양문은 복원하지 않고 그 위치에 편액만 달아 놓
았다. 서쪽은 복원 후 유화문(維和門)이라는 편액도 달았다. 특이한
점은 중앙에 있는 어로가 유화문 쪽으로도 나 있다는 점이다. 이 문
을 지나 그 밖으로 나가면 빈청과 내반원 정원 및 수정전 등이 있던
궐내각사 권역이다. 중앙 어로가 유화문 방향으로도 나 있는 것에
대해 여러 가지 추측이 난무하고 있다. 실제 이 문은 왕이 편전과
연거지소에서 출발하여 출궁과 환궁을 하는 데 이용하기도 하고 근

한권으로읽는경복궁

| 영제교에서 본 유화문과 어로

정전에서 조하 등 행사에 참석할 때도 사용했던 문이다.

《승정원일기》고종 4년(1867) 11월 16일(을축) 진시 기사에는

상이 여에서 내려 연을 타고 숙장문·진선문·돈화문을 나가고, 대왕
대비전·왕대비전·대비전·중궁전이 차례로 출궁(出宮)하였다. 파
자전(把子廛) 돌다리·종각 모퉁이·육조 앞길을 거쳐 광화문·흥례
문·유화문을 들어가 숭양문(崇陽門) 밖에 이르렀을 때에 통례가 꿇어
앉아 연에서 내려 여를 타기를 계청하니, 상이 연에서 내려 여를 타고 영
화문·수정문을 거쳐 수정전에 들어가고, 대왕대비전·왕대비전, 대비
전, 중궁전은 안으로 들어갔다. (중략) 상이 원유관(遠遊冠)·강사포(絳
紗袍)로 바꾸어 입고 여를 타고 향오문·사정문을 나가서 여에서 내려
근정전의 후문을 거쳐서 걸어가 자리에 올랐다. (후략)

경복궁에서 진하를 하는 데, 당시 창덕궁에 있던 고종이 그곳에서 나와 종각과 육조 앞길을 거쳐 광화문-흥례문-유화문-숭양문-수정문 순서로 이동하였고, 연거지소에서 의례복을 입고 향오문-사정문을 거쳐 근정전 어좌에 올랐다는 내용이다. 창덕궁에서 경복궁으로 어가(御駕)가 들어올 때 유화문을 거쳐 당시 편전으로 이용했던 수정전에 들어갔음을 알 수 있다.

《고종실록》 고종 6년(1869) 1월 2일 사시의 기사를 보면 근정전 막차에서 익종 대왕에게 존호를 추상하고 종묘에서 춘향대제를 하기 위해 거둥하였을 때의 내용이 있다.

"(전략) 상이 원유관에 강사포를 갖추고 여를 타고 영화문을 나가니, 약방제조와 부제조 정기회가 앞으로 나와 문후하였다. 숭양문(崇陽門)과 유화문(維和門)을 거쳐 근정문에 들어가 근정전에 나아갔다. (중략) 상이 막차에서 나와 여를 타고 근정문을 나왔다. 통례가 무릎을 꿇고 여에

| 영제교에서 본 유화문

서 내려 연을 탈 것을 계청하니, 상이 여에서 내려 연을 탔다. (후략)"

익종의 존호를 추상할 때 고종은 궐내각사 남쪽에 있는 숭양문과 유화문을 거쳐 근정문으로 들어가 근정전에 이르렀다는 기사 내용이다. 이날 근정전에서는 고종이 숭양문-유화문-근정문-근정전 동선을 이용한 것으로 보인다.

유화문은 그 앞으로 어로가 나 있고 편액도 어로가 있는 방향에 달려 있다. 위 두 자료에서 확인했듯이 왕이 경복궁을 출입하는 출궁문로(出宮門路) 상에 유화문이 있었다고 하겠다.

예와 조화의 유화문

유화문은 《논어》 학이편에서 공자의 제자 유약(有若)이 한 말에서 그 어원을 찾을 수 있다.

유자가 말하기를 예의 활용은 조화를 귀하게 여겼는지라 선왕의 도가 이처럼 아름다워 크고 작은 일들이 이로 말미암았다. 행하지 않아야 하는 것이 있는데 조화로움만을 알아서 조화만 추구하고, 예로서 그를 알맞게 하지 않는다면 역시 행하여질 수 없는 것이다.
[有子曰 禮之用和爲貴 先王之道斯爲美 小大由之 有所不行 知和而和 不以禮節之 亦不可行也]

라고 하였다. 유약[有子]은 예를 활용하는데 화[調和]를 귀중하게 여겼는데 이는 우.탕.문무주공(禹湯文武周公) 하은주 삼대(三代)의 왕들도 그러하였다. 그들(선왕)이 행한 도는 예를 잘 활용하여 지극한 아름다움이 있었으며 세상의 작고 큰일들이 모두 예에서 말미암았다고 하였다. 행해져서는 안 되는 일이 있는데 이는 조화로

움만 추구하는 것이다. 예와 화를 적절히 활용하여 조화를 이뤄야만 행해질 수 있는 것이다.

유화는 유(維)는 발어사로서 뜻이 없으며 화(和)는 조화를 뜻하지만, 조화의 뜻은 그리 간단하지만 않다. 왕과 신하의 만남에서도 화가 중요하지만, 이는 예를 바탕으로 한 화가 이뤄져야 함을 강조하고 있다. 예는 인간이 태어나면서부터 하늘로부터 받은 떳떳한 도리이지만 이를 활용함에 있어서는 최대한 자연의 질서에 가깝고 부드러운 음악(樂)을 이용했다. 음악은 조화로움을 가장 중요하게 여기기 때문에 조화(和)를 구체적으로 이루는 수단이 된다. 일반적으로 궁중 행사나 제례 등에는 예외 없이 음악을 사용했으며 근정전 조하나 종묘 제례 등에서 궁중 아악은 필수불가결한 요소였다. 예와 악의 구체적인 실천 방법은 화이며 왕이 유화문과 어로를 통해 출입하면서 화(和)와 예(禮)가 올바르게 작동하여 군신 간의 조화를 이루고자 했다.

중화와 유화문

중용에서는

희로애락이 발하지 않은 것을 중(中)이라고 하고, 발하여 모두 중으로 절제한 것을 화(和)라고 한다. 중은 천하의 큰 근본이고 화는 천하에서 마땅히 지켜야 할 도리이다. 중화를 이루면 천지가 제자리를 잡고 만물이 길러진다.
[喜怒哀樂之未發 謂之中 發而皆中節 謂之和 中也者 天下之大本也 和也者 天下之達道也 致中和 天地位焉 萬物育焉]

라고 하여 천하의 일은 중심을 잡는 중(中)과 화가 조화를 이뤄

가야 하는 것임을 이야기하였다. '화'는 단지 조화만 이루려고 하는 것이 아닌 중의 마음으로 절제해서 중화(中和)를 이뤄야 한다는 의미이다. 앞서 논어 학이장에서는 예로서 절제해야 진정한 화를 이룰 수 있다고 하였다면 중용에서는 한쪽으로 치우치지 않는 마음의 감정이 없어야 진정한 의미를 '화'에 도달하였다. 화는 천하에서 누구나 지켜야 할 마땅한 도리이고 이를 통해 왕의 정사는 물론 천하의 모든 일들이 제자리를 잡아가며 만백성을 이롭게 하는 아름다운 정치가 실현되는 것이다. 그러므로 이 또한 유화문의 의미와 통하는 말이라 하겠다.

| 논어 학이장 예지용 화위귀

19

조선 시대에도
신문이 있었다

영제교를 지나서 어로(御路)를 따라가다보면 정면으로 근정문이 나타난다. 근정문은 조하와 각종 의례를 준비하는 곳이자 선왕이 붕어한 후 6일째 근정문 앞에서 조촐한 즉위식이 열리기도 했다. 근정문으로 향하는 어로 중간쯤에 또 하나의 어로가 서쪽으로 향한다. 어로가 향하는 문은 유화문(維和門)이다. 다음에 언급하겠지만 이곳은 왕의 출궁문로이며 그로 인해 어로가 만들어졌다. 유화문 옆 북쪽에 두 칸짜리 조그만 전각이 하나 있는데 기별청(奇別廳)이라는 편액이 붙어 있다. 기별청은 승정원 소속 관청으로 매일 '조보(朝報)'를 발행한 곳이다.

기별청은 궁궐이 아닌 다른 장소에 있는 사람들에게 궁궐의 소식을 전하는 기별(奇別)을 뜻하는 이름이지만 그 기원은 확실하지 않다. 이곳에서는 조정의 소식을 이른 아침에 발행하였으며 이를 '아침에 알린다'라고 해서 조보라고 불렀다.

한권으로 읽는 경복궁

| 유화문과 기별청

　　기별청에서 발행한 '조보'는 시대별로 다양한 이름으로 불렸는
데 조정의 소식을 전하는 '조지(朝紙)', '기별지(寄別紙)', 왕이 사
는 궁궐의 소식을 전한다고 해서 '저보(邸報)', '저지(邸紙)', '저상
(邸狀)'이라고도 했다. 또 반짝반짝 빛나는 소식이라 해서 '난보(爛
報)', 근세에는 관청의 소식인 '관보(官報)' 등 다양한 이름으로 불
렸으나 그 기능은 같았다.

　　기별청에서 만들었던 기별지는 매일 아침 발행과 함께 도성 내
사대부는 물론 지방 관청 등에 배달되었다. 그러므로 일종의 관보
성격을 지녔다. 전날 조정에서 일어났던 일 뿐 아니라 시중 동정까
지도 필사로 기록했던 '조보'는 조정에 출근하지 않았던 사대부나
현직에서 물러나 잠시 쉬고 있던 선비들과 지방관들에게는 큰 관심
사였고 이를 신문처럼 매일 구독하였다.

승정원에서 중종 때부터 발행한 관보 기별지

'기별지'는 '관보'처럼 일련번호가 있었지만 언제 처음 발행되었는지는 확실하지 않다. '기별'이라는 용어는 태종과 세종 때에도 사용되기는 했지만, 이는 '기별지'의 형태 전 단계인 '분발(分撥)'이었으며 각 관청에 '사헌부의 탄핵 사실'을 알렸다는 내용이 태종 13년(1413)에 나올 뿐이다. 중종 10년(1515) 신하들이 나라 일에 비밀이 잘 지켜지지 않는 이유에 대해 이는 승정원이 비밀을 잘 단속하지 못한 채 오히려 외부에서 먼저 알아버려 일을 그르치는 폐단이 있다고 건의하였다. 이에 중종은 '조보로 하는 일은 예로부터 있었던 일이었다.'라고 비답하여 '조보'를 옹호하였으며 비밀로 해야 할 일은 승정원이 스스로 비밀을 지키도록 하였다. 이처럼 중종 이후 '조보'에 대한 기록이 지속되고 있어 '조보'에 대한 골격은 이때 이루어져 조선 후기 1895년 관보로 바뀌어 폐지될 때까지 이어졌다.

조보에 싣는 내용은 승정원을 거친 사건 문서뿐만 아니라 국내외의 여러 사실을 기록하였다. 국왕의 조칙이나 신하의 물음에 대한 비답, 윤음(綸音), 관료의 임면, 지방관의 장계 등 다양한 내용을 담았다. 조정에서 일어난 정사(政事)와 상소 외에도 천재지변 날씨 등의 뉴스거리를 모아 필요한 부분을 필사하는 방법으로 발행하여 배포하였다.

각 관청에 기별서리를 파견하다

'조보'는 승정원에서 발행하는 조정의 공식 문서로 취급되어 개인이 사사롭게 발행하여 배포하는 경우에는 처벌받았고 위조나 매매 등을 엄격히 금했다. 승정원은 '기별지' 발행을 위해서 요즈음 각 부처에 파견되어 취재 활동을 벌이는 기자들처럼 각 관아에 '기별서리(奇別書吏)'를 보내 발생했던 사건이나 문서의 원본을 필사하

|기별청　　　　　　　　　　　　|조보 1884년 4월 7일(국사편찬위원회 소장)

여 기별청으로 가져오게 하였다. 각 관아에서 모인 내용은 승정원을 통해 조정에서 일어났던 각종 일들과 함께 모아 편집 과정을 거쳐 필요한 내용만을 발췌하여 '조보'로 만들었다.

이렇게 만들어진 조보는 택배나 우편배달부와 같은 기별군사들이 한양 사대부나 각 지방 관청, 벼슬에서 물러나 낙향한 선비를 대신하여 서울 거주 대리인(경주인(京主人)이라고 함)에게 전달하였다. 모든 조보는 필사본이었으며 조보를 전달받은 경주인은 이 조보와 시중의 여론 등과 같은 내용도 함께 취합하여 '시속소문(時俗所聞)'을 만들어 낙향한 선비에게 보내기도 하였다. 이는 조정 동향과 시중 여론을 함께 접목하여 자신의 정치 감각을 유지하는데 유용한 수단이 될 수 있었다.

조정에 나오지 않은 사대부나 지방에서 도성 소식을 모르는 선비들은 '기별지' 도착이 늦어지면 '(기별청에서) 왜 소식이 없지?'라고 하다가 나중에는 기별청이 빠지고 그냥 '왜 기별이 없지?'로 바뀌었다. 이처럼 기별은 소식이라는 말과 혼용되면서 나중에는 같은 의미가 되어 버렸다.

또한 기별지는 불리던 이름도 다양했지만, 글은 순 한문체로 인쇄가 아닌 필사본으로 만들어졌다. 그 때문에 필사하는 사람마다 각각 다양한 글씨체가 동원되었다. 기별지를 만드는 다양한 서체가 생기면서 '기별체'라는 말이 나오기도 했다.

왕조실록에서 보이는 '조보'

선조 10년(1577) 11월 선조는 조보를 인출한 사람을 엄히 다스릴 것을 명했는데 이는 일반인이 조보를 인쇄하여 발행한 일에 대해 왕이 매우 놀랐으며 끝까지 죄를 묻도록 하였다. 이에 신하들은 기별지를 인쇄한 사람들은 단지 중국 조정에서 하는 조보를 모방하여 먹고 살기 위해 벌인 생계형이었다고 옹호하며 30명이라는 많은 인원이 연루되었으니 용서해 줄 것을 간청하였다. 그러나 선조는 조보 인쇄를 간사한 자들이 벌인 사악한 일로 규정하여 형벌을 주기로 했고, 다른 의견을 낸 신하들을 면박을 주며 완강하게 처벌 의사를 밝히면서 그 후 민간 조보 발행은 중단되었다.

인조 때 '조보'에는 주로 관직 제수와 상소 내용이 많이 포함되었다. 인조 1년(1623) 4월 21일 '조보'에는 '장유 등에게 이조좌랑 등을 제수하였다.'는 내용이 연흥부원군(김제남) 집안 일기에 등사된 조보에서 나오기도 했다. 인조 5년(1627) 11월 11일에는 '밤 1

| 왕의 주요 조보 내용

왕	내용	조치	연도
선조	일반인의 인쇄 조보 발행	형벌 내림, 엄금 민간 조보발행 중단	선조 10년 (1577)
인조	관직 제수 상소 내용	날씨 정보 실음	인조 1년 (1623)외
영조	임금 비답에 오자 발생	오자, 오보 금지	영조 1년 (1725)
고종	화서 이항로 공조판서 임명	조보 통해 제수 사실 인지-사직상소 불허	고종 3년 (1865)

한 권으로 읽는 경복궁

경에서 4경까지 달무리가 있었다.[夜自一更至四更 月暈]'는 날씨에 대한 일반적인 기사도 조보에 실었다.

영조 1년(1725) 7월 29일 '근래 조보를 보니 임금이 내린 비답 가운데 오자가 많았다. 왕의 말을 사방에 선포함에 있어 이렇게 해서는 안 되니, 본원에서 양사에 분부할 때 각별히 더 신칙하라.'는 내용이 있어 조보를 발행하는데 신중을 기하고 임금의 말씀에 대해 오보를 내지 말라고 당부하였다.

고종 3년(1865) 9월 화서 이항로가 공조참판으로 임명되었으나 신병으로 다른 관리를 임명할 것을 상소하였다. 화서는 자신이 공조참판으로 임명된 사실을 궁궐로부터 먼저 받은 것이 아니라 조보를 통해 알았으며 곧 신병 상소로 이어졌다. 그러나 고종은 신병 치료 후 참판직을 수행하라는 비답을 내리고 상소를 받아들이지 않았다. 관료를 임명하기 전 일방적으로 인사를 단행하고 임명 당사자조차 '조보'를 통해 자신의 임명 사실을 알게 된 우스운 일화도 있었다.

조보도 조정의 모든 소식을 낱낱이 실지는 못했다. 고종 6년 (1869) 5월 8일 '북원에서 망배례를 행할 때 반열에 참석하는 유신과 무신의 출입 통로는 추성문으로 할 것을 정식으로 삼되, 조보에는 내지 말라.'고 고종이 말하기도 했다. 조보에 내용은 왕이 판단했을 때 적절한 내용만 싣고 불필요하다고 판단되면 싣지 말라는 비답을 내기도 한 사실이 종종 나오기도 했다. 왕이 직접 그 게재 여부도 결정했던 것이다. 대한제국이 선포되면서 조정의 동정과 소식을 모아 만든 '조보'는 폐지되고 대한제국과 해방 이후 관보로 계속 이어졌다.

20

근정전 박석의
뜻과 미학

근정전 조정 마당에는 얇은 돌이 가득 차 있다. 이것을 박석이라
고 한다. 납작하고 넓은 돌은 표면이 매끄럽지 않고 자연스러운 형
태를 띠고 있다. 박석을 한자로 풀어보면 박(薄)은 '엷다, 얇다'는
뜻이므로 박석은 '얇은 돌'이지만 발음이 같으면 함께 쓰기도 하므
로 실제로는 '박(磚, 널리 덮일 박)'으로 써야 훨씬 정확하다. 근정
전 박석은 월대와 어도에 사용한 박석은 직사각형에 가깝고 돌도
조밀하다. 그러나 많은 돌이 필요했던 조정의 박석은 다양한 모양
이다. 재질은 흑운모 화강암이 주류를 이루지만 후대에 보완된 돌
은 담홍색 화강암이다.

박석의 자연스러운 아름다움

근정전 월대와 조정의 박석은 재질의 우수성은 물론 건축적으로
나 미학적으로도 뛰어난 우리 건축 기법이다. 돌이 단순히 얇고 넓

적하게 만들거나 대리석처럼 매끈하게 표면을 가공하지 않았고 울퉁불퉁하다. 박석의 표면이 울퉁불퉁한 것은 조선 관료들은 바닥이 매끄러운 가죽신을 신어 미끄럼을 방지하기도 했다. 또한 햇빛이 박석에 비치면 반사되어 눈으로 들어오는 것이 아니라 '난반사'가 되어 아무리 햇빛이 쨍쨍 비치는 날에도 눈부심을 방지해 준다. 단시간에 비가 내려도 배수에 문제점을 근정전 조정에서 찾아볼 수가 없다. 마사토를 깔고 그 위에 박석을 올려 배수를 돕고 마사토층을 더 견고하게 만들었다. 박석 사이 마사토가 있는 부분을 충분히 띄워 일부는 스며들고 그 고랑으로 물이 흘러 근정전 남쪽 좌우 집수구를 통해 배출된다. 이는 조정 북쪽에서 남쪽으로 자연스런 기울기가 형성되어 박석 사이로 빗물이 흘러나가도록 한 것이다.

궁궐 박석 중에서 근정전과 종묘 월대의 박석이 특히 아름다운 이유는 옛날의 모습을 가장 많이 간직하고 있기 때문이다. 창덕궁 인정전은 일제강점기 원래 있던 박석을 모두 걷어내고 잔디와 나무를 심었다. 박석과 마사토를 기본으로 한 조정 꾸밈을 서양식으로 바꾸었다. 이를 1970년 다시 박석을 깔아 지금처럼 복원하였으나 박석 표면을 인위적으로 파놓아서 마치 물이 고이는 조그만 웅덩이처럼 만들어 버렸다. 복원하면서 원래 박석이 지니고 있던 멋스러움과 자연스러움도 없어지고 재료도 석모도의 박석(礴石)을 사용하지 않았다.

박석은 궁궐과 종묘 정전뿐 아니라 왕릉의 어로(御路)와 신로(神路)에도 적용하였는데 궁궐에서는 삼도이고 종묘는 가운데 신로(神路)와 좌측 어로(御路), 우측 세자로(世子路)이다. 왕릉은 홍살문 뒤 정자각으로 이어지는 향로(香路)와 어로(御路)에 박석이 깔려 있다.

박석의 제작과 관련된 지명

박석은 1자(30.3cm) 정도로 채석하여 석공이 떠낸 곳에서 다듬어 무게를 줄여 일정한 형태의 크기로 다듬는 초련과 재련을 거쳤다. 이 박석은 한강 수운을 통해 이동시켜 용산강(龍山江: 용산)에서 대부분 하역 하였는데 이곳은 전국의 조공 물품들이 모이는 곳이기도 했다. 우선 용산강 근처에 있던 토목을 맡아보는 강감(江監)에 보관 후 물량을 파악하여 공사장으로 이동시켰다. 석재는 그 무게가 상당하였으므로 이동을 위해서는 소와 말, 수레. 인력 등이 필요하였다. 겨울에는 얼음 위에서 썰매를 이용하기도 했다. 그러나 무거운 석재를 일반 마차에 실기는 힘들어 낮은 수레를 이용했다. 육로 수송에서 가장 중요한 부분은 도로 문제였다. 도로가 팬 경우 있는 그 부분을 보수한 후 운송이 시작되었다. 궁궐의 출입문과 요철이 있는 길은 문턱 부분에 흙이나 모래를 부어 길을 평탄하게 한 뒤 이동하였다. 이동된 석재들을 해당 장소에 배치하고 그러한 과정에서 부분적으로 다듬어 공사를 완성하였다.

창경궁의 정문인 홍화문 북쪽 월근문에서 명륜동 방향으로 가는 곳에는 박석고개가 있었다. 이곳은 서울대병원 자리에 있던 경모궁과 창경궁 사이에 있었는데 주변보다 지대가 낮아 지대를 보완하고자 박석(薄石)을 깔았다고 한다. 박석고개 또는 박석현(薄石峴)이라고 하였다.

은평구 불광동에서 구파발로 넘어가는 고개도 박석고개라고 불렸다. 박석고개가 된 이유는 근처에 궁실의 논과 밭이 있어 그곳으로 나가는 사람들이 흙을 밟지 않도록 돌을 깔았다고 한다. 또 하나의 설은 근처에 있는 서오릉이 이 고개가 이어지는 능선 위에 위치하여 풍수적으로 중요한 곳이어서 지맥을 보호하기 위해 박석을 깔

|근정전과 박석

있다고도 한다. 서초구 내곡동 헌릉로에도 박석고개가 있는데 이는
헌릉을 참배하는 왕의 행차에 대비해서 돌을 깐 데서 연유한다.

그 외에서 서울에는 박석고개나 박석현이라는 지명을 쓰는 곳이
많다. 말죽거리 은광여고 언덕과 상왕십리동에도 잔돌이 많이 박혀
있어서 박석고개라고 불렀다. 마포구 신수동 동사무소 삼거리 부근
에도 잔돌이 많이 깔려 있었는데 땅이 질어서 깔았는데 당시 해주
에서 들여온 돌로 구들장을 만들었는데 거기에서 나온 잔돌 조각을
깔았다.

서울 이외에 충북 속리산 법주사로 가는 길에 구불구불한 말티
고개가 있다. 지금은 터널이 뚫려 이 고개를 이용하지 않지만 고려
시대 태조 왕건이 이곳을 통해 법주사로 왔는데 길이 좋지 않았기
때문에 그곳에 얇은 박석을 3~4리 정도 깔았다고 한다. 조선 세조
도 말티재 박석길을 넘어 속리산으로 갔다. 이처럼 지역마다 박석

| 1930년대 인정전(국가기록원 소장, 유리원판)

고개가 된 사연은 다르지만 '박석(薄石)'은 얇은 돌이나 잔돌이라는
뜻으로 쓰였으며 왕이나 일반 백성들이 왕래하는데 편리함을 주고
자 깔았던 것이 지명으로 굳어진 듯하다.

궁궐에서는 경복궁 조정과 창덕궁 인정전, 창경궁 명정전, 덕수
궁 중화전, 종묘에 박석이 깔려있다. 여러 고개 지명에서 보이는 '박
석'의 기능은 대부분 풍수비보로 맥을 보호하고 땅이 질지 않도록
하기 위해서 깔았다고 볼 수 있다. 그렇다면 궁궐 정전 등의 박석도
똑같은 기능을 하였는지 알아보고자 한다.

박석에 대한 다양한 기록

《세종실록》에는 안숭선과 김종서가 박석이 매도(煤島)에 많이
있으니 한가한 때 배로 실어 근정전 마당을 포장하라고 건의한다.
세종은 선공감(繕工監)에게 지시하여 한가한 때에 시행하라고 하

한권으로읽는경복궁

였다. 여기에 나오는 매도는《신증동국여지승람》등에 강화부 서쪽 물길 2리에 있으며 옛날의 구음도이고 섬에 광박석(廣博石)이 있어 이를 캐서 국용(國用)에 쓰게 하였다고 기록하고 있다. 매도는 송가도, 구음도로 불리기도 했고 지금의 석모도이다. 매도는 우리나라 말로 풀어쓰자면 글음섬(매는 검은 그을음을 뜻함)인데 구음도는 이를 음차해서 부르는 이름이다. 실제 40~50년 전까지만 해도 이곳에서는 돌을 캐는 석수가 100여 명 정도 있었다고 한다.

문종 때 좌의정 황보인이 근정전 월대의 박석을 치우고, 새로 구운 당전(唐甎)을 깔아서 시험해 보자고 건의했는데 왕은 사정전 뜰부터 하자고 하였다. 이는 당시 근정전 월대에 이미 박석이 깔려 있었던 것으로 보인다.

선조 때 경회루 바닥에 박석을 깔고 있었는데 '이는 태조 때부터 깔지 않았고 임금은 검소를 실천해야 하는데 지금 만들어 깔고 있으니 중지할 것을 요구'하였지만, 왕은 허락하지 않았다.

| 박석의 재질과 활용

구분	내용	비고
세종	매도(煤島) 박석으로 근정전 포장 건의(김종서)	송가도, 구음도(글음섬)으로 불림
광해군	문정전과 명정전 마당에 근정적 박석으로 우선 깔고 차후 보충	황해도 해주산 박석으로 근정전 조정에 조달
박석의 재질	흑운모 화강암 후대 담홍색 화강암	운반은 박석 산지에서 한강 용산강으로 이동 궁궐까지는 마차로 운반
박석의 역할	미학적인 아름다움 미끄럼 방지와 난반사 유도	배수를 용이하게 함

광해군은 창경궁 문정전과 명정전 마당에 박석을 깔기 위해 박석 산지인 경기도와 황해도에 배정하여 조달하고자 하였으나 공사 기한이 문제였다. 우선 경복궁 근정전에 깔려 있던 박석을 먼저 가져다가 깔고 경기와 황해에서 다시 박석을 조달하면 근정전에 충당하라고 전교하였다.

　박석은 궁궐뿐 아니라 왕릉을 조성하는 데도 사용되었다. 세종은 산릉을 조성할 때 박석(薄石) 스물넷을 12방향의 지면석 바깥과 초면 지대석 안에 놓아 만들었다. 측우기를 설치하는데도 마전교 수중에 박석을 놓고 그 위에 기둥을 세워 기기를 설치하도록 하였다.《문종실록》문종 1년(1451) 10월 16일 이현로가 다시 통행을 허락한 천천현에 박석을 깔아 지맥을 보호할 것을 청한 기사가 있다. 세종 때 헌릉(獻陵)의 지맥을 보호하기 위해 천천현(穿川峴)의 통행을 금지했는데 문종이 다시 통행을 허락하고, 그곳에 지맥 보호를 위해 박석(薄石)을 깔았다는 내용이다, 천천현(穿川峴)은 삼남(三南)으로 내려가는 길목으로 월천현(月川峴)으로도 불렸고 지금의 달래내 고개이다.

　이처럼 궁궐이나 왕릉 내 박석은 일반적으로 박석고개에 깔았던 박석과는 그 질이나 의미가 매우 달랐던 것으로 보인다. 궁궐이나 왕릉에서 사용했던 박석 재료는 우리나라 지천에 어디에서 구할 수 있는 화강암을 단지 얇게 잘라서 사용했던 것은 아닌 듯하다. 이 '박석'은 강화도 서쪽 매도와 황해도 해주에서 생산되는 전문 박석 돌을 썼다. 그런데 강화도라는 이름이 더 많이 거론되는 이유는 서울에서 가까운 위치이고 물길로 석재를 운반하는데 편리하였으므로 박석 조달이 훨씬 용이했기 때문이다.

21

근정전,
하늘의 궁전을
지상에 구현하다

근정전 월대에는 경복궁에서 가장 많은 석수가 모여 있는데 총 56점이나 된다. 그간 근정전 월대 동물에 대해서는 다양한 의견들이 제시되어 그 이름과 해석이 붙여졌었는데 대부분 사방신(청룡, 백호, 주작, 현무)과 십이지신의 상서로운 동물 등이 근정전 월대 자신의 방위 위치에 자리하고 있다고 해석하였다.

근정전 월대 서수 배치에 대한 구체적인 내용을 보면 '동서남북 상(上)월대에는 동청룡, 서백호, 남주작, 북현무가 자리하고 있고 사방 상하월대에는 십이지에 해당하는 동물 10점이 나누어 배치되었다. 그 외 서수가 남쪽과 동서 계단 양쪽에 있고 남쪽 월대 모서리에는 쌍서수(또는 석견)가 배치되었다.'는 내용이었다. 십이지 동물 중 개, 돼지가 제외된 이유와 소가 동쪽에 호랑이가 남쪽에 배치되어 있어 고유 방위인 북쪽과 동쪽에서 벗어나 배치된 이유 등은 합리적으로 설명하기 어려웠다. 십이지는 각각 고유의 방위와 해당하는 시간이 있는데 이 내용과 다른 곳에 소와 호랑이가 위치한 것이

| 근정전 월대

다. 또한 남쪽 월대 모서리에 한 쌍으로 새끼를 안고 있는 돌조각은 쌍해치, 쌍서수, 석견, 서수가족 등 다양한 명칭으로 부르기도 했다. 그러나 근간 《경복궁영건일기》의 내용이 알려지면서 서수 배치와 동물의 명칭 및 전반적인 해석이 달라졌다.

하늘의 별자리 28수(二十八宿) 동물로 배속

근정전 월대 석수는 하늘의 별자리 28수에 해당하는 동물을 각 각 배속하여 배치함으로써 지상에 하늘의 궁전(별자리)을 그대로 표현하고자 하였다. 《경복궁영건일기》에는 근정전 월대에 대해 이 렇게 기록하고 있다.

"남쪽 보계에는 4층 기둥이 있는데 1층은 해치, 2층은 말[馬], 3층은 안 (犴), 4층은 봉황(鳳凰)이다. 동쪽 보계는 1층 토끼[兎], 2층은 용(龍)이며 협 보계 1층은 낙(駱), 2층은 교룡[蛟]이다. 북쪽 보계 1층은 쥐[鼠], 2층은 거북[龜]이다. 서쪽 보계 1층은 닭[鷄], 2층은 호랑이[虎]이고 협 보계 1층은 원숭이[猿], 2층은 이리[狼]이다."

28수 별 이름과 그에 배속된 동물들은 다음 표와 같다. 사방신은 28수 별자리 동물의 이름이다.

|28수와 칠요 배속 동물

28수 별자리		木		金		土	
별 이름	상징	星성	동물	星성	동물	星성	동물
동방칠수	靑龍	角각	蛟교	亢항	龍용	氐저	貉학
북방칠수	玄武	斗두	獬해	牛우	牛우	女여	蝠복
서방칠수	白虎	奎규	狼랑	婁루	狗구	胃위	雉치
남방칠수	朱雀	井정	犴안	鬼귀	羊양	柳류	獐장

日		月		火		水	
星성	동물	星성	동물	星성	동물	星성	동물
房방	兎토	心심	狐호	尾미	虎호	箕기	豹표
虛허	鼠서	胃위	燕연	室실	猪저	壁벽	貐유
昴묘	鷄계	畢필	烏오	觜자	猴후	參삼	猿원
星성	馬마	張장	鹿녹	翼익	蛇사	軫진	蚓인

동방 칠수는 각. 항. 저. 방. 심. 미. 기 일곱 개의 별이고 이 별자리를 연결하면 청룡의 머리부터 꼬리까지의 모습이라고 생각했으며 대표동물은 청룡이 된다. 그 외 별자리와 배속 동물의 관계를 현장과 비교해 보면 근정전 동쪽 월대 1층에는 토끼[兎], 2층에 용(龍), 협 보계 1층은 낙(駱), 2층은 교룡[蛟]이 있다. 동방 칠수의 대표 동물은 청룡이니 월대 2층에 있는 용(龍)이다. 각(角) 수는 교(蛟)이므로 협보계 2층의 교룡에 해당하고 방(房)수는 토(兎)로 1

층의 토끼[卯]에 대응한다고 볼 수 있다. 저(氐)수는 학(貉)인데 협보계 1층 동물을 낙(駱)이라고 하여 동방칠수 배속 동물과 다른 낙(駱)이 배치되었지만, 학과 낙은 둘 다 상상 속의 동물이며 발음이나 글자도 비슷하여 혼용했던 것으로 보인다.

북방칠수의 대표는 현무(玄武)인데 북쪽 월대 2층은 거북[龜]과 대응한다. 현무는 거북 모양의 상상 속 동물이다. 북방칠수 허(虛)수는 1층은 쥐[鼠]로 십이지 자(子)에 대응하여 다산의 상징인 쥐를 자(子)로 가차(假借)하였다.

서방칠수의 대표는 백호(白虎)이며 보계 2층에 호랑이[虎]가 이와 대응한다. 묘(昴)수는 1층 닭[鷄]에 해당하고 삼(參)수는 협 보계 1층 원숭이[猿], 규(奎)수는 2층 이리[狼]에 배속하였다.

남방칠수의 대표는 주작(朱雀)으로 월대 남쪽은 4층의 기둥이 있는데 4층에 봉황(鳳凰)이 이와 대응한다. 성(星)수는 2층 말[馬]에 해당하는데 근정전 현장은 3층에 말이 있다. 정(井)수는 3층의 안(犴)인데 실제로는 2층에 있다. 1층 해치[獬]는 남방칠수에는 없으며 북방칠수 중 두(斗)수에 해당한다. 북방칠수에 배속된 해치가 남쪽에 배치되어 예외성이 있음을 보여주고 있다.

역대 왕조에서는 28수 별자리를 위도(緯度)로 하고 칠요(일월화수목금토)를 경도(經度)로 하여 해와 달, 별의 운행 법도인 역법(曆法)을 만들어 그때를 백성들에게 알리는[授時] 것으로 발전해 갔다.

근정전 월대에 배치된 기타 석수들

28수 별자리에 배속한 동물 이외 월대에 배치된 다른 동물에 대해서《경복궁영건일기》는 이렇게 기록하고 있다.

"근정전 상하 월대 네 모퉁이 상하에 쌍법수 1좌씩을 두었다. 상하 월대

한권으로읽는경복궁

에 석난을 만들고 보계 좌우측 난간 주두에 법수를 두었다. 무릇 6곳의 보계, 상하대를 합하여 12곳이며 보계 가장자리 돌 아래로 늘어뜨린 용두와 남보계 어간석에 양각된 쌍봉, 네 모퉁이 법수는 옛 월대의 제도이고 석난은 신제도이다"

근정전 상하 월대 네 모퉁이 상하에 쌍법수 1좌씩을 두었다고 기록하였는데 지금은 경복궁 월대 남쪽 좌우(동서) 끝 상하 월대 모서리에 각각 1좌씩 총 4좌가 있다. '네 모퉁이 상하에 쌍법수 1좌'라는 내용을 글자대로 해석하면 월대 사방 네 귀퉁이가 되므로 경복궁 중건 당시에는 북쪽 좌우(동서) 끝 상하 월대 모서리에도 각각 1좌씩 총4좌가 있었을 것으로 생각된다. 그러나 세월이 흐르면서 없

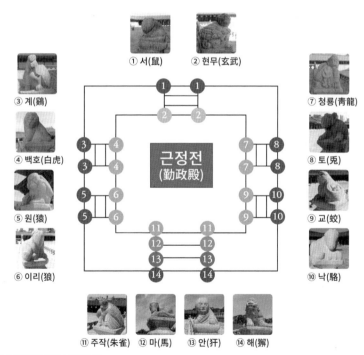

| 근정전 월대 28수 동물 배치도

어졌고 수리 과정에서 원래의 모습이 사라졌을 것으로 보인다. 상하월대 석난간 주두(柱頭: 기둥머리) 위에 있는 법수(法獸)는 사방 상하에 모두 8수(獸)이다. 또한 전신 법수로 명명하는 석수는 남쪽 상하월대 보계(步階)와 동서 협보계 상월대에서 하월대로 내려오는 계단 양끝에 설치된 8수이다. 전신법수와는 형태가 다른 용두형 법수는 남쪽 상하월대 보계 끝 양편에 각각 2수씩 4수가 자리하고 있다.

해치는 '법(法)'을 상징하는 대표적인 법수이다. 법(法)은 '법(灋)'이라는 글자에서 유래했는데 이를 자해(字解: 글자를 풀어 봄)하면 '氵 + 廌 + 去'이고 '氵(수水 변)'는 물이 고 가운데 '치(廌)'는 해치를 상형한 글자이다. 마지막 '거(去)'자는 동아시아 역사에 나오는 전설 속의 인물 삼황오제 때 법을 담당했던 고요(皐陶)라는 관리가 해치에게 죄지은 사람을 '제거하고 처리하고 했다'는 데서 연유한다. 한자 자전《설문해자》에서 '법(灋)'은 '치(廌)'가 외뿔로 정직하지 못한 자를 들이받아 그를 제거한다는 의미로 해석하였다. '치(廌)'로서 '거(去)'하고 형벌을 집행할 때는 '수(水 = 氵)'처럼 수평의 기준이 있어야 한다. 과거의 '법(灋)'자는 나중에 '치(廌)'가 생략되어 '氵 + 去'만 남아 오늘날 사용하는 '법(法)'이란 글자가 생겼으니 '법수'는 불의를 제거하고 형벌을 집행하는 상서로운 동물인 셈이다.

환조(丸彫)로 만든 석수는 아니지만 남보계 상하월대 중앙 어간석[답도로 불리기도 함]에 부조로 새긴 쌍봉은 각각 1좌씩 총 2좌가 어간석을 장식하였다. 봉황은 왕의 상징물이며 오동나무에만 깃들고 대나무 열매를 먹고 예천(醴泉)이 아니면 마시지를 않는다는 상상 속의 신조(神鳥)로 태평성대에만 나타난다.

근정전에 표현한 하늘의 궁전

근정전은 동양의 별자리를 그대로 표현한 정전이며 이는 하늘에
는 3개의 커다란 담으로 구획이 되어 있다는 생각에서 나왔다. 이를
3원(垣)이라 하는데 자미원과 태미원, 천시원이 이것이다. 자미원은
북극성을 중심으로 모여 있는 별의 구역으로 하늘의 중심이 되는
별자리이다. 자궁(紫宮). 자미궁. 중궁(中宮)이라고 하고 지상에서
는 왕이 머무는 궁궐에 비유한다. 태미원은 나랏일을 다스리는 신
하들이 있는 조정 구역이다. 천시원은 태미원과 은하수 사이에 백
성들이 생활하는 '하늘의 시장' 또는 '도시'이다. 이 3원(垣)을 둘러
싸고 있는 사방의 대표적인 별자리를 28수라고 한다. 수(宿)는 한자
말이므로 원래 '숙'이며 '잠자다'라는 뜻이지만 별자리로 말할 때는
'수'로 발음하며 '머무른다.'는 의미이다. '28숙'이 아니라 '28수'라
고 발음해야 한다. 근정전은 하늘의 별자리에서 왕이 거처하는 궁

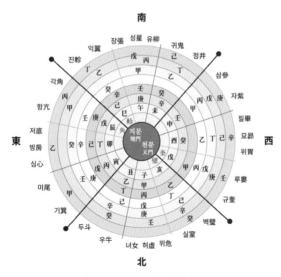

| 천간 지지와 28수 별자리 관계도

217

이 있는 자미원을 상징하는 대표적인 전각이다. 그러므로 근정전은 하늘의 임금 옥황상제가 사는 '자미원'을 지상에 그대로 표현한 정궁(正宮)이며 근정전으로 오르는 계단의 소맷돌에 새겨진 태극무늬와 구름은 이곳이 하늘의 궁전임을 나타내 주고 있다. 근정전과 자미원은 동일한 구조이며 자미원 사방에서 둘러싸고 있는 별자리 28수가 근정전 월대를 둘러싸고 있는 동물과 대응한다고 하겠다. 동방칠수 청룡, 북방칠수 현무, 서방칠수 백호, 남방칠수 주작을 대표 동물로 하여 28수 별자리에 동물을 배속하여 석수로 배치한 근정전 월대는 하늘의 궁전을 지상에 그대로 옮겨놓은 대표적인 예이다.

| 28수 별자리 대표 동물과 상징

28수 별자리			木	金	土	日	月	火	水
동방칠수	靑龍	별이름	角각	亢항	氐저	房방	心심	尾미	箕기
		의미	뿔	높을	밑	방방	별이름	꼬리	키
		상징	용의뿔	목	가슴	배	엉덩이	꼬리	항문
북방칠수	玄武	별이름	斗두	牛우	女여	虛허	危위	室실	璧벽
		의미	북두성	견우성	별이름	빌	위태할	집	벽
		상징	거북머리와뱀	뱀의봄	거북몸	거북몸	뱀의몸	반룡	규룡
서방칠수	白虎	별이름	奎규	婁루	胃위	昴묘	畢필	觜자	參삼
		의미	별	거듭	밥통	별이름	마칠	털뿔	석
		상징	백호꼬리	백호몸	백호몸	백호몸	백호몸	백호머리	백호앞발
남방칠수	朱雀	별이름	井정	鬼귀	柳류	星성	張장	翼익	軫진
		의미	우물	별이름	버들	별	베풀	날개	수레뒤턱나무
		상징	주작벼슬	주작눈	주작부리	목심장	위장	날개	꼬리

동양 천문 28수 세부 내용

동양은 천문에 있어서 대표적인 별자리를 28수로 서양은 황도 12궁으로 보았다. 동양은 앞서 언급했던 하늘의 중앙에 3원[자미원(紫微垣), 태미원(太微垣), 천시원(天市垣)]과 이를 둘러싼 28수 별자리와 함께 283개의 별자리가 있다고 보았다. 28수는 달의 공전 주기가 27.32일을 감안하여 적도대를 28개 구역으로 나누어 각 자리의 대표 별 이름을 정했다. 이를 칠요(일월화수목금토)와 결합하여 책력으로 만든 것이다.

하늘의 별자리는 지상에서 하늘 위를 바라보기 때문에 내가 어느 위치에 있느냐에 따라서 볼 수 있는 별자리와 볼 수 없는 별자리가 있다. 또한 지구는 공전하므로 계절에 따라 볼 수 있는 별도 다르다. 28수 별자리는 조선 초기 태조가 고구려의 천문도 탁본을 입수하여 돌에 새겨 만든 〈천상열차분야지도〉에서 동양 천문 별자리를 이해할 수 있다. 하늘을 관찰하여 백성들에게 알려주었던 관상수시(觀象授時)는 《서경》 요전의 '흠약호천 경수인시(欽若昊天 敬授人時: 하늘과 같이 하여 공경하여 백성에게 때를 알려준다.)'에서 나온 말이다. 하늘의 뜻을 알고 그것을 백성들에게 그대로 알게 하는 위민 정신이 조선의 이념과 서로 통하므로 28수 별자리가 법궁의 중심에 그대로 들어앉아 있어 그 뜻 또한 가볍지 않다.

근정전 배치 서수 동물의 특징

28수 배속 동물 중에서 동쪽 상월대 교룡은 뱀과 같은 모양으로 길이가 한 길이 넘으며 네 발은 넓적하고 머리는 작고 가슴이 붉으며 등에는 푸른 무늬가 있다. 옆구리와 배는 비단처럼 부드럽고 눈썹으로 교미하여 알을 낳는다고 한다. 하월대 협보계 낙(貉)은 28수 배속 동물에는 학(貉: 오소리과로 족제비나 너구리, 담비 등이 이에 속한다.)으로 표시되어 있지만 이곳에서는 낙(駱)으로 표시하였다.
낙은 신령스런 동물로 황제릉 침전 앞의 석물에 배치한다. 서쪽 상
월대 협 보계에 있는 동물은 그동안 십이지신 중 양(未)으로 파악
하였으나 28수 동물 중 이리(狼)로 기록(경복궁영건일기)하고 있
다. 남쪽은 상하월대가 4층으로 구성되어 있는데 4층에는 주작이 3
층에는 말(馬)이 오(午)로도 표현하고 있다. 하월대 2층은 십이지신
의 호랑이(寅)로 파악했었으나 28수 동물 중 안(犴)으로 보았다. 안
(犴)은 들개류이고 감옥 문을 지키는 서수이다. 《경복궁영건일기》
에는 남쪽 월대 서수 배치 순서를 1층부터 해치-말-안-주작으로
기록하고 있으나 지금 월대에는 해치-안-말-주작으로 실제 배치되
어 있어, 기록과는 말과 안의 위치가 바뀌어 있음을 알 수 있다. 이
는 후대에 근정전 월대를 보수할 때 위치가 바뀌었을 가능성도 있
다. 하월대 1층의 해치[獬]는 28수로는 그 위치가 북쪽이지만 근정

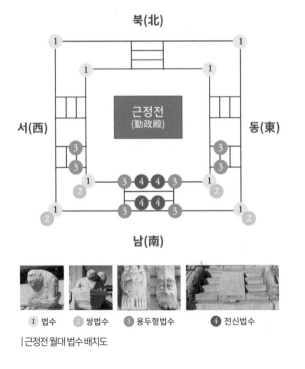

| 근정전 월대 법수 배치도

전 월대 남쪽에 배치되어 있는데 그 이유는 분명하지 않다.

《경복궁영건일기》배치 법수들

월대에 배치된 법수는 3종류가 있다. 일반 법수는 상하 월대 사방 석난간 끝에 각각 1수씩 총 8수가 있다. 둘째 용두형 법수는 남쪽 상하 월대 보계 좌우에 4수와 동서 협보계 상하월대 교차 부분 양쪽에 각각 2수씩 4수가 있다. 셋째 전신법수로 남쪽 어간석(답도로 부르며 중앙에는 쌍봉이 양각되어 있다) 양쪽에 전신을 드러낸 채 상하 월대에 각각 2수씩 4수이다. 근정전 월대에 있는 법수의 총 수는 20수에 달한다.

《경복궁영건일기》의 기록에 "근정전 상하 월대 네 모퉁이에 쌍법수 1좌씩 둔다."는 내용이 있다. 월대에는 상하 사방 모퉁이는 2층과 4곳이어서 8곳에 1좌씩 총8좌가 있었던 것으로 봐야 한다. 그러나 지금은 남쪽 상하 월대 모퉁이에만 쌍법수가 있어 4좌 밖에 있지 않다. 기록과 다른 부분이므로 북쪽 상하에도 중건 시에는 존재하였지만, 세월이 흐르면서 사라진 것으로 보는 게 타당해 보인다.

네 모퉁이는 한자로 사우(四隅)이다. 우(隅)는 단순히 '모퉁이나 구석'을 뜻하는 것이 아닌 동북, 동남, 남서, 서북[艮巽坤乾] 4방을 지적하여 나타내고 있다. 그러므로 근정전 월대 네 모퉁이는 동남(巽)과 남서(坤) 방향만이 아닌 서북(乾)과 동북(艮) 방까지 포함되어야 한다. 지금은 동남과 남서방 상하 월대에 쌍법수 2좌씩 4좌만이 존재하지만 서북과 동북방에 있었던 쌍

|근정전 월대 모퉁이 쌍법수

법수까지 포함한다면 4좌가 더 늘어나 총 8좌의 쌍 법수가 있었다고 해야 한다. 쌍법수는 이문(螭吻) 또는 치미(鴟尾), 치문(鴟吻)이라고 하여 물을 다스려 화재를 예방하는 조풍(嘲風)으로도 불린다. 이는 경복궁을 화재로부터 보호하고자 하는 의도도 있었다고 하겠다.

근정전 월대에서 석견을 본 유득공

경인년(영조 46년, 1770) 3월 3일 유득공은 연암 박지원과 청장관 이덕무와 함께 한양성을 유람하면서 《춘성유기(春城遊記)》를 남겼다. 3월 4일에는 경복궁을 유람했는데 유득공이 근정전에 도착하여 남긴 글은 다음과 같다.

"다리를 건너서 북쪽으로 가니 근정전 옛터이다. 계단은 3층으로 계단 동서 모서리에는 돌로 만든 암수 개가 있는데 암컷은 새끼를 한 마리 안고 있다. 신승(神僧) 무학 대사가 남쪽 왜구에게 짖도록 하였는데 개가 늙으면 그 새끼가 뒤를 이어 짖도록 했다고 전해 온다. 그렇지만 임진년의 불길을 모면하지 못했으니 저 돌로 만든 개의 죄라고 해야 할 것인가? 전해 오는 이야기란 아무래도 믿지 못하겠다."

쌍법수 혹은 이문(螭吻)이라고 부르는 근정전 서수는 춘성유기에서는 이를 '석견(石犬)'이라했다. 이 석견은 암수로 암컷이 새끼를 안고 있는 디테일한 모습까지 묘사하였는데 지금 경복궁 월대 모서리에 있는 모습과 똑같다. 석견은 무학대사가 남쪽 왜구를 향해 짖도록 했는데 임진왜란의 화마를 극복하지 못하였으니 개에 대한 전설은 믿을 바가 못 된다는 기록까지 남겼다. 쌍법수라고 부르던 돌로 만든 석견이든 이 쌍서수(雙瑞獸)는 당시 보는 사람의 관점에 따라 다른 모습으로 묘사되어 해석되었던 것 같다.

한권으로읽는경복궁

22

우주 앞에 앉아
나라를 다스리다

근정전 내부 모습 중에 가장 눈에 띄는 것은 단연 어좌 뒤에 놓여 있는 일월오봉병(日月五峰屛)이다. 해와 달 다섯 봉우리, 두 개의 폭포와 소나무 등이 있는 일월오봉도(日月五峰圖)가 그려져 있고, 왕의 상징물처럼 병풍의 형태로 사용되었기 때문에 오봉병(五峰屛)이라는 명칭을 쓴다.

일월오봉병은 근정전과 같은 정전이나 편전 사정전, 연침 등의 어좌 뒤에 설치하였다. 야외에서 행사할 때도 왕의 자리 뒤에는 이 병풍으로 장식하였고, 왕이 궁궐을 떠나 다른 곳으로 행차하는 거둥(擧動: 발음은 거동이지만 왕은 거둥이라고 하여 행차가 가볍지 않다는 것을 보여준다.)시에도 이동식 오봉병을 휴대하여 늘 어좌 뒤에 사용하였다. 역대 왕의 어진을 모셨던 진전인 선원전에도 어진 뒤에 일월오봉병을 두었다. 일월오봉병은 왕을 상징하는 장식물

| 근정전 일월오봉병

이기 때문에 즉위부터 승하할 때까지 왕이 승하하면 능에 묻기 전
빈전에 재궁(왕의 관)을 만들어 그 안에 돌아가신 왕의 시신을 모시
는데 그때 재궁 뒤에도 일월오봉병이 있었다. 삼년상을 치르고 신
주를 종묘에 부묘하면 그때에는 오봉병이 없다. 체백은 왕릉으로
가고, 혼을 모신 신주는 종묘로 각각 가면서 더 이상 일월오봉병은
활용되지 않았다. 다만 어진을 모시는 진전으로 영희전이나 선원전
각 실에는 일월오봉병을 어진 뒤에 배설하였다.

오봉병은 왕과 함께하는 상징물

근정전 내부 정면에 높은 단을 어탑(御榻)이라고 한다. 어탑 위
에는 평상이 하나 있고 바로 뒤에는 나무로 만든 의자가 있다. 이
의자를 어좌(御座) 또는 용상(龍床), 옥좌(玉座) 등으로 부른다. 어
좌 뒤로 '움직이는 모습의 용'을 새긴 나무 병풍이 어좌를 두르고

한권으로읽는 경복궁

있는데 삼곡병이라고 한다. 삼곡병 뒤쪽에 일월오봉병(日月五峰屛)이 있다. 해는 한자로 '일(日)'이고 달은 '월(月)'이며 다섯 봉우리를 '오봉(五峰)'이라고 하므로 이를 연결하면 '일월오봉'이 되고 왕의 뒤에 병풍으로 함께 하고 있어 '일월오봉병(日月五峰屛)'이라 부른다.

정조는 아버지에게 효행을 실천한다는 이유로 사도세자의 묘소를 정기적으로 참배하기 위한 능행을 자주 하였다. 정조의 능행 행렬이 시흥을 지나 지지대 고개 중턱쯤에 이르면 그곳에서 잠시 쉬어 갔는데 그때 정조도 가마에서 내려 미리 준비해 둔 교자에 앉았다. 왕이 의자에 앉음과 동시에 내관은 자연스럽게 이동식 '일월오봉병'을 펼쳐 왕의 뒤에 둔다. 이렇게 왕이 거둥(擧動)이나 행행(行幸)을 할 때는 반드시 이동식 일월오봉병을 휴대하였다. 화성 능행에서 평지를 가다가 고개를 만나다 보니 행렬이 힘에 부쳐 이 고개에서 행차가 지지부진하다고 해서 지지대 고개라는 이름이 붙기도 했다. 이처럼 살아 있는 왕은 궁궐 안에서와 마찬가지로 거둥 시에도 일월오봉병은 늘 뒤에 있었다. 청계천 오간수문 근처에서 영조가 준천하는 모습을 그린 '준천도'에도 실제 왕의 형상을 그리지는 않으므로 왕을 대신해 어좌와 일월오봉병이 그려져 있다.

| 만원권의 배경 일월오봉병 | 일월오봉병의 세부 도식

오악. 오행. 오상의 상징 일월오봉병

일월오봉병에 대한 가장 일반적인 해석은 보이는 모습 그대로 해는 왕, 달은 왕비, 다섯 봉우리는 왕이 다스리는 국토 오악으로 보았다. 오악은 동악 금강산, 서악 묘향산, 남악 지리산, 북악 백두산, 중악 삼각산(북한산)이다. 그림에는 땅에 뿌리를 박고 하늘을 향하고 있는 붉은 소나무(적송)가 하늘과 땅을 이어주며 생명의 물을 상징하는 폭포, 수면을 가득 채운 파도가 있다. 파도는 한자로 '파도조(潮)'인데 그 발음이 조정(朝廷)을 뜻하는 '조(朝)'와 같다고 한다.

오악을 좀 더 구체적으로 오봉병에 표시된 산과 비교해서 동서 남북 중앙을 정하면 오봉병을 바라보는 방향에서 우측 첫 번째가 동악, 두 번째는 남악, 가운데가 중악이며 네 번째가 서악이고 맨 좌측이 북악이다. 중앙을 중심으로 좌우로 나누어 동서와 남북으로 구분되었고 오악은 왕이 다스리는 우리나라의 전 국토를 의미하며 국토와 백성을 모두 관장하는 이가 바로 왕이라는 뜻이 담겨있다. 해와 달은 동양 사상에서 양과 음으로 해석한다. 그래서 양은 왕, 음은 왕비에 배속한다. 음양이 서로 갈마들어 오행이 탄생한다. 오봉병의 오악은 동남중앙서북이고 오행으로는 목화토금수(木火土金水) 이다. 또 오행은 하늘의 원형리정성(元亨利貞誠)이 지상에 그대로 펼쳐지는 모습이다. 천지의 조화가 하나이고 그 사이에 있는 사람도 하나라는 삼재(三才)에 근거하여 사람에게 인의예지신(仁義禮智信)으로 부여받는 것이다. 오봉병은 사람이 가진 천지의 본성 즉 오상의 상징물이기도 하다. 오봉병에서 오른쪽부터 인(仁). 예(禮). 신(信). 의(義). 지(智)에 배속하면 하늘과 땅의 뜻을 백성에게 그대로 순리에 따라 정사를 행해야 한다는 가르침을 주는 엄청난 의미를 가진 상징물이라 하겠다.

《시경》〈천보구여(天保九如)〉로 본 오봉병

'일월오봉병'은《시경》〈소아 녹명지십〉〈천보(天保)〉장의 내용을 함축하여 그린 병풍이라고 한다. '천보(天保)'는 '하늘이 편안케 한다.'는 의미로 총 6장 중 3장과 6장에 산과 언덕, 장수 등을 표현하고 있는데 이 내용이 '일월오봉병'의 그림과 일치한다고 보았다. 성리학은 왕이 하늘의 뜻으로 백성을 다스린다는 천인합일(天人合一)의 사상을 내세우고 있다. 앞서 다양하게 '오봉병'의 의미를 파악하였는데 왕은 하늘의 뜻으로 음양(陰陽)의 조화와 오행과 오상을 받들어 만백성을 다스리고자 했으며 그를 오봉병에 담았다고 하였다.《시경》〈천보〉의 내용에서 의미를 검토하여 보면

〈3장〉
天保定爾 以莫不興 如山如阜 如岡如陵 如川之方至 以莫不增
(천보정이 이막불흥 여산여부 여강여릉 여천지방지 이막부증)
하늘이 그대(왕)를 보호하여 정하시어 흥하지 아니함이 없어라. 산 같고
큰 묻 같으며, 언덕 같고 구릉 같으며, 냇물이 바야흐로 이르는 것 같아서
불어나지 아니함이 없도다.

〈6장〉
如月之恒 如日之升 如南山之壽 不騫不崩 如松柏之茂 無不爾或承
(여월지항 여일지승 여남산지수 불건불붕 여송백지무 무불이혹승)
달은 점점 차오르는 상현과 같으며, 해가 떠오르는 것과 같이 남산(종남
산)의 장수처럼 이지러지지도 무너지지도 않고 소나무와 잣나무의 무성
함과 같이 그대(왕)를 계승하지 않음이 없도다.

《시경》〈천보〉 3장은 하늘이 왕을 보호하여 흥하게 하였는데 그

모습이 마치 산 같고 큰물 같으며 언덕과 구릉 같으니 냇물이 흐르면서 점점 불어나는 모습과 같다고 하였다. 왕은 신하들에게 정사를 위임하고 신하들이 그를 잘 수행하여 태평성대를 이루어 그 은혜를 왕에게 돌리면서 왕의 덕을 칭송하고 있다. 오봉병에 있는 산과 부(언덕), 강(큰 물), 능(구릉), 천(폭포와 파도)은 하늘이 왕을 보호하여 정해 준 상징물이다. 6장에서는 상현달처럼 달이 점점 커가며 해가 떠서 만물을 비추어 종남산이 지금까지 장수했던 것과 소나무와 잣나무의 푸르고 무성함과 같이 왕이 후손들이 나라를 영구히 이어갈 것이라는 내용을 담았다. 3장에 나오는 산과 언덕, 큰물과 구릉, 6장에 나오는 장수의 종남산은 '일월오봉병'에 그려진 '오봉'이라 할 수도 있다. 오봉병은 좌우 대칭으로 해와 달, 가운데 산을 중심으로 한 다섯 봉우리, 한 쌍의 폭포와 양쪽 각각 2그루 총 4그루의 붉은 소나무, 역동적으로 일렁이는 파도를 배치하였다.

왕이 앞에 앉아야 완성되는 일월오봉병

왕의 뒤에 늘 있어야 하는 오봉병이지만 근정전에 있는 일월오봉병은 아직 미완성된 오봉병이다. 하늘에 해와 달은 동시에 떠 있을 수 없다. 오봉병에 해와 달이 동시그려진 것은 해와 달을 대칭으로 화면에 표현하고 음양을 나타내기 위해서 한 화면에 그린 것이다. 오봉병은 복잡한 그림처럼 보이지만 크게 세 부분으로 구분할 수 있다. 먼저 해와 달이 있는 윗부분은 하늘이며 다섯 산봉우리가 있고 파도가 일렁이고 있는 아랫부분은 땅, 하늘과 땅 사이에서 만물이 자라며 붉은 소나무와 생명을 이어가도록 끊임없이 흘러내리는 폭포가 있는 3부분으로 크게 구분할 수 있다. '일월오봉병' 하늘과 땅, 만물이 있는 세 곳에 각각 가로선을 하나씩 긋는다고 할 때 오봉병 한 폭의 그림을 세 개의 가로선으로 생각할 수 있다. 하나면

| 삼재와 일월오봉병

한자로 '한 일(一)'이고 두 개는 '두 이(二)' 세 개는 '석 삼(三)'이다. 하늘과 땅, 사람은 천지인 삼재(天地人三才)이며 오봉병에 있는 내용을 이렇게 간략하게 표현하였다. 우주를 구성하는 필수 요소 삼재가 오봉병에 들어 있는 것이다.

근정전 어좌 뒤 일월오봉병은 삼재를 담은 병풍으로 우주 삼라만상의 모든 구성요소가 그 속에 있다. 왕의 어좌 뒤에 삼재가 있음은 왕은 '우주를 대표하는 존재'라는 것을 상징적으로 말해주고 있다. 삼재(三才) 중에서 인(人)은 단순히 사람만을 뜻하는 것은 아니다. 세상 만물을 모두 포함하는데 그중 가장 현명하고 뛰어난 존재가 사람이기 때문에 만물의 대표를 사람[人]으로 삼은 것일 뿐이다.

왕이 근정전에서 조하나 의례, 정사를 펼칠 때는 생각을 곧고 바르게 한 후 어탑에 올라 어좌에 앉을 것이다. 어좌에 눕거나 자세를 비스듬해서 절대 앉지 않는다. 왕은 일월오봉병 앞 어좌에 곧게 앉아 정사를 펼치려고 하는 순간 오봉병 앞에 왕이 곧게 앉음으로써 비로소 '왕(王)'자가 완성된다. 삼재 즉, 석 삼(三)자에 위에서 아래로 꿰뚫는 선이 만들어진다. 우주를 이루는 세 바탕 삼재 중 만물[人] 가운데 덕(德)이 가장 큰 사람이며, 하늘과 땅을 꿰뚫는 사람이 바로 왕이기 때문이다.

왕이 오봉병 앞에 바르게 앉는 그 자체로 임금 왕(王) 자가 완성되니 '일월오봉병'은 왕이 그 앞 어좌에 똑바로 앉을 때만 완성되는 것이다. 의례와 행사를 기록한 의궤에는 '왕'의 모습은 그리지 않고 그곳에 왕이 있다는 표시로 일월오봉병을 대신 그려 넣어 왕의 존재를 표시했다.

《주역》건(乾)괘에는 "천행건군자이자강불식(天行健君子以自彊不息: 하늘의 운행이 굳건해서 군자가 이를 관찰하여 스스로 강해

한권으로읽는경복궁

지고 쉬지 않는다)"이라고 하였다. 천체의 운행이 굳건하다는 말은 해와 달, 그리고 별 등은 정해져 있는 제시간에 정확히 운행하는데 이는 하늘의 법칙에 따라 저절로 통제되어 움직이고 있다. 이처럼 왕은 이를 잘 관찰해서 스스로 천체의 운행을 닮으려고 노력하는데 게을리하지 않아야 '성인의 정치'를 완성할 수 있다는 의미이다.

또한 주역의 곤(坤)괘에는 '지세곤군자이후덕재물(地勢坤君子以厚德載物: 지세는 땅과 같으니 군자는 이를 관찰하여 덕을 도탑게 하고 만물을 땅이 덮어 길러주듯이 하여야 한다.)'이라고 하였다. 하늘이 '자강불식'으로 성인의 정치를 할 때 땅은 그 모습이 켜켜이 두껍게 덮고 있어서 그곳에서 모든 만물을 실어 키워낸다. 왕이 오봉병 앞에 앉기만 하면 자신의 끊임없는 노력[자강불식]으로 성인의 이상 정치를 완성할 수 있었다. 또한 백성들을 도탑게 감싸고 길러내어 천지조화를 통해 왕도정치를 이루었다. 한갓 나(왕) 한사람의 장수나 부귀를 위한 단순한 병풍이 아니라, 온 우주의 원리(삼재)를 담아서 그 결[이치]대로 이 세상에 펼치고자 한 위대한 작품이 바로 일월오봉병이다.

23

정인가?
향로인가?

　경복궁의 법전(정전이라고도 함)인 근정전 맨 위 기단 좌우에는 청동으로 만든 둥근 모양의 물건이 하나씩 놓여있다. 생김새로만 봐서는 불을 물리치기 위해 물을 담아 두는 드므 같기도 하고 향을 피우는 향로 같기도 하다. 세 개의 다리 위에 둥근 몸체가 있고 몸과 다리 곳곳에 각종 문양이 조각되어 있다. 윗부분에는 귀 모양으로 생긴 두 개 손잡이도 보인다. 전체적으로 보면 의기(儀器)로 솥 모양으로 생긴 정(鼎)의 모양과도 일치한다.

　궁궐 정전 앞에 이런 모양의 물건이 놓여 있는 곳은 경복궁 근정전과 덕수궁 중화전 두 곳뿐이다. 어떤 물건인지 찾아보면 대개 '향로'라는 내용이지만 향로는 위를 덮는 뚜껑과 그 안은 흙이 채워져 있어야 하는데 모두 없다.

　상단 입구 둥근 원둘레에는 8괘 문양을 새겨져 있다. 근정전은 정전으로 조하 등 공식 행사를 하는 공간으로 제례 공간처럼 향로

|근정전 향로(ⓒ양인억)

가 있어야 할 이유는 없어 보이기도 한다. 그러나 정전 행사에서 향로를 피웠다는 기록은 《조선왕조실록》이나 《승정원일기》 등 의례 절차에서 심심찮게 발견된다.

정전 행사에서는 향안(香案)을 설치하였다

경복궁은 정묘년(1867)에 중건하였고 다음 해가 무진년이다. 무진년(1868)에 신정왕후 조씨의 회갑연이 근정전에서 열렸고, 그를 그린 〈무진진찬도병〉에는 당시 근정전의 상세한 모습과 행사 장면을 볼 수 있다. 근정전이 중건되면서 향로에 대한 공식 기록은 발견되지 않았지만 1868년 12월 신정왕후 조씨의 회갑 기념 〈무진진찬도병〉에는 향로의 모습이 뚜렷하게 그려져 있다. 근정전 지붕의 잡상과 월대의 동물들을 비롯하여 근정전 동서 기단에 뚜껑이 덮여 있는 향로도 보인다. 이는 근정전이 중건되면서 향로도 함께 설치되었다는 증거다.

《세종실록》 세종 즉위년(1418) 11월 7일에 향로가 정전 의례에서 어떻게 쓰였는지에 대한 기록이 있다.

"(전략) 상왕의 악좌(幄坐)를 정전(正殿) 한가운데에 설치하여 남쪽을 향하게 하고, 향로 둘을 앞 기둥 밖에 설치하고, 전하의 배례하는 자리를 월대(月臺) 위 한가운데 설치하여 (후략)"

상왕을 받들어 모시는 행사를 근정전에서 거행할 때 근정전 행사 시 향로 둘을 설치했다고 기록하였다.

《세종실록》 132권 오례 중 가례 의식 삭망백관조의(朔望百官朝儀: 매월 30일과 15일에 근정전에서 실시하는 조하)의 기록도 있다.

"전기(前期) 1일에 액정서에서 어좌를 근정전 북벽에 남향하여 설치하고, 보안(寶案)을 어좌 앞에 동쪽으로 가까이 설치하고, 향안(香案) 2개를 전 밖의 왼쪽과 오른쪽에 설치한다. (중략) 고(鼓)가 3엄을 알리면, 집사관이 먼저 자리에 나아가고, (중략) 헌가에서 융안지악(隆安之

| 무진진찬의궤(LA카운티박물관 소장)

樂)이 시작된다. 전하가 자리에 오르면, 향로의 연기가 피어오른다. (후략)"

위에서 살펴본 대로 '근정전 기둥 밖에 향로와 향안 둘을 설치했다.'는 사실이 확인된다. 근정전 의례는 '향로와 향안'을 설치하였다가 행사 후에는 다시 들이는 이동식 향로를 사용하였다. 향로는 본격적인 의식이 시작되면서 북이 삼엄(세 번째 치는 북)을 알리면 음악이 울리고 왕이 자리에 오르는데 그때 향안의 향로에서는 연기가 피어올랐다. 행사 때에만 사용했던 이동식 향로가 중건 시에 근정전 기둥 좌우 앞에 '고정식 향로'로 설치된 것으로 보이지만 그 용도에 대해서는 여전히 많은 의문점을 남기고 있다.

정(鼎)으로의 해석

'정(鼎)'은 가장 오래된 한자 사전인 《설문해자》에서 '정은 세 발과 두 귀가 있으며 오미를 조화시키는 보배로운 그릇이고 옛날 우임금은 구목에서 쇠를 거두어 형산 아래에서 정을 주조하였다.'라고 하였다. 정(鼎)의 모습은 세 발과 두 귀가 있어 그 모습이 근정전 향로와 흡사하다.

정은 하나라 우임금이 치수 사업을 벌이면서 전국 구목(九牧)의 쇠를 거둬들여 '구정(九鼎)'을 만들었고 하·상·주 삼대에는 전국의 중요한 기물로 정을 사용하였다. 이를 왕위에 비유하여 '정이(鼎彝)', '정정(定鼎)'으로도 표현하였다. 그러므로 정은 왕이며 국가 그 자체로 여긴다. 정은 생김새가 설문해자에서는 '세 발과 두 귀'가 특징이며 세 발의 셋[三]은 가장 안정적인 상태이고 천지인 삼재를 나타낸다고 하였다. 세 발이 몸통을 받치고 있어서 하늘과 땅과 사람이 그를 받치고 있다는 이야기이기도 하다. 국가의 상징

| 청동 정(국립중앙박물관 소장) | |《주역》화풍정괘

'정'은 왕 혼자만의 물건이 아니라 천지인 삼재가 조화되어 안정적으로 받치고 있어야만 그를 지탱할 수 있기 때문이다.

정에는 두 귀가 있다. 이 귀는 솥을 들고 내려놓는데 필수불가결한 요소이다. 주역에는 '누런 귀에 금현이다. [鼎黃耳金鉉: 정황이금현]' 라고 표현하였다. 누런 황색은 가운데와 중앙색이며 음양오행으로는 토(土: 흙)를 상징한다. 정을 세우는 일은 삼재로서 나라를 바로 세우는 일이며 이를 안정적으로 지속하기 위해서는 반드시 그를 들어서 올바르게 솥을 걸 수 있는 솥귀가 필요하다. 이를 금현이라고 표현하였고, 가운데에서 왕권 행사하는 것을 누런색 귀로 하였다. 또한 정(鼎)은 '음식을 삶아 요리하는 변혁의 도구'이다. 군자[王]는 귀중한 기물인 정을 잘 관찰하여 자신이 처한 곳을 바르게 한 다음 편안히 명령하고 권력을 신중하게 행사함으로써 상하가 아름답게 음식처럼 조화되어 뜻을 이뤄나간다는 의미이기도 하다.

향로 설치와 활용 이유

사공영애의《조선 왕실 향로 연구》라는 자료에는 근정전 기단에 있는 물건을 향로로 보았다. 이 향로는 고동기형(古銅器形)이며 고대 중국 청동기를 표본으로 제작한 향로로 분류하였다. 이는 송나

한권으로읽는 경복궁

라 이후 현재까지 전통적인 향로 형태로 활용되고 있다. 조선은 성리학을 기반으로 한 정치 체계를 구축하고《주례(周禮)》와《조선경국전(朝鮮經國典)》등을 참고하여 성종 대《경국대전》을 완성하였다. 또한 의례에 있어서는《국조오례의》길례, 가례, 빈례, 군례, 흉례 등 오례(五禮)를 정비하였다. 조선 건국 후 도읍을 한양으로 이전한 후 종묘와 사직을 세우고 제례를 행하는 법령을 반포하였으나 세종 때부터 의례 연구가 본격화되면서 세조와 성종을 거쳐《국조오례의》가 완성되었다. 이에 따라 의례를 행할 때 사용하는 기물 등도 제정하였는데《세종실록》에는 가장 이른 향로 도설에 '의례기(儀禮器)'가 실려 있다. 임진왜란 이후 선조를 지나 숙종에서 영·정조, 고종에 이르기까지 의례기가 변화하면서 각종 의례 개정이 이어졌다. 향로 형태는 대표적으로 정형(鼎形)과 역형(鬲形)을 들수 있는데 역형은 향로의 발과 몸체가 하나로 일체 제작된 형태이고 정형은 이 둘을 별도로 제작하여 부착했다는 차이점이 있다. 향로는 대사, 중사, 소사(大祀, 中祀, 小祀)를 지낼 때 향을 피우는 제기의 고유 기능이 가지고 있지만 이와 동시에 조선 왕실의 위엄과 권위를 담은 상징물로 복합적인 기능을 가지도록 제작하였다.

향로가 정이고, 정이 향로이다

《세종실록》〈향로도설〉에 처음 나타나는 정형(鼎形) 향로는 '세 발과 두 귀'가 있다. 18세기《종묘의궤》(1706)에 이르면 그 모양이 용(龍) 향로로 바뀌게 된다. 용향로는《대명집례(大明集禮)》에 나오는 향로를 표본으로 삼아 뚜껑에 용이 웅크린 듯한 모양과 세 발이 있는 정(鼎)의 형태가 그 특징이다. 이런 모양을 대표하는 향로가 바로 〈무진진찬도병〉에 있는 근정전 앞 향로이다. 지금 근정전 앞 향로에는 용이 웅크린 모양의 뚜껑은 없다. 〈무진진찬도병〉에 있었

| 경복궁 근정전 향로(©양인억)

던 향로 뚜껑은 일제강점기까지 일부 사진에 뚜껑이 있었던 모습이
보이는데 지금은 어디에 있는지 알 수 없다.

　근정전 앞 향로는 전통적인 '고동기형' 향로를 기본으로 뚜껑
에 용을 넣어 만든 독창적인 조선식 향로로 명나라 양식에서 벗어
난 우리만의 고유 용 향로인 것이다. 제기와 의기로서의 고유 기능
을 넘어 왕실의 위엄과 권위를 함께 보여주는데 이만한 의기(儀器)
는 없다고 해도 과언이 아니다. 하나라 우임금부터 내려오던 정(鼎)
의 생김새와 의미를 그대로 유지한 채 이를 덮는 뚜껑에 용을 추가
하여 왕실 권위를 뽐내고 있는 신성한 물건이 근정전 앞 향로인 셈
이다.

　'향로다! 정이다! 향을 피워 하늘과 교감했다!'라는 향로와 정의
형태로만 단순히 파악하기보다는 기능과 의미가 더 중요하다. 의례
기로서 향로이면서도 정이고, 국가와 왕의 상징으로 정이면서도 엄

숙한 의례기로 위엄을 간직한 향로 구실을 한 이 물건이야말로 향로와 정의 장점을 모두 가진 의기(儀器)라 하겠다.

향로 상부 솥귀가 있는 입구 원형 둘레에는 광화문 여장에서 봤던 8괘 무늬가 방향에 따라 새겨 있다. 우주와 만물을 다스리는 기본 원리인 용(用)의 법칙에 따라 8괘를 배치한 것이다. 남쪽에는 불을 상징하는 리(離)괘가 북에는 물을 상징하는 감(坎)괘가 동서축으로 진(震)괘와 태(兌)괘가 사정방에 있다. 이처럼 8괘를 향로에 표현했다는 점은 정(鼎)으로서 역할과 의미를 강조한 부분이다.

칠조룡, 용상, 곤룡포 등과 같이 용은 왕을 상징하는 신령스러운 신수(神獸)이다. 세 발과 두 귀를 가진 정형(鼎形)용 향로를 근정전에 설치해야 하는 이유는 성리학적 통치 기반으로 세운 조선 왕조가 다시 한번 그 중흥기를 맞아야 했기 때문이다. 왕권을 강화하고 왕실의 권위와 위엄을 높이면서 백성을 위한 덕치로써 정사를 이끌고자 하는 의지의 표현물이다.

24

경회루 한시
– 사신 황홍헌과
원접사 율곡

태종 때 중건한 경회루는 경복궁에서 가장 규모가 큰 건물이자 눈에 띄는 전각인 경회루는 연회 공간으로 영의정부사 하륜의 '경회루기'에 "어진 신하와 임금이 덕으로 만나 경회하는 곳"으로 기록되어 있다.

《태종실록》에 보면 신하와 경회하며 사신과 연회 하는 장소로써 활용되었던 기록이 있다.

"경복궁 새 누각의 이름을 '경회루(慶會樓)'라 하고 이 누각은 중국 사신
에게 잔치하거나 위로하는 장소다"

경회루에서 사신을 접대했다는 기록은 임진왜란 전까지 180여 건에 이를 만큼 사신이 머무는 '모화관'과 함께 외교를 위해 자주 사용되었다. 연회에는 음식과 음악, 춤 등이 있었지만 흥을 일으키

는 데는 '시' 만한 것이 없었다. 시를 주고받으며 '흥(興)'을 돋우기도 하였고 비유나 은유, 고사 등을 사용하여 사신이 하고자 하는 이야기를 담기도 했다. 사신이 시를 한 수 읊으면 사신 접대를 맡았던 원접사(遠接使)는 그가 지은 시에 차운(次韻: 그 운을 따서 시를 지음)하여 시를 지어 응대하였다. 경회루 연회에서 이러한 모습은 단순히 시를 지어 읊조리며 여흥을 즐기고자 하는 목적뿐만 아니라 상국(上國)이라는 우월감과 문사철의 지식을 집대성하여 에둘러 이야기하는 외교적인 '수사(修辭)'로 활용되었다.

황화집(皇華集)은 명나라의 사신과 조선의 접반사(接伴使)가 서로 주고받은 시들을 엮어 만든 국가 시문집으로 세종 때부터 50권이 간행되었다. 명나라에서 사신이 오게 되면 그를 국경에서부터 맞는 '원접사(遠接使)'에 요구되는 능력 중의 제1로 꼽혔던 것이 시를 짓는 일이었다. 시는 단순히 '운율에 맞아 읊조리는 글'이 아닌 그 자체가 외교 행위의 일환이었다. 이는 현재도 중국에는 남아있어 국가주석이 종종 《시경》 등을 인용하여 다른 나라와의 외교에 활용하고 있다. 명나라 사신은 조선 국경을 넘자마자 조선 '원접사'에게 처음으로 건넸던 것은 다름 아닌 시였다. 사신이 건넨 시에 대해 원접사는 그를 차운(借韻)하여 답시(答詩)로 화답하는 형식을 취했다. 첫인사부터 시로 시작하여 한양으로 오는 도중 묵는 곳이나 좋은 경치와 정자에서 시를 지었고 이는 조선에 체류하는 동안 계속 이어졌다.

경회루에서 시를 지은 사신과 원접사

선조 15년(1582) 황태자 탄생 소식을 전하기 위해 명나라에서 파견된 사신 황홍헌(黃洪憲)과 왕경민(王慶民)을 맞은 율곡 이이는 그들이 조선에 머무르는 동안 지은 시문을 엮어 《황화집》을 펴냈

| 사신을 접대하던 경회루의 봄 풍경

다. 이 책에는 '경회루 시'가 실려 있는데 정사(正使) 황홍헌이 시를 지으면 율곡이 차운하여 시를 짓고, 부사 왕경민은 다시 시를 지으면 관반사(官伴使) 정유길, 이이가 또다시 짓는 식이었다. 황홍헌이 조선을 다녀간 후 편찬한《조선국기(朝鮮國紀)》에는 조선이 변방의 나라이지만 독서를 많이 하고 예를 알고 있어 조선에 사신을 보낼 때는 '학행'이 우수한 자로 보내야 한다고 하였다. 이는 '구도장원공'으로 불리는 율곡이 '원접사'였던 까닭이 아닐까 싶다. 그 후 책봉례 등에는 학행이 우수한 사신을 선발하여 보냈다고 한다.

당시 사신을 국경에서부터 맞이한 원접사(遠接使)는 율곡 이이로 경학 등에 능한 관료였으며 영접의 총책임을 맡았다. 한양에서의 사신 접대는 정유길이었으며 그 외 시문에 뛰어난 관원을 선발하여 접반사로 삼았다. 정유길은 황화집 서문에서 황화수창의 중요성을 강조하며 이는 우리나라의 보물일 뿐만 아니라 장차 천하 후세에 영원히 전할 것이라는 글을 남겼다. 이어 정사 황홍헌, 부사 왕경민과 원접사 율곡 이이, 관반사 정유길이 주고받은 시가 실려 있다. 명나라 사신은 산해관에서 요양을 거쳐 압록강을 도강하여 조선으로 들어와 평양 기자묘와 부벽루, 대동강 유람 등을 하고, 시를 지었다.

《선조실록》에는 황태자 조사(詔使)의 한양 체류 기간은 11월 7일에서 11월 16일 사이로 기록하고 있다. 선조 15년(1582) 11월 7일 "조사가 서울에 왔다."는 내용과 11월 16일 "조사가 출발하였다."라고 하여 경회루에서의 연회는 이 기간에 열렸을 것이고 시 또한 그때 지어진 것으로 추정된다.

쉬운 한시 감상법

경회루 한시를 감상하기 위해서는 '한시'에 대한 간단한 상식이 필요하다. 한시에는 크게 고체시(古體詩)와 근체시(近體詩)가 있는데 '고체시'는 《시경(詩經)》이나 《초사(礎辭)》처럼 고시(古詩)이고 시의 형식은 자유롭다. '근체시'는 당나라 이후 시의 형식이 엄격해지면서 규칙을 정하게 되었는데 형식은 오언(五言)과 칠언(七言) 절구(絕句), 율시(律詩), 배율시(排律詩)이다. '언(言)'이란 글자 수로 칠언(七言)은 '일곱 글자'이고 오언은 '다섯 글자'이다. '일곱 글자'에 8구(句)로 된 한시는 '칠언율시(七言律詩)'이고 그 절반인 4구로 된 시를 '칠언절구(七言絕句)'라고 한다. 마찬가지로 '다섯 글자' 8구의 한시는 오언율시(五言律詩), 그 절반인 4구는 오언절구(五言絕句)라고 한다. 그 외 '배율시(排律詩)'는 율시보다 많은 10구 이상의 한시를 말한다.

근체시의 특징은 평측법(平仄法)과 압운(押韻)이라고 하여 정해진 자리에 특정 음의 글자를 놓아야 하는 지금 '랩(rap)'이라는 음악 장르에서 '라임(Rhyme)'에 해당한다고 할 수 있다. 한자의 경우 글자마다 고유 소리의 장단과 높낮이가 있는데 이는 한시에서 '평측(平仄)'으로 나타낸다. 특정한 자리에 운자(韻字)를 두어 맞추는 것을 압운이라고 한다. 압운은 평성(낮은 소리) 글자로 하는데 7언율시는 1, 2, 4, 6, 8구의 끝에 압운하고, 절구는 1, 2, 4구 끝에 압운한다. 5언 율시는 2, 4, 6, 8구 끝에 절구는 2, 4구 끝에 압운하도록 규칙이 정해져 있다.

대우(對偶)는 '서로 짝을 짓는다.'라는 말인데 율시의 경우 수련(首聯: 1, 2구)과 미련(尾聯: 7,8구)을 제외한 함련(頷聯: 3, 4구), 경련(頸聯: 5, 6구)은 출구(出句)와 대구(對句)로 짝을 이루도록 지어야 한다. 절구는 1구에서 4구까지 두 구씩 각각 짝을 이뤄 쓰거나 1, 2구로 일으켜서[起] 3, 4구에서 마무리[結]하는 두 가지 경우가 있다. 근체시 해석 방법은 뒤에서 3자를 끊어서 오언(五言)은 앞의 2자를 먼저 해석한다. 칠언(七言)도 뒤의 3자를 끊어 해석은 앞 4자와 뒤 3자 순서로 하는 것이 일반적이다.

《황화집》경회루 한시 황홍헌과 율곡

《황화집》에 실려 있는 '경회루 시'는 모두 5수(首)이다. 우선 정사 황홍헌이 지은 시에 율곡이 차운하여 시를 지었다. 부사 왕경민이 지은 시에는 관반사 정유길과 율곡 이이가 차운하여 시를 지음으로써 앞의 2수와 뒤 3수가 된다. 또 당시는 아니지만 17세기 지봉 이수광은 《황화집》 황홍헌의 경회루 시를 차운하여 시를 짓기도 했다. 이 한시는 모두 한 구(句) 7자이며 8구로 된 7언율시(七言律詩)이다.

먼저 선조 15년(1582) 11월 경회루 연회에서 정사 황홍헌과 그 시를 차운하여 율곡이 지은 시, 17세기 지봉이 차운하여 지은 시를 비교해 감상해 보겠다.

한권으로읽는경복궁

皇華集 - 正使 황홍헌		栗谷 이이 次韻	
玉樓銀牓枕山阿	옥루은방침산아	迥入層宵聳四阿	형입층소용사아
東向靈光曳履過	동향영광예이과	綠樽留待使星過	녹준유대사성과
江岫煙霏籠翠幄	강수연비롱취악	簾浮嵐氣圍靑嶂	렴부람기위청장
長虹月落影靑娥	장홍월낙영청아	池蘸蟾光弄素娥	지잠섬광농소아
周廬列戟貔貅擁	주려열자비휴옹	數曲雲和軒外奏	수곡운화헌외주
遠樹連城睥睨多	원수연성비예다	萬株松籟雨餘多	만주송뢰우여다
回首五雲雙鳳闕	회수오운쌍봉궐	夜深殿前賓筵罷	야심전전빈연파
鵷鴻此日正鳴珂	원홍차일정명가	銀燭紗籠散玉珂	은촉사롱산옥가

옥루에 은빛 편액 산구비를 베고 동쪽 신령스런 빛 향해 신 끌고 지나가네. 강 골짝에 연기 날리니 대롱 속 비취빛 휘장인데 긴 무지개 달은 떨어져 푸른 항아 그림자 졌구나. 주려에 창과 깃발 세워 비휴가 호위하고 잇단 성에 멀리 있는 나무 여장도 많구나. 머리 돌리니 쌍궐은 오색구름 속에 있고 이 날 줄지어 가는 기러기 말방울 소리처럼 바르네.	높은 하늘 향해 들어간 네 귀퉁이 솟아 있고. 푸른 술 남겨놓고 하늘 사자 기다리네. 주련에 남기(아지랑이) 떠 있고 푸른산이 둘렀는데 연못에 잠긴 두꺼비 달빛 흰 항아 희롱하는구나. 몇 곡(구비) 구름과 어울려서 누각 밖에서 연주하고 만 그루 솔바람(소리) 비온 후에도 많구나. 깊은 밤 전각 앞 빈객 연회 파하고 은촉은 비단 장막에서 옥구슬 소리처럼 흩어지네.

芝峯 이수광 次韻	
碧瓦朱甍壓澗阿	벽와주맹압간아
此中端合列仙過	차중단합열선과
屛間冷影開雲母	병간냉영개운모
池上淸光待月娥	지상청광대월아
三島煙霞雙眼迥	삼도연하쌍안형
一樽賓主兩情多	일준빈주양정다
當筵不盡留歡意	당연부진유환의
休唱驪駒白玉珂	휴창여구백옥가

푸른 기와 붉은 용마루 그 사이 귀퉁이를 누르고 이 가운데 선녀 열 지어 지나감이 합당하네. 병풍 사이 차가운 그림자 운모를 여니 연못 위 맑은 빛 달에 사는 항아를 기다리누나. 세 개 섬엔 노을 안개 두 눈에 아득하고 손과 주인 한 동이 술 서로 정도 많구나 이 연회 다하지 않아 기쁨 마음 머물러 있으니 노래 끝내고 검은 망아지에 흰방울 소리내며 떠나가네.

이 시는 7자 8구 된 칠언율시이고 1-2-4-6-8구의 마지막 글자에 압운(押韻)하였다.

또한 대우(對偶) 관계는 모두 3-4구와 5-6구가 짝을 이루고 있다. 압운 글자는 아(阿)-과(過)-아(娥)-다(多)-가(珂)로 모두 가(歌)운에 속하는 글자이다. 중성의 모음 발음이 '아'로 끝난다. 사신 황홍헌이 평성 가(歌)운에 속하는 글자로 시를 지으니 이를 차운하여 율곡과 지봉이 시를 지은 것이다.

내용을 보면 먼저 경회루 주변의 풍정을 1, 2구에서 묘사했는데 황홍헌은 '누각이 산굽이를 베고 있으며 동방의 나라에서 신령스러운 빛이 나오는 모습'을 율곡은 '높은 하늘로 솟은 누각과 푸른 술로 사신을 기다리는 모습' 지봉은 '푸른 기와 붉은 용마루 누각과 선녀가 열 지어 지나가는 모습'으로 시를 시작하였다. 마지막 미련(尾聯)에서는 '오색구름에 있는 궁과 그곳을 떠나가는 소리(말방울)-연회를 마친 장막에서 나는 옥구슬 소리-연회의 즐거움 머물러 있어도 노래 끝내고 말방울 소리 내며 떠나가는 모습'을 각각 표현하였다.

황홍헌의 경회루 시는 동방에 있는 멋진 누각이며 그 아름다운 모습을 비췻빛과 달의 여신 항아에 비유하기도 하고 도성과 궁궐까지 확대하여 찬미한 후 연회 후에 돌아가는 모습까지 시각과 청각을 대비하며 시를 지었다. 이를 차운한 율곡은 하늘 향한 높은 누각에서 황홍헌은 '하늘의 사신'을 푸른 술로 기다리는 모습으로 시작하여 연못에 아지랑이와 달빛 항아의 시각적인 부분, 누각에서 노래 연주와 솔바람 소리, 옥구슬 소리 등 청각적인 부분으로 확대하여 차운하여 지었다.

지봉의 경회루 차운시는 경회루 연회 자리에서 지은 시는 아니나 황홍헌의 시에 차운하여 당시의 풍정을 살려 시각과 청각적 요소를 적절히 조화하여 지은 시이다.

慶會樓詩 皇華集-王敬民		관반사 정유길 次韻	
天上恩光照海陬	천상은광조해추	絳闕四邊白岳陬	강궐사변백악추
人間慶會此登樓	인간경회차등루	乾坤寥逈繞層樓	건곤요형요층루
水環石島晴煙裊	수환석도청연뇨	瑤池景色尋常近	요지경색심상근
日晃雕闌朔氣收	일황조란삭기목	蓬島煙霞次第牧	봉도연하차제목
嶽嶺千重紛繞座	옥령천중분요좌	縹緲如聞笙在耳	표묘여문생재이
燕雲五色逈凝眸	연운오색형응모	淸寒偏覺月侵眸	청한편각월침모
主人自喜沾殊龍	주인자희첨수룡	吾王拱極時登此	오왕공극시등차
每向樽前問帝州	매향준전문제주	北斗前頭望帝州	북두전두망제주

하늘의 은혜로운 광채 바닷가까지 비추고 인간은 경회하며 이 누각에 올랐네 돌섬 두른 물에 나부끼던 연기 개이고 난간에 비친 햇빛 아침 기운 거두었네 산고개 천겹으로 복잡하게 에워싸 앉었고 연운 땅에 오색 서기 멀리 응시하니 주인 스스로 기뻐 수룡 적시고 매양 술동이 앞을 향해 도성을 묻는다네	사방 붉은빛 대궐 백악 귀퉁이 하늘땅 적막한데 멀리 층층 루 에워쌓네. 요지에 아름다운 빛 매양 가까이에 미쳐 봉래섬 연기와 노을 차례로 거두어들이네. 끝없이 아득하여 마치 생황 소리 귀에 들이는 듯하니 맑고 찬 기운 생각 달이 눈동자를 침범하네. 그대 왕 뭇별이 그대 왕 향하듯 이곳에 오를 때 북두 앞머리에서 도성을 바라보네.

원접사 율곡 이이 次韻	
星槎遠泊海東陬	성사원박해동추
勝日相攜上翠樓	승일상휴상취루
玉鏡涵空波不起	옥경함공파불기
煙鬟繞座雨初收	연환요좌양초수
牢籠景象歸吟筆	뇌롱경상귀음필
揮斥乾坤放醉眸	휘척건곤방취모
自是天威臨咫尺	자시천위임지척
却從四北望神州	각종사북망신주

성사(星使)탄 배 멀리 정박한 동쪽 바닷가 해오름 이끄니 위에는 비취빛 누각 차가운 붓이 맘껏 경치를 농락하며 돌아가고. 옥거울 허공 담으니 파도일지 않아 푸른 산봉우리 에워싼 자리에 비가와 처음처럼 거둬가네 아름다운 경치 새장에서 읊조리는 붓에 따라 돌아가고 풀어져 취한 눈 하늘땅 휘두르며 쫓아가네 스스로 하늘의 위엄 짧게 임하여 네 북방 물리치고 쫓아가 도성을 바라보네.

| 경회루의 가을

부사 왕경민의 경회루시에 차운하다

이이가 편찬한《황화집》에는 정사 황홍헌의 시에 차운한 율곡의
시만 실려 있는 것이 아니라 부사 왕경민도 경회루 연회 시 다른 운
을 사용하여 시를 지었다. 이에 관반사 정유길과 원접사 율곡의 차
운시가 남아 있는데, 이곳에서도 당시 경회루의 풍경과 분위기를
느낄 수 있다.

부사 왕경민이 지은 칠언율시는 앞서 정사 황홍헌의 지은 시와
운(韻)을 달리한다. 압운은 이고 1-2-4-6-8구, 추(陬)-루(樓)-수
(收)-모(眸)-주(州)이며 평성 우(尤)운에 속한 운자이다. 3-4구,
5-6구는 대우로 구성되어 있으며, 먼저 경회루의 일반적인 풍정을
노래하고 점점 발전시켜 어느 곳에 있는지를 이야기했다. 왕경민은
시에서 하늘의 광채가 지상에 두루 비치고 인간 세상에서는 경회가
되어 누각에 올라 그 경치를 세세하고 묘사하고 결국은 도성(임금)

한권으로읽는경복궁

을 향하고자 하는 마음을 표현했다. 이에 관반사 정유길은 백악 아래 있는 붉은 궁궐에 층층 높은 경회루, 신선 세계를 뜻하는 봉래섬과 그 속에 노랫소리를 대비하였다. 마지막은 왕경민과 같이 도성(임금)을 향한 마음으로 끝을 맺었다. 원접사 율곡은 정사 황홍헌은 물론 부사 왕경민의 시에도 차운하여 시를 지었다. 황홍헌의 차운시가 그 방향은 비슷하다고 할 수 있지만 '운'자가 다르기 때문에 표현 방법은 달랐다. 첫머리에서 하늘의 사자로 표현한 부분은 황홍헌과 같으나 경치를 묘사하는 데는 앞의 차운시보다 좀 더 구체적으로 표현하였다. 결론 역시 도성(임금)을 향한 내용으로 끝을 맺어 왕경민의 원시와 결을 같이 했다고 볼 수 있다.

25

사관과
조선왕조실록

편전은 왕의 공식적인 정치 공간이다. 상참과 경연, 윤대, 작은 연회 등이 열렸던 공간인데 경복궁의 편전인 사정전 내부는 생각보다 단출하다. 서양 궁전에서 보이는 화려한 꾸밈이나 장식, 가구도 없고 백관들이 자리인 어좌 앞은 마루가 깔려 있을 뿐이다. 이곳이 왕이 정사를 보던 곳이 맞나 하는 의구심을 갖게 할 정도이다. 사정전 내부 가장 말석 좌우에는 조그만 상이 하나씩 있다. 화려하고 큰 것보다 오히려 이런 부분에 관심을 가진 사람들의 의외로 많다.

기록을 중시하며 현재에 발생한 일을 미래의 거울로 삼고자 했던 조선에서는 사관의 역할이 클 수밖에 없었다. 실제 조선은 건국 초기부터 '사관' 제도를 두어 왕의 언행을 기록하였고 이 기록을 모아 왕이 죽은 후 실록을 편찬하여 춘추관과 사고에 보관하였다.

|왕이 정사를 펼쳤던 사정전

사관의 역사와 임무

사관은 왕조시대 그 중심에 있는 왕의 모든 일상을 기록하였는 데 이는 중국 삼황오제 중 황제(黃帝)시대 좌사는 행동을, 우사는 말을 기록한 것에 연원을 둔다. 조선 시대 사관은 왕의 모든 기록을 담당했는데 예문관 소속으로 정7품 봉교 2명, 정8품 대교 2명, 정9 품 검열 4명 총 8명이 담당하였다. 실록 편찬의 기초가 되는 사초를 작성하고,《시정기(時政記)》를 찬술하는 사관(史館)·예문춘추관 등에 소속된 수찬관 이하의 모든 관원이 이에 속했다. 이들은 사초 작성과 시정기의 찬술을 담당한 기사관을 겸임하였다.

조선에서 사관이 처음으로 등장하는 것은 태조 1년 태조가 왕위 에 오른 후 8월 19일 처음으로 거둥하면서 대사헌 '남재'가 왕에 건 의하였다. "임금의 동정은 모든 백성들이 보는 것이며 후대에 본받 는 일이니, 창업 군주는 조심해야 합니다. 대간과 의례를 맡아보는 통례문과 사관을 대동하여 뒷세상에 경솔한 행동을 하지 않도록 하십시오"하니 태조가 이를 따랐다.

태조는 태조 7년 윤오월 사관에게 내가 왕위에 오른 때부터 그 이후로 사초를 바치도록 하였다. 그래도 미심쩍었는지 도승지에게 옛날에 역사 기록을 군주가 보지 못하도록 하는 이유가 무엇인지를 물었다. 도승지는 "역사는 사실대로 바로 써서 숨김이 없어야 하는데, 만약 군주와 대신이 스스로 보게 된다면 숨기고 꺼려서 사실대로 바로 쓰지 못함이 있을까 염려한 까닭입니다."라고 하였다. 그러자 태조는 나도 그런 사실은 다 알지만, 옛날 당태종이 역사를 본 일도 있어서 나도 이를 보고자 했으니 이를 거역한다면 신하도 아니라고 단호히 이야기한다. 윤오월에 이 일은 6월 12일에 다시 한번 사초 바칠 것을 태조가 언급한 후 그 후에 기사는 없기 때문에 태조가 사초를 끝내 보았는지는 알 수 없으나 태조 7년(1398) 9월 그는 상왕으로 물러났다. 그러므로 이러한 명에도 불구하고 실제 사고(史庫)는 열리지 않았던 것으로 보이며 사초 보기를 원했던 태조의 꿈도 왕위를 방과(정종)에게 물려주면서 사라졌다. 이러한 역사를 통해 조선 오백 년 내내 '사초'는 왕이 볼 수 없는 신성불가침의 영역이었고 그 원칙이 지켜지면서 조선왕조실록의 역사적 가치를 더욱 높였다.

좌사와 우사의 기록

사관은 기록을 할 때에 2명 이상 참석도록 하였다. 편전에서 있던 각종 행사와 대전에서 종친과 신하를 인견할 때나 왕이 거둥하여 밖에 나갈 경우에도 반드시 사관을 대동하였다. 동양에서 '사관' 제도는 삼황오제 시대부터 있었는데 왕자(王者 : 天子)가 되면 대대로 사관(史官)을 두었다. 천자(天子)가 무엇인가 말을 하면 사관은 반드시 그것들을 기록하였는데 이는 천자가 언행을 삼가고 후손에게 법칙을 보이기 위해서였다.

《예문지》에 "옛 왕은 대대로 사관이 있어 임금이 거둥함에 반드시 기록하였는데 이는 왕이 언행을 삼가고 법과 모범을 보이기 위해서였다. 좌사는 왕의 말을 기록하고, 우사는 왕의 일(행동)을 기록하였다. 일은 춘추를 위함이요. 말은 상서를 위함이다[漢書藝文志 古之王者 世有史官 君擧必書 所以謹言行 昭法式也 左史記言 右史記事 事爲春秋 言爲尙書].'라고 하였다.

당나라의 문신으로 당태종 초기 장온고가 지은 대보잠(大寶箴: 왕의 자리를 위한 잠언)에는

"(전략) 禮以禁其奢, 樂以防其佚, 左言而右事, 出警而入蹕 (후략)
(예이금기사 악이방기일 좌언이우사 출경이입필)
예로 사치에 빠지는 것을 금하고 악으로 방탕에 흐르는 것을 막으며, 좌

| 사관과 기록

왕과 출전	좌사	우사	비고
삼황오제황제	행동	말	
예문지	좌사말	우사행동	전한 반고
대보잠 (장온고)	좌사언행	우사행동	당나라
성종실록	좌사행동	우사언행	태종, 성종, 중종, 선조, 영조
태조 1년 8월	남재가 건의하여 이때부터 사관이 공식 기록 시작		
태조 7년 윤5월	사초 보고자 하였으나 신하 반대. 9월 상왕으로 추대		
당태종	현무의 변 사초 기록을 봄. 유일하게 사초는 본 황제. 명신 방현령은 반대		

사는 언행을 우사는 일을 기록하게 하고, 궁궐을 나갈 때에는 경계시키고 들어올 때에는 길을 비키게 해야 한다. (후략)"

라고 하여 왕이 삼가야 하는 일 중에서 좌사는 왕의 언행을 우사는 행동을 기록하는 일에 대해 경계의 글을 남겼다. 당태종은 '정관의 치'라 할 만큼 법을 지켜가면서 대단한 정치력으로 역사상 가장 위대한 황제로 기억되고 있으나 '현무의 변'으로 형제를 죽이고 황제가 된 그에게는 늘 부담이었다. 그리하여 사초를 가져오도록 했는데 이는 동양에서 사초를 본 최초이자 마지막 임금으로 기억되고 있다. 사초를 가져다준 방현령은 실제 사초를 위조하여 보여 주었다고 하니 임금 중에서 동양에서 역사 초록인 사초를 실제로 본 이는 아무도 없는 셈이다.

좌사와 우사의 역할은 예문지와 대보잠에서 보듯 좌사는 언행을 우사는 행동을 기록하였다고 했는데《조선왕조실록》에는 두 가지로 혼용하여 조금 다르게 기록되어 있다. 실록에는 대부분 좌사가 행동을, 우사가 언행을 기록했다는 내용이 대부분이다.

《성종실록》성종 11년에는 내용에 동양에서 일반적으로 사관이 기록하는 패턴은 '옛날 사람들'이라고 하여 조선왕조실록에 인용하였다.

"古者 左史記言 右史記動 人君一言一動
옛날 사람들은 임금의 한마디 말은 우사가, 행동은 좌사가 기록하였다."

《성종실록》성종 8년 12월 좌사와 우사의 역할에 대한 기록도 있다.

"人主動則左史書之 言則右史書之

임금이 행동하면 좌사가, 말하면 우사가 기록한다."

'행동은 좌사, 언행은 우사'로 기록하고 있는 실록은 태종, 성종, 중종, 선조, 영조 등이다.

사관은 좌사와 우사 2인이 갖춰져 있어야 했으며 또 부지런해야 했다. 게으름을 피우는 날이면 언제나 대간들의 추고가 뒤따랐다. 선조 33년(1600) 1월 좌사와 우사가 무단히 나가버려 왕이 대신을 접견하기 위해 어좌에서 기다리다가 끝내 사관이 없어서 만나지 못하는 사건이 발생했다. 조정의 기강을 탓하며 사관에게 엄벌과 추국을 청하니 즉시 파직하고 죄를 물으라고 하였다. 임진왜란 이후 선조 대에 조정의 기강이 많이 흔들렸던 것을 보여주는 사관에 관한 일이다. 그래도 왕이 신하를 인견하고자 할 때 사관이 없으면 만나지 못했던 법칙은 지켜졌던 것이다.

사관들의 사초를 바탕으로 선왕이 승하하면 다음 왕 때에 실록청(實錄廳)이 임시로 설치되면서 실록을 편찬하였다. 조선에서 가장 먼저 실록이 편찬된 것은 태종 13년(1413)《태조실록》을 편찬했다. 그 후 세종 8년(1426)《정종실록》과 세종 13년(1431)《태종실록》이 각각 편찬되었고 이 보관처는 고려시대 사고였던 충주 사고였다.

실록 편찬의 첫 단계는 임시기구인 '실록청'의 설치였다. 조직은 대부분이 겸직이며 영의정은 영사(領事), 좌·우의정은 감사(監事), 판서급은 지사(知事), 참판급은 동지사, 6승지와 홍문관 부제학 및 대사간이 겸하는 수찬관(이상은 당상관), 의정부·육조·승정원·홍문관·예문관·세자시강원·사헌부·사간원·승문원·종부시의 편수관(이상은 당하관)·기주관·기사관 등으로 구성되었다. 인원은 왕의 재위 기간과 사초의 양 등에 따라 유동적이었으나 숙종실록청 $\left\{\begin{array}{l}\text{태종 13년(1413)《태조실록》}\\\text{세종 8년(1426)《정종실록》}\\\text{세종 13년(1431)《태종실록》}\end{array}\right\}$ 충주사고 보관

실록청 제출 내용	조선 후기 추가 제출
춘추관시정기	조보
사관이 작성한 사초	비변사 등록
가장사초(家藏)	일성록
좌사행동	
승정원일기	
의정부 등록	
각사기록	
개인문집	

왕 승하 후 사왕(嗣王)이 실록청 설치→영사 영의정(최고책임자)

도청(都廳)과 방(房)설치 : 실록 양에 따라 조정

사초 미제출 발각시 : 은 20냥 벌금

실록은 초초(初草) →중초(中草)→정초(正草) 순서대로 편찬

실록의 경우 256명에 달했다.

　실록청에서는 우선 조정의 공식 자료를 연월 일자별로 제출받는데 이를 춘추관 시정기라고 한다. 사관들이 작성한 사초를 제출받고 승정원일기와 의정부등록, 각사 기록과 개인 문집 등도 제출받는다. 조선 후기에는 조보와 비변사등록, 일성록 등도 추가되었다. 이 중 사관의 사초는 예문관 소속의 전임 사관이 작성한 사초와 수찬관 이하 겸직자들이 작성한 사초가 있었으나 전임 사관의 사초가 주가 되었다. 사관은 매일 입직하며 사초를 만들어 그 결과를 제출했는데 이는 시정기(時政記)의 자료가 되었다. 사초 중에는 '가장사초(家藏史草)'가 있었는데 사관이 인물 평가나 사화 등 당대에 의

견을 피력하기 힘든 경우 집에 보관하였다가 실록청에 제출하였다. 이는 사관으로서도 부담스러운 일이어서 당시 작성했던 사초를 다시 수정해서 내기도 하였으며 이는 실록에서 사평(史評)이라 하여 '史臣曰(사신왈)'로 포함되어 있다. 사초가 있는데도 제출하지 않을 경우 자손을 가두고 은 20냥의 벌금을 부과하여 빠짐없이 자료를 수집하였다.

이를 토대도 전체를 총괄하는 도청(都廳)과 그 아래 실록의 분량에 따라 방(房)을 만들었다. 방은 왕의 재위 기간에 따라 유동적이었는데 일반적으로 1방에서 3방까지 있었고 이 구분은 재위 연수별로 실록을 나누어 편찬하였다.

실록은 3단계로 만들었는데 모아진 자료를 각 방으로 분배하고 첫 자료를 만드는데 이를 초초(初草)라고 했다. 두 번째는 도청에서 초초에 빠진 내용을 추가하고 불필요한 것은 삭제하여 중초(中草)를 만들었다. 세 번째 단계는 실록을 총괄하는 총재관과 도청의 당상을 중심으로 중초 내용을 다시 수정하고 문장을 고치고 문체도 통일성 있게 하여 정초(正草)를 만든다. 이 정초를 사고에 보관하면 편찬 작업이 완료된다. 실록 편찬을 위해 모았던 시정기와 사초 그리고 초초와 중초본 등은 비밀 누설과 종이 재생 등을 위해 날을 잡아, 조지서에서 세초작업을 벌이는데 그곳은 창의문(자하문) 밖 차일암이었다.

실록을 보관하는 곳, 사고(史庫)

실록은 사고에 보관하였다가 실록청에서 관료를 파견하여 3년에 한 번씩 꺼내 포쇄(暴曬)하였다. 실록을 보관하던 사고는 태종 때 《태조실록》과 세종 때 《정종실록》, 《태종실록》 모두 세 실록을 고려 실록 보관처인 충주에 보관하였다. 그 후 화재 염려 등으로 성

| 조선 5대 사고 중 하나인 적상산 사고

주와 전주에 사고를 설치하고, 1445년 11월 4부를 인쇄하여 춘추
관, 충주, 성주, 전주 4대 사고 시대를 열었다. 세종실록부터는 정초
본과 인쇄본 3부를 만들어 위 사고에 보관하였다. 1592년 임진왜란
이 발발하면서 4대 사고 중 전주사고를 제외한 모든 곳이 병화로 소
실되었다. 전주사고는 태인에 사는 안의와 손홍록이 내장산으로 옮
기고 1년여 동안 보관하다가 1593년 7월에 다시 넘겨받아 해주. 강
화도. 묘향산으로 옮겨 보관하였다. 임진왜란이 끝나고 나서 전주사
고 본을 재인쇄하여 총 5부를 만들어 새로운 사고에 보관하였다. 이
때 만들어진 사고는 강화도 마니산, 봉화 태백산, 평안도 묘향산, 강
원 오대산과 한양 춘추관 다섯 곳이었다.

선조실록부터는 5부를 만들어 5대 사고에 보관하였는데 인조 2
년(1624) 이괄의 난으로 춘추관 사고에 있던 실록이 불에 타버렸
다. 이로써 4대 사고 체계로 운영되었다. 인조 때 두 호란으로 인해

묘향산 사고는 무주 적상산으로 옮기고, 숙종 때에는 마니산 사고
를 같은 강화 정족산으로 이전하였다.

이렇게 4대 사고 체계는 계속 유지되다가 일제강점기 정족산과
태백산사고는 조선총독부로 적상산 사고는 구황실 장서각으로 오
대산사고는 동경제국대학으로 옮겨갔는데 1923년 관동대지진으로
대부분이 소실되었다. 해방 이후 정족산과 태백산 본은 규장각에
있다가 1980년 부산기록관으로 태백산본을 이관하였다. 동경대로
반출되어 대부분 소실되고 남은 오대산본은 2006년 서울대 규장각
에 반환하였다. 적상산본은 한국전쟁 때 북한이 가져가 김일성종합
대학에 소장되어 있다.

정론직필의 출발 사정전과 사관의 힘

사정전은 상참과 경연, 윤대를 하는 곳으로 국정의 출발점이
자 여러 관료들이 아이디어를 창출하고 토론과 협력으로 백성들에
게 잘사는 길을 가이드해 주는 핵심 관부였다. 이를 위해서는 올바
른 인재 등용과 공평무사한 일 처리가 기본이었다. 정사를 순서에
맞게 진행하려면 정해진 의례와 절차와 그를 운용하는 사람 즉 백
관들이 있어야 한다. 왕은 이 모두를 총괄하며 미래에 어떠한 모습
으로 자신이 비칠지 까지도 생각하며 일을 처리해야 했다. 왕이 움
직이면 왕 옆에는 늘 사관이 따라다녔다. 이들은 왕이 하는 일과 행
동을 하나하나를 빼놓지 않고 기록하였다. 민감한 문제는 공식적
인 기록 이외에 별도로 사초를 작성하여 자기 집에 보관했다. 이른
바 '가장사초'이다. 사관은 당시 보고 들었던 모든 것들을 적고 자신
의 의견까지 덧붙였다.《조선왕조실록》에는 '사신왈(史臣曰)' '사신
논왈(史臣論曰)'이라고 하여 사론(史論), 사평(史評)이 실려 있는데
중종 이후이다. 이 사신 왈은 대부분 인물에 대한 평가를 주로 하고

있는데 중종반정 이후 홍경주가 유자광이 높은 공을 세웠다고 재산을 많이 내리라고 했는데 사관은 "유자광을 위해 홍경주가 아뢴 것이 아니라 자신도 4일 후 재산을 받았으니 그의 계교가 심하다."라는 인물평을 썼다.

사정전에서 열렸던 상참과 업무보고 회의, 경연에 2명의 사관이 참여하여 사초를 작성하였고 밖으로 거둥 시에도 반드시 사관이 뒤따랐다. 선왕이 승하하면 임시기구인 실록청이 만들어지고 총책임자 영의정을 영사로 하여 전임사관(專任史官)을 비롯한 많은 신료가 사초와 시정기, 승정원일기 등을 제출받고 모아 세 번에 걸쳐 편집과 교정 작업으로 실록을 편찬하였다. 실록을 후대에까지 안전하게 보관하기 위해 춘추관과 4대의 사고에 역대 왕의 실록을 봉안하였다. 인조 이괄의 난으로 춘추관 사고에 보관했던 실록이 소실되면서 오대산과 태백산, 적상산과 마니산의 4대 사고 체계로 20세기까지 이어졌다.

권력의 최고에 있는 왕이라 하더라도 사관이 작성한 사초나 선대왕의 실록을 볼 수 없었다. 이를 보완하기 위해 세조 때 실록의 기록 중 귀감이 되어 국정에 도움을 줄 수 있는 내용을 발췌하여 《국조보감》을 편찬하여 정사에 도움을 주었다.

사관은 정론과 직필을 생명으로 하며 품계는 낮았지만, 친족 등에 흠결이 없는 사람으로 선발하고 최대한 기록에 대한 자율성을 보장하였다. 조선이 500여 년을 지속할 수 있었던 이유 중의 하나가 바로 이러한 사관의 직필이며 역사를 두려워하며 자신의 수양을 게을리하지 않았던 왕들이 있었기에 가능했다.

조선왕조실록의 번역은 1993년까지 약 26년간에 걸쳐 완료하였으며 지금은 국사편찬위원회에서 제공하는 《조선왕조실록》에서 언제든지 검색하여 원문과 해석본 모두 활용이 가능하게 되었다.

26

조선의 융복합
해시계
– 앙부일구

경복궁 사정전 앞에 있는 앙부일구는 단순히 해 그림자로 시간을 아는 기능만 가졌던 것이 아니다. 둥근 원형으로 시계를 만들어 그 가운데에 절굿공이[杵]를 꽂아 해가 절굿공이를 비춰 그림자가 지면 그를 읽어 낮 시각을 읽을 수 있다. 앙부일구는 생김새가 솥 모양처럼 오목한 반원형으로 안쪽 면에 경선(經線)으로 빗금을 그려, 그곳에 해 그림자가 지면 시각을 읽도록 하였다. 여기까지는 일반 해시계와 기능이 같지만, 기능 하나가 더 추가되었는데 반원의 좌우 양쪽에 24절기를 표시하고 오목한 내부에 위선 13개를 그어서 해 그림자로 절기를 읽을 수 있도록 하였다. 절기는 태양의 그림자로 읽는 것이므로 태음력이 아닌 태양력에 해당한다고 하겠다. 한 달에는 2개씩의 절기가 들어 있고 이는 기후와 밀접한 관련이 있어 농사를 짓는 데 유용했다. 한마디로 앙부일구는 시간과 달력의 기능을 동시에 가지고 있는 '융복합 기능의 해시계'였던 것이다. 이렇

| 사정전 앞 앙부일구

게 우수한 기기는 조선에서 과학이 가장 발달했던 세종 시기에 다른 천체관측 기구와 같이 만들어져 후대에 발전하며 농업과 백성들의 생활을 윤택하게 하였다. 왕이 정치를 행하는 편전 사정전은 매일 진행되는 상참과 국정을 보고하는 차대가 있는 곳이기도 하지만 하늘의 일을 백성에게 꼭 집어 알려주는 일을 하는 곳이기도 했다.

하늘을 관찰하던 다양한 천문기기

조선 왕이 백성을 통치하는 데 가장 중요한 일 중 하나는 관상수시(觀象授時)였다. 하늘의 상을 관찰하여 해와 달, 별의 움직임에 따라 시간과 책력을 만들어 백성들에게 알려주는 일이었다. 위로는 하늘의 시간 즉 천시(天時)를 받들어 관찰하고 아래로 백성에게 이를 알려줌으로써 적기에 농사를 짓도록 도와주었다. 조선 사회는 농사를 짓기 위해 씨 뿌리고 거두는 일을 무엇보다 우선시하

한 권으로 읽는 경복궁

였으며 왕은 이를 돕기 위해 하늘과 땅이 하는 일을 미리 알고 그를 적극적으로 백성에게 알렸다. 태조는 새 왕조가 '하늘의 뜻과 명령에 따라 건국'되었다는 의미로 고구려 때부터 내려오던 천문도〈천상열차분야지도〉의 탁본을 입수하여 돌에 새겨 하늘의 별자리를 알도록 하고 관측하였다. 세종은 '천문과 책력'의 중요성을 인식하여 장영실을 비롯한 여러 신하들에게 천문기기를 만들도록 명하였다. 이는 천체의 운행과 위치를 측정하는 대소간의(大小間儀)와 혼의(渾儀), 혼상(渾象) 낮과 밤의 시간을 측정하는 일성정시의(日星定時儀), 방위와 절기 및 시간을 측정하던 규표(圭表) 등 다양한 기구를 만들었다. 해 그림자를 통해 시간과 절기를 측정한 '융복합 시계 앙부일구(仰釜日晷)'도 제작하였으며 해가 없는 밤 시각은 물을 이용한 누기(漏器)를 만들고 이에 자동 시보장치를 붙여 자격루(自擊漏)를 제작하였다.

　세종은 이 모든 관측 기기를 후원에 설치하도록 하였는데 매 시간 점검하는 데 어려운 점이 있었으므로 '천추전' 서쪽 뜰에 조그만 전각을 지어 그곳에 관측 기기를 두고 이름을 흠경각이라 하였다. 흠경각은 천추전 북쪽, 강녕전 서쪽에 복원되었지만, 각종 관측 기기는 존재하지 않는다. 이 중 앙부일구는 세종 때 혜정교와 종묘 앞에 설치하였는데 이곳은 일반 백성들의 통행이 잦았던 곳이었다. 경복궁 사정전에 앞에 복원한 앙부일구는 백성을 위한 정치 실천

| 천체 관측 기기와 앙부일구

1	형태 및 관측	솥모양	經線 7개 (시각)묘시-유시	緯線 13개(절기) 하지-동지	시각+절기
2	설치장소	흠경각	혜정교	종묘 앞	
3	천체관측 기기의 종류	대소간의	혼의	혼상	일정성시의
		규표	자격루	천상열차분야지도	

장이자 현군 정치의 상징적인 곳이 이곳이기 때문이다.

천체 관측의 역사와 관측 기기

삼국시대를 기록한 《삼국사기》에는 물시계 사용에 관한 기록이 있으며, 경주에서 신라시대 해시계 파편 등의 유물이 나왔다. 고려시대에는 시각을 알리는 큰 종을 제작했다는 기록도 있다. 조선은 세종 이후 밤에는 '자격루(自擊漏)', 낮에는 '앙부일구'를 통해 시각과 절기를 알도록 하였다. 이렇게 하늘의 상을 관찰하여 때를 알려 주었다는 기록은 동양 《서경(書經)》에 나와 있다. 요순시대부터 시작된 관상수시는 조선에서 천문과 역학의 원리를 이용하여 하늘의 움직임을 살펴 백성들에게 책력을 내려 주었다. 조선 건국은 하늘의 뜻에 따른 순리로 민생의 안전과 부국강병을 위해 농업 기반의 과학 기술은 필수적이었다.

세종 14년(1432) 7월 세종은 경연에서 역상(易象)의 이치를 논하면서 예문관 제학 정인지에게 "우리 동방이 멀리 있으되 모든 제도를 중국의 것을 따랐으나 천문을 관측하는 기구가 없다. 그대는 이미 역산(曆算)의 임무를 맡았으니 대제학 정초와 함께 옛 법을 강구하여 의표(儀表: 법칙)를 창조하여 천문 관측에 쓰라. 그 요점은 북극 땅 위에 솟은 높낮이를 정함에 있을 것이므로 먼저 간의를 만들어 들여라." 하였다. 이에 정초와 정인지는 천문 이론과 중국 고전 문헌의 연구를 맡고 중추원사 이천과 호군 장영실은 기술자 감독을 맡아 목간의를 만들어 한양에서 북극의 땅 위에 38도가 솟은 것(한양의 위도)을 측정하였다. 구리를 녹여 여러 의상(儀象)을 만들었는데 7년 후인 세종 20년(1438 무오년)에 이루어졌다. 기구의 종류는 대소간의, 혼의혼상, 현주천평정남앙부일구(懸珠天平定南仰釜日晷), 일성정시의, 자격루 등이었다.

앙부일구 제작의 의미와 설치 장소

《세종실록》에는 자격루가 세종 16년(1434)에 완성되자 경회루 옆에 보루각을 설치하였고 그해 7월 1일부터 시각을 알렸다고 한다. 동년 10월 2일에는 '혜정교와 종묘 남쪽'에 앙부일구를 설치하여 해 그림자를 측정하였다고 한다. 집현전 직제학 김돈은 기문에서 "모든 시설에 시각보다 큰 것이 없는데, 밤에는 경루(更漏)가 있으나 낮에는 알기 어려웠다. 구리로 부어서 그릇을 만들었는데 모양이 가마솥과 같고 지름에는 둥근 톱니를 설치하였으니 자방(子方)과 오방(午方)이 서로 마주 상대하였다. 구멍이 꺾이는 데 따라서 도니 겨자씨를 점찍은 듯하며 도수를 안에 그었으니 주천의 반이다. 신[十二支神]의 몸을 그렸으니 어리석은 백성을 위한 것이며 각(刻)과 분(分)이 분명하니 해에 비쳐 밝은 것이요, 길옆에 설치한 것은 보는 사람이 모이기 때문이다."라고 하였다.

이는 백성에게 관측기구를 설치하여 베풀어 줄 수 있는 것 중 시각이 가장 큰 일이었으나 밤에는 경(更)을 알리는 자격루와 같은 누기가 있지만 낮 시간은 알기 어려워 동(구리)으로 가마솥 모양의 앙부일구를 만들었다. 이는 하늘을 우러를 앙(仰)과 가마솥 부(釜)로 그 기구 안에 비치는 해 그림자(일구)로 시각을 알려주는 해시계였다. 둥근 톱니 모양은 반원 위에 시각을 표시하기 위해 만들었는데

| 앙부일구 설치 혜정교터 표석과 대석

265

자시(子時)에서 해시(亥時)까지 12시간을 둥글게 표시하여 자시와 오시가 마주 보게 하였다. 솥 모양 내부에는 세로(경선)의 시각선과 가로(위선)의 절기선을 그어 시각과 절기를 읽을 수 있게 했다. 세종 때에는 시각에 해당하는 글자 대신 동물을 그려 글을 모르는 백성들이 알기 쉽게 하였다. 각과 분을 100각으로 나누었다. 운종가 길목 혜정교와 종묘 남쪽에 설치하였는데 이는 많은 사람들이 모이고 지나다니는 곳이어서 공중 시계로서 역할을 하고자 한 것이다.

앙부일구의 세부 모양과 용어

솥 모양 내부 한 면에 해 그림자를 만드는 영침(影針)을 세워 두고 해가 비치면 그림자 끝을 보고 시각과 절기를 읽었다. 세부 모습

時盤 시반 影針 영침 1칸1각

酉時 卯時

절기선 13 하지 ~ 동지

하지 ~ 동지 절기선 13

牛時

수평기

漢陽 北極 高三十七度 貳二十分 仰釜日晷

| 앙부일구 구조

은 솥 모양의 둥근 내부에 가로와 세로선이 그어 있으며 몸체 받치는 네 개의 다리, 그 안에 열십자 모양의 수평을 잡는 기구가 있다. 수평기 십자 홈에 물을 부어 수평을 조절하며 받침대는 수평기에 구멍을 내고 납을 부어 해 시계를 고정했다. 시각을 표시하는 시반(時盤)은 둥근 모양이며 남쪽에 네 개의 날개와 둥근 갈고리 모양의 영침[해 그림자를 비치게 하는 막대]이 북극을 향해 비스듬하게 꽂혀 있다. 반구형 내부에는 가로로 선을 그어 동지에서 하지까지 24절기를 읽을 수 있도록 13개의 위선을 만들었다. 세로는 해가 떠 있는 낮인 묘시에서 유시까지만 선을 그어서 해 그림자로 시각을 알 수 있게 하였다. 이외에는 밤이므로 그곳에는 시각선을 표시하지 않았다.

현존하는 앙부일구는 모두 후대에 제작된 것이어서 세종 때 있었던 동물은 새기지 않았으며 글자와 선을 은 상감으로 처리하고 흑칠하였다. 세종 당시 제작하여 종묘 앞에 설치한 앙부일구는 대석 일부가 탑골공원에 남아있다. '보물 제845호'는 국립고궁박물관 소장이며 '보물 제852호' 휴대용 앙부일구는 국립중앙박물관 소장으로 박물관에 각각 전시되어 있으나 이는 모두 17세기 후반 이후에 제작한 것이다. '보물 제845호' 중 크기가 큰 앙부일구(직경 35.2cm, 높이 14cm)에는 '한양북극고삼십칠도이십분앙부일구(漢陽北極高三十七度二十分仰釜日晷)'이라는 글이 기구 윗면에 새겨져 있다. 작은 앙부일구는 지름이 24.3cm로 '한양북극고삼십칠도삼십구분앙부일구(漢陽北極高三十七度三十九分十五秒仰釜日晷)'이 새겨 있어 쓰여 있는 내용이 다르다. 이는 앙부일구를 만들기 위해서 가장 먼저 했던 일이 북극고를 재는 일이었는데 이 둘은 한양의 북극 위도를 말한다. 한양 북극고는 조선 숙종 39년(1713) '37도 39분 15초'로 측정하여 확정하였는데 그전에는 '37도 20분'이었으므로 큰 앙부일구는 1713년 이전에 제작되었으며, 시각도 100각이 아닌 96각을 따르고 있어 효종 4년(1653) 1월 '시헌력'으로 바뀐 후 제작된 앙부일구라 할 수 있다.

앙부일구로 시각 보기

앙부일구 시각은 내부에 그어진 위선으로 보는데 세종 당시의 앙부일구는 남아 있지 않으므로 96각으로 측정한다. 하루는 자(子)시에서 해(亥)시까지 12시간이며 지금의 24시간과는 달랐다. 매 시는 8각이며 12시간×8각은 96각이 된다. 1각은 15분이며 15분×8각은 120분이므로 12시 법으로 1시간에 해당한다. 이 중 앞 시각을 초(初), 뒤 시각을 정(正)이라 하였다. 또 각은 초를 초초각, 초 1각, 초 2각, 초 3각으로 하고 정은 정초각, 정 1각, 정 2각, 정 3각이라 했다. 만약, '12시 15분 경복궁 광화문에서 만나자.'고 했다면 조선시대에는 '오초초각에 만나자.'가 된다.

낮 시각 읽는 법

앙부일구로 측정한 시각과 지금 실제 시계로 보는 시각과는 차이가 난다. 이는 지금 실제 시각은 1884년 '그리니치 천문대를 0도로 정한 표준시'로 사용하고 있기 때문이다. 우리나라의 경우 1908년 4월 '동경 127.5도'를 표준자오선으로 정하여 영국 그리니치 천문대보다 8시간 30분 빠르게 표준시가 정해졌다. 일제강점기에는 '동경 135도'(일본 고베를 지나가는 자오선)로 바뀌었고 해방 이후 다시 127.5도로 바뀌었다. 그러나 1960년 미군의 요청으로 135도로 환원되어 지금에 이르고 있다. 앙부일구 설치 당시 한양을 그리니치 표준자오선 기준으로 하면 동경 127.5도인데 지금은 135도를 적용하고 있으므로 그 경도 차이가 7.5이다. 이를 시각으로 환산한다

시각	초.정 구분	1각	2각	3각	4각
午시	오초(午初)	초초각	초1각	초2각	초3각
	11:00-12:00	~11:15	~11:30	~11:45	~12:00
	오정(午正)	정초각	정1각	정2각	정3각
	12:00-13:00	~12:15	~12:30	~12:45	~13:00

면 30분이다. 경복궁 사정전에서 앙부일구로 측정한 시각이 있다면 그 시각에 30분을 더해 주어야 지금의 시간이 된다.

또 지구는 태양을 공전하고 있는데 공전하는 궤도를 연결하면 지름이 같은 둥근 원형이 아니라 타원형으로 이뤄져 있다. 가상선으로 연결한 이 공전 궤도를 황도(黃道)라고 한다. 지구는 태양 주위를 공전함과 동시에 자전(自轉) 하는데 자전축의 기울기는 23.5도이다. 지구가 태양 주위를 공전과 자전을 하면서 궤도의 모든 지점에서 이동 속도는 같지 않으므로 시차가 발생한다. '진태양시'는 앙부일구로 측정할 수 있는 시간을 말하는 것으로 '오늘 해가 정남(正南)에서 내일 다시 정남'까지 걸리는 시간인데 이는 하루하루가 다를 수밖에 없다.

지금 우리가 사용하는 시각은 하루를 24시간 나누어 매 시각을 일정하다는 전제하에 산출한 평균태양시이다. 이 둘 사이에는 반드시 차이가 발생하는데 이를 균시차라고 한다. 이는 육안이나 단순한 계산으로는 산출하기가 힘들기 때문에 '균시차 표'를 이용해야 한다. 균시차는 평균태양시에서 진태양시를 빼서 나온 시간의 차이이다. 결론적으로 사정전 앙부일구로 측정한 값을 지금 시각에 적용하려면 경도차 30분을 더하고 균시차를 가감해야만 된다.

달력의 역할 절기 읽는 법

앙부일구에 표시된 절기는 동지에서 하지까지 24절기를 표시하고 있으며 기구에는 13개의 위선(가로선)이 표시되어 있다. 절기는 태양의 움직임으로 정해졌기 때문에 음력이 아닌 양력이라 할 수 있다. 절기와 절기 사이는 15일이고 한 달에 두 개의 절기가 들어 있다. 동지는 밤의 길이가 가장 긴 날로 소한과 대한을 지나 입춘에 이른다. 하지는 낮의 길이가 가장 긴 날이며 더울 때로 소서와 대서를 지나서 입추에 이른다. 그러므로 동지는 태양의 고도가 가장 낮은 절기여서 해 그림자는 일 년 중 가장 길다. 반대로 하지는 태양의 고도가 가장 높아서 해 그림자는 가장 짧다. 앙부일구의 '13개 절기선'은 해 그림자가 가장 긴 동지선이 바깥쪽에 있고 가장 짧은 하지선은 안쪽에 있다. '24절기'인데 위선이 13개 밖에 없는 이유는 동지에서 하지로 가는 경우 원형의 왼쪽(동쪽) 부분에 있는 절기를 읽고, 하지를 지나 겨울 동지로 갈 때는 오른쪽(서쪽) 부분에 있는 절기 이름을 읽으면 되기 때문이다. 앙부일구의 반구 안에 있는 영침에 태양의 그림자가 시반에 비치면 그를 보고 '시각과 절기' 즉 '시간과 달력' 두 마리 토끼를 모두 잡았던 앙부일구는 조선만의 특별한 발명품이라 하겠다.

낮과 다른 밤 시간의 기록 경점법

조선 시대에 하루는 자시에서 해시까지 12시간을 균등하게 나눈 십이지 시법을 사용하여 각 시간을 초와 정으로 나눠 시각의 명칭을 정했다. 그런데 밤 시각은 경점법이라고 하여 별도 시각의 명칭을 불렀는데 이는 절기에 따라 시각이 달라지는 '부정시법'이었다. 해가 진 후 2.5각 시점을 혼(昏)이라하고 다음 날 해 뜨기 전 2.5각 시점을 단(旦) 또는 신(晨)이라 했다. 혼에서 단까지의 총시간을

명칭	시작과 종료	경점 시작	경점 종료	파루와 인정		경(更)	점(點)
혼(昏)	해진 이후 2.5각부터	1경 1점		1경 3점	28번 (人定)	5경	25점
신(晨)	해뜨기 전 2.5각까지		5경 5점	5경 3점	33번 (罷漏)		

5로 나누어서 초경(初更)에서 5경까지로 정한 것이다. 밤의 총길이
는 5경이고 1경은 다시 5점으로 나누었다. 결론적으로 밤의 길이는
5경, 25점이 되는 셈이다. 혼과 신을 정하는 1각의 기준은 약 15분
이었다.(14분 24초)《조선왕조실록》과《승정원일기》에서 천문에 대
한 기록이나 월식 등 천문 현상은 모두 경점법으로 기록하였고 밤
의 경치 등을 표현하는 시에도 대부분 경점이 사용되었다.

2.5각은 지금 시간으로 환산하면 37분 30초이다. 혼과 신 사이
는 '밤'이라 했다. 해진 이후 2.5각(혼) 시점부터 1경 1점이 시작되
고 해가 뜨기 전 2.5각(신) 시점까지 사이를 5경 25점을 밤으로 활
용하였다. 경의 명칭은 초경, 2경, 3경, 4경, 5경이고 경은 각각 1점
에서 5점까지 있다. 경점의 길이는 지금 시간과 같이 일정하지는 않
았다. 이는 밤의 길이가 절기에 따라서 달라지기 때문이다. 춘분(3
월 24일 전후)과 추분(9월 24일 전후)은 밤낮의 길이가 같지만 다
른 절기에서는 밤이나 낮 길이 중 하나는 더 길게 되어 있다. 하지
와 동지는 낮과 밤의 길이가 가장 길다. 이처럼 경점 시간은 일정하
지 않았지만, 밤 시간을 정확히 잴 수 있었던 것은 물시계[누기: 漏
器]의 나무 살대에 새긴 눈금을 절기에 따라 달리 설정하였기 때문
이다. 물시계는 물을 일정한 속도로 흘려보내는 파수호(播水壺)와

이 물을 받는 수수호(受水壺)로 구성되어 있다. 수수호에 나무 살대를 넣어두어 물이 차오르면서 살대가 부력으로 올라온다. 살대 눈금의 간격은 24절기에 따라 달리 설정하여 밤 시각을 정확히 알 수 있었는데 이를 자동 시보장치와 연결하여 자격루가 탄생하였다.

5경 3점에 종루에서 33번의 종을 쳐서 파루(罷漏)를 알리면 도성문을 일제히 열고, 1경 3점에 28번의 종을 치는 인정(人定)을 알리면 도성 문을 닫아 도성 출입을 금했다. 조선 초기 파루는 북(陽을 상징)을 인정에는 종(陰을 상징)을 쳤으나 점차 그 구분이 없어지면서 파루와 인정 모두 종으로 통일되었다.

조선왕조실록에 나와 있는 경점 기록은 《태종실록》 태종 15년(1415) 9월 25일에 상왕 거둥 시 기후와 유성(流星)이 밤 시각으로 《삼경》에 나왔음을 기록하고 있다.

> "상왕이 교하 등지에 나아갔는데, 이날 밤에 비 오고 바람 불고 우레하고 번개하고 우박이 오고, 3경(三更)에 이르러 유성이 북하(北河) 동쪽에서 나와 상대(上臺) 서쪽으로 들어갔는데, 모양이 뒷박과 같고 빛이 붉었다."

《중종실록》 중종 10년(1515) 3월 2일에도 장경왕후 윤씨가 승하한 시각을 자시 또는 축시 등으로 기록하지 않고 경점에 의해 '삼경오점'이라 기록했다.

> "이날 삼경 오점(三更五點)에 중궁(中宮) 윤씨(尹氏)가 승하하였다."

《영조실록》 영조 44년(1768) 10월 19일에도 왕의 거둥 기록을 보면 시각이 아니라 초경으로 기록하고 있다.

"임금이 창의궁에 거둥하였다가 초경(初更)에 비로소 환궁하였다."

《승정원일기》에는 인조 24년(1646) 6월 16일 월식이 있었는데 밤 3경부터 5경까지 밤 시간대별 월식 현상의 진행내용을 기록하고 있다.

"밤 3경부터 5경까지 월식이 있었다. 4경에 유성(流星)이 우성(牛星) 아래에서 나와 남방 하늘가로 들어갔다"

《숙종실록》 숙종 즉위년(1674) 11월 23일 유성과 달무리가 지는 천체 현상을 기록하였다. 여기에서 실(室)성은 북방칠수 중 6번째 별이고 밤에 하늘의 현상이 있었던 시각을 2경, 4경, 5경으로 경점으로 기록했다.

"2경에 유성이 실성(室星) 위에서 나와 우림성 아래로 들어갔는데, 모양이 주먹 같았고 꼬리의 길이가 2, 3척 정도였으며, 붉은색이었다. 4, 5경에 달무리가 졌다."

《고종실록》 고종 2년(1865) 10월 8일에 날씨 기록에 대한 내용도 있다.

"지난밤 5경부터 동틀 무렵까지 비가 내렸는데, 측우기의 수심이 5푼이었다."

《조선왕조실록》과 《승정원일기》에 일기나 기후, 월식 등 천문 현상이 밤에 나타났을 때 하루를 12시간으로 균등하게 나누어 사용했던 12지 시법 대신 '부정시법'에 따라 '경점'으로 기록하였다.

27

경회루에 얽힌
이야기

경회루는 임금과 신하가 덕으로 만나 정사를 논하는 공식적인 연회 공간이다. '덕으로 대인을 만나 봄이 이롭다.'는 주역 건괘(乾卦)로 경회의 의미를 밝혔다. 연회는 단순히 먹고 마시는 잔치가 아니라 정해진 의례 절차에 의해 열렸으므로 음악과 춤 등도 뒤따랐다. 조선 왕의 대부분은 경회루에서 외국 사신을 접대하고 공신에게 연회를 베풀며 과거 시험과 활쏘기, 기우제 등을 하는 공간으로 활용했다. 그런데 중국 은나라 마지막 주왕(紂王)처럼 주지육림(酒池肉林)의 전철을 밟은 왕의 이야기가 경회루에 전한다.

흥청이 망청이 되다

연산군은 경회루 못 서쪽에 만세산을 만들고 산 위에 봉래궁(蓬萊宮)·일궁·월궁·예주궁(蘂珠宮)·벽운궁(碧雲宮)을 만들어 금은이 빛나는 비단으로 꾸몄으며, 흥청(興淸)이 그 안에서 곡을 연주

| 경회루와 만세산(ⓒ양인억)

하게 하였다. 또 수백 명이 탈 수 있는 황룡주(黃龍舟)를 만들고 채색 비단으로 꾸며 만세산을 왔다 갔다 하였다. 경회루 연못 안에 있는 섬을 궁으로 만들고 비단으로 꾸몄으며 흥청에게 곡을 연주케 하고 금으로 칠한 용 모양의 배를 만들어 즐겼다.

《연산군일기》연산 10년(1504)에 다음과 같은 기록이 있다.

"흥청(興淸)은 사악하고 나쁜 것을 깨끗이 씻으라는 뜻이며 가장 으뜸이고, 운평(雲平)은 태평한 운수를 만났다는 뜻이다."

흥청은 관기 중에서 가장 으뜸을 부르는 명칭이었다. 광희(廣熙)는 모든 악공(樂工)과 악생을 일컬었다. 갑자년(1504)에는 흥청악 3백 명과 운평악 7백 명을 정원으로 하고, 광희도 증원하라는 명을 내렸다. 이와 함께 예약을 관장하는 장악원(掌樂院)은 세조가 창건한 원각사(圓覺寺)로 옮겼으며 그곳에 가흥청(假興淸) 2백, 운평 1천, 광희 1천을 머물게 하는 엽기 행각을 벌이기도 했다. 기녀 선발을 위해 관료를 각 지방에 파견하여 시녀와 공·사천 노비, 양가의 딸 등을 닥치는 대로 뽑아 들여 그 수효가 한때 거의 만 명에 육박하기도 했다. 이들이 머무는 7원(院) 3각(閣)도 설치했는데 계평(繼平)·채홍(採紅)·속홍(續紅)·부화(赴和)·흡려(洽黎) 등의 호칭을 부여했다. 이와 별도로 뽑은 자는 '흥청악(興淸樂)'이라 했고 천과(天科)와 지과(地科), 반천과(半天科)로 분류했다. 왕의 은혜를 입은 자는 천과 흥청이고 입지 못한 자는 지과, 입었으되 왕이 흡족하지 못한 자는 반천과라 이름하였다. 천과 중에서도 왕을 가장 흡족하게 한 자에게는 숙화(淑華)·여원(麗媛)·한아(閑娥) 등의 별칭 붙여주었는데 이들은 숙용 장씨(장녹수)와 전씨(전비) 등 당시 실세들과 기세가 동등한 자도 있었다.

　　이처럼 연산군은 자신의 쾌락을 위해 흥청(흥할 興, 맑을 淸)들과 함께 경회루에서 놀아났다. 상나라 주왕이 주지육림을 즐기다가 나라를 망하게 했듯이 연산군도 경회루에서 황룡주에 타고 흥청 등 기녀들과 주색에 빠져 시간 가는 줄 모르고 놀다가 왕위에서 쫓겨나 끝내 패망의 길로 가고 말았다. 여기에서 '흥청망청'의 고사가

|《연산군일기》 자색이 있는 자는 흥청으로 올리다.

나오게 되었다. 정치는 제대로 돌보지 않고 주색에 빠져 결국에는 중종반정이 발생하여 왕 자리에서 쫓겨난 연산군. 그는 자신이 있었던 궁에서 쫓겨나 강화도에서 왕이 아닌 평민으로 강봉 되어 비참한 최후를 맞았고 역사 속에 폭군으로 남게 되었다. '군신이 덕으로 만나 경회'하는 경회루를 단순히 왕 자신의 오락과 유희 공간으로 만든 왕의 끝에서 그는 '흥청망청' 고사의 주인공으로 기억되고 있다.

중종과 단경왕후의 생이별 이야기

정사(政事)는 돌보지 않고 주색으로 날 새는 줄 모르고 경회루에서 놀아나던 연산의 시대는 왕위에 오른 지 12년 만에 종말을 맞았다. '중종반정'이 일어난 것이다. 반정이 일어났는지 모르고 있던 진성대군(훗날 중종)은 반정군이 갑자기 자기 집을 에워싸자 자신을 감금하려는 일로 보고 겁을 먹고 있었다. 이때 옆에 있던 부인 신씨(후일 단경왕후)가 말하기를 "군사들의 말이 우리 집 밖을 향하고 있으니 이는 대군을 보호하려는 것이지 해치기 위한 것이 아닙니다."라고 했는데 과연 그 말이 맞았다. 반정이 성공하자 반정에 가담한 신하들은 대비의 전교를 받아 진성대군을 '경복궁 근정전'에서 즉위시키고, 연산은 왕위를 폐하여 교동현에 위리안치하였다. 그러나 반정 당일 진성대군에게 지혜롭게 "군사들이 우리를 지키고 있습니다."라는 말을 했던 부인 신씨는 좌의정 신수근의 딸이었다. 신수근의 여동생은 연산군의 부인 거창군 신씨이므로 연산군과는 처남 관계였다. 반정을 주도했던 세력 박원종과 성희안 등은 반정 도모시 신수근의 참여를 제안하였으나 '충신은 불사이군'이라 하여 따르지 않자 반정에 성공한 후 그를 죽였다. 진성대군이 중종으로 즉위한 후 부인 신씨를 왕비로 책봉하려 하였지만, 반정 주도 세

| 인왕산 치마바위

력과 신하들은 궁궐 밖으로 내칠 것을 종용하였다. 이에 중종은 "조강지처를 어찌하겠느냐?"라고 하였지만 그를 물리칠 힘이 없었던 중종은 마침내 신하들의 의견을 받아들여 건춘문 밖에 있는 하성위 정현조 집에 머물게 하였다. 하성위 정현조는 의숙공주(세조의 딸)와 혼인하였으나 공주가 일찍 죽어 자식도 없었기 때문에 일찍이 진성대군을 시양(侍養)으로 삼았다. 시양 관계가 맺어짐으로써 진성대군과 하성위 부부는 양시부모가 된 것이다. 원래 하성위 궁은 영희전(세조 잠저, 중부경찰서)과 죽동궁(현 종로구 관훈동. 센터마크호텔) 두 곳에 있었다. 《조선왕조실록》에는 폐비 신씨가 건춘문을 나가 하성위 집에 거처했다고 하였으므로 신씨가 궁궐에서 나가 머물렀던 궁은 경복궁에서 가까운 관훈동 죽동궁이었을 것이다. 그 후 폐비 신씨는 정현조 집과 중종 잠저 어의동 본궁, 본가 등을 전전하며 서인으로 삶을 살아갔다.

중종이 왕위에 오른 뒤에 자신이 살던 잠저와 경복궁에 머물면서 반정으로 쫓겨난 신씨를 그리워하며 잊지 못했다. 이 소식을 알게 된 신씨는 자신의 집 뒤 바위 위에 '붉은 치마'를 걸어 중종이 있는 곳에서 바라보도록 하였는데 그 이유로 바위 이름을 '치마바위[裳巖]'라고 하였다고 한다.

이는 경복궁 경회루에서 전해지고 있는 치마바위 이야기로 중종이 경복궁 경회루에서 인왕산 바위에 걸어 놓은 신씨의 붉은 치마를 바라보면서 연모하는 정을 나타내어 그 바위를 '치마바위'라고 하였다는 내용이 있다. 그러나 실제《중종실록》에는 중종이 즉위하고 경복궁에 들어온 후 7일 만에 신씨를 궁에서 내보냈다는 내용만 있을 뿐 치마바위에 대한 사연은 없다. 영조 때 '이재 황윤석'이 쓴 일기 형식의《이재난고(頤齋亂藁)》에는 "잠저와 궁궐에 있으면서 상이 (신씨를) 연모하며 잊지 못하자 집 뒤 바위에 붉은 치마를 걸어 보이도록 하고 이 때문에 상암치마바위라 하였다.[家正與禁中相直 上眷戀不能忘 俾擧紅裳於家後岩石上 以寓望 由是號爲裳巖]"고 기록하고 있다. 여기에서도 경복궁 경회루와 인왕산에 있다고 하는 '치마바위'는 언급되지 않고 다만 '자신의 집 뒤 바위'라고 했을 뿐이다. 중종과 단경왕후의 치마바위에 얽힌 이야기는 경회루에서 한눈에 보이는 서쪽 인왕산에 바위 골이 깊은 바위가 있는데 이 모양이 주름치마와 같다하여 지어진 이름일 뿐이다. '경회루 치마바위' 이야기는 중종과 비운의 왕비였던 신씨의 이야기를 엮어 경회루에서 한눈에 들어오는 '인왕산 치마바위'와 연결하여 왕과 왕비의 극적인 사랑 이야기로 만들어 낸 것으로 보인다.

세종과 구종직의 깜짝 만남

구종직은 세종에서 성종까지 다섯 왕을 거치면서 관직을 지냈으며 벼슬은 종1품인 좌찬성까지 이르렀다. 경회루는 중건 시 사방에 높은 담장을 만들어 누각 안으로 접근하거나 그 안을 함부로 볼수 없게 하였다. 이곳은 외국 사신이나 왕과 신하가 특별한 만남(경회라고 함)을 하기 위한 장소로 초대된 사람이 아니면 절대로 출입할 수 없었다. 이곳은 경복궁 내에서도 경치가 가장 뛰어났으며 왕과 경회하는 곳이었다. 당시 백관이었다면 누구나 죽기 전에 한번은 가보고 싶은 곳 1위였다.

구종직이 경복궁 내 교서관에서 숙직하던 중 경회루가 절경이라는 말을 듣고 몰래 경회루에 잠입하여 경치를 감상하며 연못가를 거닐고 있었다. 잠시 후 임금이 가마를 타고 경회루에 이르렀는데 마침 연못가를 산책하던 구종직과 마주치게 되었다. 왕의 행차를 보게 된 구종직은 놀라, 가마 앞에 엎드려 머리를 조아렸다. 왕도 놀랐지만 이내 정신을 차리고 누구인지 물었다. "짐은 누구인고?"하니 구종직은 낮은 목소리로 "교서관 정자 구종직이라 하옵니다."라고 대답하였다. 왕이 아무나 들어오지 못하는 이곳에 온 연유를 물으니 종직은 "신은 일찍이 경회루의 옥기둥과 아름다운 연못이 하늘의 신선이 사는 곳이라는 말을 듣고 입직을 하다가 감히 몰래 구경하고 있었습니다."라고 대답하였다.

이에 임금은 경회루에 몰래 숨어 들어온 종직을 혼내는 대신에 노래를 잘하는지 못하는지 시험해 보기로 했다. 임금이 "그대는 노래 부를 줄 아느냐?" 물으니 종직은 "미천한 몸이 격양가를 불러보려는데 소리와 운율에 맞을지 모르겠습니다."라고 대답하였다. 임금이 "한번 불러보라." 하니, 종직은 격양가를 멋지게 불렀다. 임금이 노래에 대해 칭찬하고 다시 한 곡을 들은 후 다시 물었다. "그대는 경전을 외울 줄 아느냐?"고 하니 종직은 "《춘추(春秋)》를 외워 보겠습니다."하고 거침없이 《춘추》 한 권을 술술 다 외웠다. 그를 들은 왕은 그의 학식에 감탄하며 칭찬한 후 벌 대신 술을 하사하고 돌려보냈다.

한권으로읽는경복궁

|경회루 야경

　이튿날 왕은 승지에게 명하여 종직을 교서관 부교리에 제수하였다. 그러나 정9품 교서관 정자였던 그가 하룻밤 사이에 경회루에서 왕과 만난 후 '종6품 부교리'로 초대박 승진을 이루자 조정은 난리가 났다. 여러 신하들은 물론 삼사(三司)에서도 반대 상소가 극렬하였지만, 임금은 그를 받아들이지 않았다. 백관들의 품계는 순자법(循資法)으로 평정했는데 한 품계가 올라가는 데 450일이 소요되었다. 그런데 종직은 경회루에서 하룻밤에 5자급이 올라갔으니 이는 전무후무한 일이며 예법에도 맞는 일이 아니었다. 그 일이 있고 5~6일이 지나 왕이 편전에 삼사들을 모두 불러 놓고 사헌부 수장인 대사헌과 모든 대소 신료들에게《춘추(春秋)》를 외우게 했는데 그 누구도 막힘없이 외우는 자는 없었다. 왕이 다시 종직을 불러 춘추를 외우도록 했는데 마치 물 흐르듯 막힘없이 외웠다. 종직의 입을 통해 직접 춘추를 들은 신하들은 더 이상 문제로 삼지 않았다.

경회루 경치를 보러 숙직하다 몰래 숨어들었다가 우연히 마주친 왕과의 만남을 통해 하룻밤에 5자급의 초고속 승진을 이룬 구종직, 그의 입지전적 이야기가 경회루에 전해 온다. 이 이야기는 이긍익의《연려실기술》과 차천로의《오산설림》등에 나오는데 구종직은 실제 과거급제자를 기록하고 있는《국조방목》에 갑자년(세종 26년. 1444) 식년 문과에 급제자로 등재되어 있다. 그 후 영동현감과 좌헌납을 거쳐 문종, 단종, 세조, 성종 때까지 벼슬은 종1품 의정부 좌찬성에 이르렀다. 구종직이 성균관에 있을 때 우연히 친 점괘에서는 '벼슬은 1품이고 수명은 70수'를 예언했는데 종1품으로 74세까지 살았으니 70수를 훌쩍 넘긴 셈이다.

경회루에서 우연히 마주친 미관말직의 종직을 무조건 혼내지 않고 학문적 공감을 끌어낸 이야기는 '성왕'으로서 세종이 얼마나 학문을 장려했는가를 보여주는 사례라고 하겠다. 자칫 묻혀버릴 수도 있었던 신하의 재능을 조기 발견하여 파격적인 인사로 국정에 기여토록 한 '세종과 구종직'의 진정한 경회가 이곳 경회루에서 이루어진 것이다.

28

교태전 아미산
조성 원리와 의미

　교태전 북쪽 화계에는 육각형으로 벽돌을 쌓아 만든 굴뚝과 주변에 괴석을 비롯한 여러 가지 석물을 배치하고 있다. 화계는 궁궐 후원이나 전각 뒤쪽에 계단 형태로 화단을 만들어 꽃과 식물, 괴석 등을 배치하는 전통 조경 기법의 하나이다. 경복궁에서 화계가 설치되어 있는 곳은 '아미산'과 '흥복전'이었는데 아미산에는 화계가 남아 있지만 2019년 복원된 흥복전은 경복궁 중건 당시 있었던 화계를 완전히 복원하지는 못했다.

　경복궁 아미산은 아름다운 경치와 풍수에 대한 여러 가지 이야기가 전하지만 확실한 유래와 연원, 조성 연대는 나와 있지 않다. 1996년 '유네스코 세계 자연유산'으로 등재된 아미산은 중국 '사천성 아미산시'에 있는 산이다. 어떤 자료에는 산동성 박산현에 있는 '아미산'의 이름에서 왔다고도 한다. 사천성 아미산은 당나라 시선 이백의 '아미산월가'라는 시에서 "峨眉山月半輪秋(아미산월반륜

추) 影入平羌江水流(영입평강강수류) 아미산에 반달 든 가을날, 달 그림자 평강강을 따라 흐르네."라고 하여 아미산과 평강강 등의 지명을 시에 차용하여 아름다운 경치를 그려냈다. 이곳은 당송 팔대가인 소순과 소식, 소철 삼부자의 고향이자 불교와 도교의 성지로 명산으로 꼽히는 곳이기도 하다. 이러한 명산이 경복궁 교태전 화계에 들어와 있으며 그곳을 장식한 굴뚝과 각종 괴석으로 아름다움과 신선 세계를 표현하였다.

경복궁 아미산은 그 자체가 정원이기는 하지만 문화재로 지정되어 있지는 않다. 다만 그곳에 있는 굴뚝이 보물로 지정되어 있을 뿐이다. 아미산 화계는 긴 장대석을 4단으로 쌓아 화단으로 4층의 화계를 조성하였다. 가장 위 4층에는 여러 가지 꽃과 나무를 심어 사철 다양한 꽃이 피고 지도록 꾸몄다. 3층은 아미산의 메인 장식이라고 할 수 있는 '육각형 굴뚝'이 일렬로 4개가 배치되어 있다. 화계 3층 서쪽 3, 4번 굴뚝 중간에는 앙부일구를 올려놓는 대석이 있고, 화계 2층 함월지 서쪽에도 하나가 더 있다. 2층은 동쪽에서부터 서쪽으로 낙하담-함월지-일영대-괴석 순서로 배치되어 있다. 1층은 가운데 괴석을 중심으로 동서 양쪽에 연화형 둥근 수조를 배치하였다.

아미산 천지조산(穿池造山)설과 경회루

아미산을 소개하는 대부분의 책은 "태종 12년(1412) 경회루 연못을 새로 팔 때 이 흙으로 가산을 만든 것이 아미산이다."라고 소개하고 있다.《태종실록》에는 공조판서 박자청에게 명하여 경회루를 새로 지으라고 한 기사가 나온다. 경복궁 서쪽에 작은 습지에 있던 조그만 전각이었으나 연못을 크게 넓히고 그것에 맞게 경회루도 지었는데 이때 연못을 파면서 나왔던 흙을 교태전 뒤에 쌓아 가산을 만들었다는 것이다. 조선 이전 삼국사기의 기사에는 백제는 임류각과 궁남지, 신라는 동궁과 월지 등을 조성할 때 연못을 파고 그흙을 쌓아 가산을 만들어 정원으로 꾸몄다는 내용이 나온다. 중국의 경우에도 북경 북해공원과 자금성 경산을 연결하여 가산을 조성했다. 이처럼 동양은 고대부터 조경을 하면서 당연히 여겼던 천지조산(穿池造山: 연못을 파서 가산을 조성함)이 교태전 뒤에도 적용되었다는 것이다. 실제 경회루 연못 동북쪽에서 아미산까지의 거리는 직선으로 50미터 정도여서 연못에서 파낸 흙을 옮기는 일에는 별 무리가 없어 보인다.

경복궁은 초기 강녕전을 중심으로 남쪽에 사정전과 근정전, 전문(殿門) 순서로 건축 배치되었으며 교태전은 그보다 늦은 세종 22년(1440)에 건축되었다. 그러므로 경회루 중건과 교태전 건축 사이에는 약 28년이라는 시간의 차이가 있다. 특별한 목적이 있었다면

❶ 落霞潭 ❷ 含月池 ❸ 일영대 ❹ 괴석

| 교태전 아미산 화계의 배치

|교태전 아미산 화계

모르지만, 단순히 경회루에서 나온 흙을 처리하기 위해 어떻게 활용할지 계획이 서 있지도 않은 궁궐 내 빈 터(당시에는 아미산으로 불렸는지는 확인되지 않는다.)에 흙을 쌓지는 않았을 것이다. 기록에는 경회루 조성에 대한 내용만 언급되어 있을 뿐 연못에서 판 흙에 대한 처리 기록은 없다. '아미산'이라는 명칭도 언제부터 불리었는지 불분명하지만 최소한 조선 전기는 아니었으며 경회루 흙으로 가산을 조성했다는 이야기는 가정과 추정으로 시작되어 사실이 되어버린 내용이 아닌가 싶다.

풍수 아미사의 의미와 사격

풍수는 일반 백성들에게도 좋은 자리에 집을 짓고, 죽어서는 좋은 명당에 묻히기를 희망하여 실생활에 많이 응용되었다. 도읍을 정하고 궁궐을 지을 때도 이는 일반적인 상식 수준에서 시행하였

다. 사신사(四神沙)는 북쪽 주산을 중심으로 좌청룡, 우백호, 남주
작을 말하며, 북쪽 주산 앞에 남쪽을 향해 집을 짓는 '배산임수형'이
일반적이었다. 경복궁은 태조가 도읍과 궁궐 등을 정할 때 이 원칙
에 따라 북쪽 백악을 주산으로 좌청룡에 타락산, 우백호 인왕, 안산
은 목멱, 명당수는 청계천(당시는 개천이라고 함)을 기준으로 하였
다. 궁궐을 중심으로 좌(東)에 종묘, 우(西)에 사직을 두었는데 경복
궁의 중심 출발지는 '강녕전'이었다. 강녕전이 있는 위치는 풍수에
서 주산 백악의 기운인 용맥(龍脈: 산의 기운이 용이 움직이는 모양
처럼 구불거리며 내려온다고 하는 뜻에서 용맥이라고 했다.) 중에
서 척맥(脊脈: 중심이 되는 맥)이 내려와 혈을 형성하는 기맥(氣脈)
상에 있다. 이는 강녕전에서 사정전-근정전까지 이어진다. 세종 때
에 최양선, 목효지 등을 중심으로 한양에 대한 풍수 논쟁이 시작되
었는데 이때 세종은 경복궁 주산과 명당수 등의 문제 등은 지세를
잘 살펴 옳고 그름을 판단하였다.

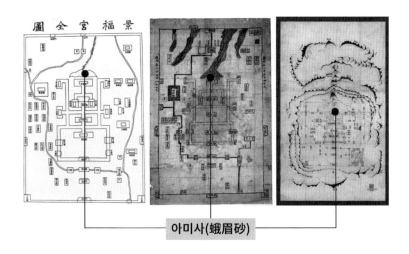

| 경복궁도에 나타난 아미사 - (좌)임진왜란 이전 추정, 삼성출판박물관 소장 (중)임진왜란 이전 추정, 《사진으
로 보는 경복궁》(2006년) 문화재청 소장 (우)고종중건당시 추정, 서울역사박물관 소장

《세종실록》세종 30년(1448) 8월 4일 목효지가 풍수지리에 근거하여 불당을 설치하지 말라는 상소를 했다.

"지리의 법은 조종산의 내맥(來脈)으로 근본을 불당의 터를 보건대, 땅이 세 가지 마땅치 않은 것이 있으니, 동쪽 혈(穴)은 문소전(文昭殿) 주산인데 입수맥이 상파되니, 한 가지 마땅치 않은 것이고, 서쪽 혈(穴)은 경복궁(景福宮) 주산(主山)인데 입수맥이 상파되니, 두 가지 마땅치 않은 것이며, 지세가 높은 것 같으나 승도(僧徒)들이 내왕하여 궁궐을 임하여 누르니, 이것이 세 가지 마땅하지 못한 것입니다."

이에 세종은 비답을 내놓았다.

"두 맥이 하나는 동쪽에 있고 하나는 서쪽에 있으며, 그 아래는 평지여서 불당 터로 상관없는데 효지의 훼방만 하니, 그 말을 따를 것이 못 된다."

이 기사 내용에는 주산 백악에서 경복궁으로 들어오는 용맥의 혈이 두 곳이라고 하였다. 영조 이후 경복궁을 모습을 그린 〈경복궁전도〉에서는 동쪽과 서쪽에 4개의 맥이 표시되어 있다. 그중 동쪽 첫 번째 줄기는 과거 문소전으로 흐르는 혈이며 바로 옆 서쪽으로 신무문 동쪽 수문에서 교태전 아미산으로 흘러 강녕전과 근정전까지 영향을 미치는 혈이다. 《세종실록》에 경복궁 불당 설치 때 동서맥과 여러 〈경복궁도〉에 나와 있는 그림과 일치한다. 〈경복궁도〉에는 백악의 서쪽 용맥이 끝나는 지점을 모두 교태전 뒤로 표시하고 있는데 고종 대 경복궁 중건을 위해 제작된 모형인 〈경복궁지도〉에는 교태전 뒤에 반달 모양으로 그 자리가 표시되어 있다. 풍수에서는 남쪽 전면에 있는 낮고 작은 봉우리를 '아미사'라고 하는데 교태전 뒤 화계가 있는 부분이 바로 이 아미사에 해당한다. '아미사'

한권으로읽는경복궁

는 왕릉의 경우 곡장 안에는 있는 봉분에 기를 공급하는 혈처인 '잉(孕)'으로 인식되고 있는데 교태전 북쪽 아미사 역시 경복궁의 중심축과 강녕전에서 근정전으로 이어지는 기를 공급하는 혈처가 되는 셈이다.

풍수에 따라 주산 백악에서 내려온 용맥이 혈점을 맺는 곳은 교태전 북쪽이며 이곳에 인위적인 가산으로 만들지 않더라도 그 역할에는 특별한 문제가 없다. 세종 22년(1440) 교태전이 이 용맥 혈점 앞에 세워지면서 교태전에서부터 기존의 강녕전, 사정전, 근정전까지 주산 혈맥이 완성된 것이다. 그러나 당시 교태전 뒤 혈처에 대한 공식 명칭이 무엇이었는지는 알려지지 않았다. '아미산'으로 불린 것은 고종 대 이후의 일로 이곳에 교태전과 부속 전각인 '건순각'을 중건하면서 풍수 용어인 '아미사'가 등장한 이후의 일이다.

아미사의 뜻과 아미산으로 변화

앞서 말한 《승정원일기》에는 '아미산'이란 용어가 나오지 않으며 이는 《조선왕조실록》에도 마찬가지이다. '아미사(蛾眉沙)'는 풍수에 나오는 남쪽 안산이 아닌 작은 봉우리나 불룩 튀어나온 부분을 말한다. 〈경복궁도〉에 보이는 교태전 후면 반원형 부분을 아미사라 할 수 있으며 왕릉에서는 '잉(孕)'에 해당하는 혈처로 보았다. 아미는 蛾眉, 娥眉, 峨眉 등으로 다양하게 쓰였는데 《승정원일기》의 아미사는 蛾眉이고, 1905년경 북궐도형에는 峨眉로 나오나 그 뜻은 대동소이하다. 창건 초기 경복궁에는 교태전이 없었고 아미사에서 남쪽으로 가장 가까운 전각은 강녕전이었다. 삼봉 정도전이 경복궁 각 전각과 문의 이름을 지으면서 경복궁 다음으로 전각 이름 중 가장 먼저 지은 이름은 강녕전이다. 강녕전에서 사정전, 근정전 순이었는데 이는 혈이 뭉쳐 있는 아미사에서 가장 큰 영향을 미치는 연거지소를 정사의 출발점으로 본 것이다. 그런데 강녕전과 아미사 사이는 공터로 그 거리가 50여 미터 정도 떨어져 있다. 이는 풍수의 장풍득수 중에서 바람의 영향으로 기가 흩어질 수 있어 그곳에 교 태전을 세워 '하늘이 만든 혈점'을 보호하고 지세에 순응하고자 비 교적 늦은 세종 22년(1440)에 세웠던 것이다.

그렇다면 아미사라는 풍수적인 명칭이 언제부터 아미산으로 불 리게 되었을까? 이에 대한 확실한 기록은 없지만, 교태전 뒤 아미사 가 '인공적인 산'이 아님을 고종은 이미 알고 있었다. 신하들이 아 미사를 손상하지 말고 교태전을 지어야 한다는 말을 받아들였다. 아미산으로 불린 시기는 고종 대 이후 주변의 여러 정보 등을 통해 '중국에서 여인의 눈썹처럼 아름다운 산'과 아미사의 사를 산으로 발음하면서 바뀌었을 가능성이 있었으리라 생각된다.

백악에서 향원정 동쪽으로 흥복전 화계를 지나 아미산까지 이어 지던 척맥은 일제강점기 변화를 가져왔다. '시정5주년기념조선물산

| 근정전까지 아미사 기맥(경복궁 복원정비계획 기술 용역도면 북궐도형)

한권으로읽는경복궁

공진회'와 1917년 창덕궁 화재로 인한 경복궁 강녕전과 교태전 흥복전 일원의 전각 이전 및 1923년 조선부업품공진회, 1929년 조선박람회, 1925년 시정 25년 기념 조선산업박람회 등을 위해 경복궁 내전영역은 대부분이 철거되었다. 척맥으로 이어지던 흥복전에는 일본 회유식 정원이 들어서면서 백악의 지기가 끊어지도록 한 것이다. 백악에서 아미산으로 연결된 산줄기는 이러한 과정을 거쳐 결국 고립되면서 조선 초기부터 고종 대까지 줄곧 이어지던 '천작(天作) 아미사'로 흐르던 용맥은 사라져 버렸다. 그 틈에 삼국사기에 나오는 '원지와 가산'과 '중국의 정원에서 가산 양식'이 혼재되면서 '경회루 연못의 흙으로 아미산에 가산을 쌓았다.' 방향으로 급선회했다고 볼 수 있다. '경회루 천지조산설'은 그 어디에도 기록된 자료도 없으며 객관적으로 보더라도 타당성을 확정하기 어려운 단순설일 뿐이다.

아미산 굴뚝 조성과 의미

아미산 화계에는 보물로 지정된 육각형의 아름다운 굴뚝이 있다. 이 굴뚝은 교태전과 서쪽의 함원정 온돌에서 지하로 연도가 연결되어 굴뚝에 이른다. 고종 12년(1875) 아미사를 깎지 않고 교태전 중건에 착수하였으나 고종 13년(1876) 경복궁 내전에 다시 대화재가 발생함으로써 교태전은 고종 25년(1888) 이후에 완공을 보게 된다. 이때 지금 우리가 볼 수 있는 아미산 굴뚝과 화계 등도 완공되었을 것이다. 1917년 교태전이 창덕궁 화재로 전각이 이전되었으나 아미산 화계와 굴뚝은 그 자리에 남아 세월의 풍상을 겪어냈다.

아미산은 조선 초기 경복궁을 건설하면서 주산의 2번째 용맥(동쪽으로부터)이 흥복전 옆을 지나 교태전 뒤에 혈점을 맺어 강녕전에서 근정전으로 이어지는 축으로 기를 공급해 주는 역할을 하였다. 세종 때에는 경복궁 내맥의 풍수 논쟁이 있었다. 강녕전과 아미 사와의 거리는 약 50여 미터 정도로 바람의 통행이 원활하여 기가 흩어질 수 있다는 점 때문에 세종은 이곳에 교태전을 지어 교태전-강녕전-사정전-근정전까지 기맥을 이어지도록 한 것이다.

1867년 고종 대 경복궁이 중건하면서 주요 전각은 조선 초기 전각이 위치하였던 곳에 그대로 지었다. 그중 교태전은 고종 10년 (1873) 12월 화재로 소실된다. 고종은 소실된 교태전을 복원할 때 신하들이 의견을 받아들여 '아미사'를 깎지 않고 그대로 짓기로 하였다. 이는 아미사가 인공으로 만들어진 것이 아니고 하늘이 자연 적으로 내린 혈의 공급처라는 의미에서였다.

교태전은 고종 25년(1888) 이후에 완공되었고 그 후로 아미사 에는 지금처럼 장대석과 화계가 설치되어 장식한 굴뚝 및 꽃과 식 물 등을 배치하였으며 부르는 명칭도 중국 쓰촨성에 있는 '아미산' 으로 바뀌었다. 일제강점기에는 백악에서 아미산으로 흐르던 용맥 이 흥복전의 일본 회류식 정원이 만들어짐으로써 훼손되었다. 용맥 이 흐르던 길을 잃은 채 홀로 남은 아미산. 동아시아 궁원의 조경 원리라고 하는 '천지조산설'에 힘입어 경회루와 가산설이 합쳐지면 서 지금에 이르고 있다. 아미산은 조종산(祖宗山)인 백두산의 기가 한북정맥-삼각산-백악-아미산까지 이어지는 혈처인 것이다. 경복 궁 초기부터 경복궁 내맥을 통해 들어온 기맥이 '아미사'에 혈점을 맺어 그 앞 교태전-강녕전-사정전-근정전으로 끊임없이 기를 공급 하는 중요한 혈처였다고 할 수 있다.

29

경복궁 소주방과
수라간 이야기

소주방(燒廚房)은 왕과 왕비 그와 관련된 왕족 등의 음식을 만드는 곳이다. 燒(소)는 '사르다, 불태우다, 익히다' 등이 뜻이고 주(廚)는 '부엌, 주방, 상자' 등의 뜻이 있다. 《중종실록》에는 소주방을 '소(燒)'가 아닌 '소(小)'자로 기록하고 있으나 개념은 같다.

주방과 소주방의 개념은 같다고 할 수 있으나 수라간은 조금 다르다. '수라(水刺)'는 임금이 매일 드시는 일상 식사를 몽골어로 이르는 말이다. 왕이나 윗분에게는 진지(進止)라는 말을 쓰는데 진(進)은 윗분에게 올린다는 뜻이고 지(止)는 예의와 법, 행동 즉 행동거지를 말한다. 진지는 윗분에게 정성을 다해 올리는 예의범절로 임금에게 식사를 올릴 때 진지는 적당한 단어라 하겠다.

《조선왕조실록》이나 《승정원일기》에서 소주방과 수라간은 동의어로 기록하고 있으나 기능상 약간의 차이가 있다. 소주방은 불을 기본으로 하는 조리의 성격이 강하고, 수라간은 '진설의 기능'이 강하다고 할 수 있지만 혼용해도 문제는 없다.

소주방은 불을 사용하므로 화재의 염려가 있어 침전과는 별도로 떨어져 있는 전각에 배치했다. 경복궁 소주방은 강녕전 동쪽 한군데만 있었던 것이 아니고 여러 곳에 있었다. 강녕전 동쪽, 자선당 뒤편에 복원된 소주방은 대전(大殿) 소주방이다. 비현각 동편에도 장방과 수소주방이 있었다. 궐내각사 수정전 주변에 14칸의 대전 장방에서는 윗분에게 음식을 올리기 위한 공궤(供饋)를 하였으며 주원(廚院) 10칸과 7칸의 수라간이 있었다.

경복궁 소주방의 구조

소주방은 내소주방과 외소주방으로 구분하였다. 내소주방은 18칸 5량으로 청과 방, 부엌, 곳간 그를 둘러싼 행랑으로 구성되어 있다. 왕과 왕비의 아침. 저녁 수라 등 평상시 음식을 내소주방 나인들이 장만했다. 외소주방은 밖 소주방, 난지당(蘭芝堂)으로 불렀는데 22칸 규모이며 궁궐 내에 초상화를 모신 진전의 차례 음식과 진연, 진찬, 탄신일 등의 크고 작은 잔치 때 음식을 장만했다. 안팎 소주방

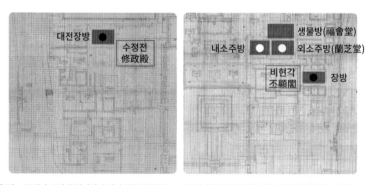

| (좌)소주방과 수랏간 궐내각사 장방 영역 (우)동궁 수소주방, 장방 영역(북궐도형, 국립고궁박물관 소장)

과 교태전 사이에는 생물방이 있는데 복회당(福會堂), 생과방, 생것 방 등으로 불렀다. 규모는 외소주방과 같은 22칸이다. 생물방이란 여러 가지 물건이라는 뜻이며 생명이 있는 식물을 의미하기도 해서 각종 생과일과 조과(造菓) 등 간식을 담당하였다.

《승정원일기》에는 안소주방은 왕비가 주관하여 왕과 왕비의 일 상식을 준비하며 밖 소주방은 나인의 책임하에 편전 임금의 진지와 진전 음식도 담당하였다고 기록되어 있다. 구한말 궁녀가 기억하는 안소주방은 평상식을 준비하고 밖 소주방 잔치 음식을 준비한다는 내용과는 다소 다르지만, 밖 소주방의 경우 일반적으로 왕의 편전 진지를 준비하고 여유 시간이 많았으므로 역할 분담하여 잔치 음식 도 준비했던 것으로 보인다. 왕은 아침 일찍 일어나 밤늦게 돼서야 잠자리에 들었으므로 일반 백성들보다 활동량이 많았다. 육체적인 활동보다는 정신적인 활동과 각종 스트레스에 시달려야 했으므로 먹거리는 매우 중요했다. 일어나서 아침 전에 드시는 자릿조반, 낮 것, 야참 등은 생과방의 협조를 받았다. 자릿조반은 주로 유동식이 었는데 옹이나 잣죽, 깨죽, 타락죽이었고 '낮 것'은 국수를 넣은 장 국상과 다과가 주류를 이루었으며 야참은 수정과나 식혜, 과일 같 은 간식이 대부분이었다. 숙종의 제2계비였던 인원왕후 김씨는 대 비 시절 군것질을 좋아해서 후식으로 떡, 생과, 숙설과, 조과, 차, 화 채, 죽 등을 먹었다고 한다.

수라에 관련된 관청과 인물

소주방 하면 많은 사람이 으레 '대장금'을 떠올린다. 대장금을 궁에서 왕의 음식을 책임지는 제1의 요리사로 생각하지만, 실제 장 금은 조선 중종 때 의녀로 기록되어 있을 뿐 음식이나 요리와는 전혀 관련이 없는 인물이다. 소주방을 관할하던 주무 관청은 이조 소속 사옹원(司饔院)이다. 그 외에도 내시부와 쌀 등 주식을 관장하는 내수사(內需司)도 이조 소속이고, 호조의 여러 관청도 있는데 사도시(司䆃寺)는 궁중 장류를 맡았다. 예조에 해당하는 관청은 내의원과 빙고(氷庫), 제사 희생을 관리하는 전생서(典牲署) 등이 있었다.

사옹원 소속은 도제조, 제조, 부제조 등 무녹관과 이외 소주방을 관리하는 관원이 정3품부터 종9품까지 있었다. 궁궐 소주방에는 16가지 직종에 390여 명이나 되는 인원이 속해 있었다. 음식을 담당한 외부 기관은 사옹원이었지만 처소에 음식을 직접 올리는 것은 내명부의 소관이었다. 왕과 왕비 등의 식사를 시중드는 일은 내시와 궁녀가 담당했다. 이를 관장하는 최고의 책임자는 상선(尚膳)이며 상온, 상다, 섬니내관이 그 아래에 있었다. 이 가운데 섬니내관(薛里內官)은 음식 재료와 음식을 직접 맛보고 진상할 것인지 아니면 물릴 것인지를 결정하였다. 만약 왕에게 올릴 음식 재료 등을 퇴자라도 맞게 되면 그 값을 받지 못하여 큰 손해를 입을 수 있어 섬니내관의 힘은 막강할 수밖에 없었다. 왕에게 올리는 음식은 그 안전을 보장하여 만약의 사태에 대비해야 하므로 검수 체계는 철저하였다. 왕의 식사를 담당하는 궁녀 중에서 정5품의 상궁이 가장 높고 그 아래 상식과 전빈 등이 있었다. 주방에서 직접 조리하는 이는 소주방 나인이라고 불렀다.

흔히 소주방을 책임지고 있는 조리장은 대령숙수이며 남자로 알고 있는데 이에 해서는 1610년 명나라 사신을 접대한 기록물《영접도감의궤》에 보인다. 대령숙수(待令熟手)는 대전의 명을 기다리는 숙수라는 뜻으로 음식을 익히고 요리하는 일을 하는 사람으로 남자였다. 숙수 아래에는 일을 도와주는 부문별 자비가 있었는데 역시 남자였다. 자비 밑에는 그를 도와주는 조역이 배치되었는데 조역 중에는 전병 등을 담당하는 병장(餠匠), 자비를 도와주는 병모

|복원된 대전 소주방

(餠母)와 주색 자비를 도와주는 주모(酒母) 등이 있었다.

소주방 부서별로 담당했던 왕의 밥상

왕의 일상 음식을 준비하던 곳은 대전 내소주방이었다. 필요한 음식을 만들기 위해서는 진상하여 바치는 식품 즉 음식 재료를 손질하여 왕이 먹는 진지를 준비했다. 수라는 아침, 점심, 저녁 진지와 석수라를 이곳에서 준비했는데 왕의 일상식에 대한 정사의 기록은 없다. 다만 한 말 한희순 상궁이나 궁중음식 전수자, 궁중 진찬과 진연 의궤를 통한 자료와 1795년 《원행을묘정리의궤》에 나타난 왕과 혜경궁 홍씨에게 제공했던 음식 등을 통해서 일상식을 알아보고자 하는 노력이 지속되었다. 원행을묘정리의궤에는 주식류로 백미죽과 백반, 홍반 등이 있고 구이, 자반, 전류와 육회, 젓갈류, 장류로 다양하다. 이는 왕에게 올린 아침, 점심, 저녁 진지의 찬품단자(음식의 종류를 기록)이다.

외소주방은 대전의 탄신일이나 명절, 경사가 있을 때 잔치 음식을 만들었으며 아침진지 전이나 저녁 진지 후 시간에 따라 차와 간단한 술상이 차려지는 조다소반과(早茶小盤果), 주다소반과, 야다소반과, 만다소반과 등을 준비하기도 했다. 이와 함께 왕이 종친이나 신하들과 함께하는 술상을 차리는 일이 주요 일과였다. 술로는 감주, 이화주, 향온주, 청주, 소주 등이 있었으며 차로는 인삼차와 작설차 등을 준비하였다.

생물방에서는 '여러 가지 음식을 만든다.'는 뜻과 '생명이 있는 식물과 동물'이라는 뜻이 있어 과일과 식물, 어류, 동물들을 사용하여 음식을 만들었다. 유밀과 등 조과류에 속하는 음식과 떡류와 유밀과는 다식, 강정, 약과, 만두과, 율란 등과 정과류도 만들었다. 특히 이 음식은 왕이 수고한 신하에게 내리는 사찬의 용도로도 쓰이기도 했다.

| 소주방 명칭과 부서별 담당 업무

구분	칸수	편액	담당업무	비고
내소주방	18칸		왕과 왕비의 수라 등 평상 음식	청과방.부엌
외소주방	22칸	蘭芝堂	진전 차례, 진연, 진찬, 탄신일 등잔치 음식	편전 진지
생물방 (생것방 생과방)	22칸	福會堂	생명 있는 식물 의미 각종 생과일과 조과(造菓)등 간식 담당	낮것상
			자릿조반 : 깨,잣. 타락죽..옹이 낮것상 : 국수장국상. 다과 야참 : 수정과. 식혜. 과일	내소주방 조력(도움)
			후식으로 떡, 생과, 숙설과, 조과, 차, 화채, 죽	인원왕대비

장수왕 영조의 수라상

영조는 조선왕 중에서 가장 장수한 왕으로 그의 장수 비결을 음식을 적게 먹는 소식을 꼽는데 이는 50세 이후 소화 기능이 좋지 않았기 때문이었다. 또 내의원에서 자주 건강 체크를 하도록 하여 의관이 문진하는 일을 통해 꼼꼼히 자기 몸을 관리하였다. 승정원 업무지침서《은대조례》에는 승지와 의원들은 5일에 한 번씩 왕을 '문안진후' 하도록 되어 있다. 영조 재위 52년 동안 무려 7,284회나 '문안진후'를 한 것으로 나와 평균 2.6일에 한 번씩 건강 체크를 받은 셈이다.

영조 27년(1751) 윤오월 18일 아침 약방 도제조 김약로(金若魯)가 왕의 수면 상태와 수라 소식에 대해 물은 후 다음과 같이 아뢰었다. "고추장은 요사이도 계속 드십니까?"라고 묻자 영조는 그렇다고 하면서 "지난번에 처음 올라온 고추장은 맛이 매우 좋았다"고 했다. 김약로는 "이것은 조종부 집의 물건입니다. 다시 들이라고 할까요?" 하니 영조는 그렇게 하라고 하고 종부가 나이는 어리지만 훌륭하다고 칭찬했는데 그는 조언신의 아들이었다. 조언신은 당파로 영조로부터 미움을 산 적이 있었고 그 후 영조 30년(1754) 11월 조종부가 올린 영의정 이천보의 탄핵 상소에 대해서도 하찮은 일에 불과하다고 했지만 조종부 집의 고추장까지 탓하지는 않았다.

《영조실록》영조 44년(1768) 7월 28일 내의원에서 입시했을 때 영조가 "송이(松茸)·생복(生鰒)·꿩고기·고초장(苦椒醬) 이 네 가지 맛이 있으면 밥을 잘 먹으니, 이로써 보면 입맛이 영구히 늙은 것은 아니다."라고 하니 이를 들은 도제조가 생복을 복정(卜定: 강제로 특산물을 바치게 함) 하겠다고 하자 영조는 민폐를 염려하여 공물을 받지 말라고 하였다. 아무리 맛이 있어도 백성들에게 피해가 가지 않도록 하며 식생활을 절제하였다.

　"국법에는 내선부(內膳夫)가 하루에 다섯 번 왕의 찬선(饌膳)을 바치게 되어 있으나 왕께서는 하루에 세 번 찬선을 드셨다."고 했다. 또 소화하기 쉬우면서 단백질과 지방을 섭취할 수 있는 타락죽이나 여름철 입맛이 없을 땐 보리밥을 물에 말아 후루룩 먹기를 좋아하였다. 평소 식사나 잔치 때에도 생활 속에서 '절음식(節飮食)'을 하면서 자신의 체질에 알맞게 섭취하여 영조는 83세까지 장수한 왕으로 기록되었다.

30

한강의 근원,
열상진원(洌上眞源)

향원지 서북쪽에는 우물이 있고 열상진원이라고 새겨져 있다. 열상진원(洌上眞源)의 '열상(洌上)'은 '열수(洌水)'이고 '차고 맑은 물의 진짜 근원'이라는 뜻이다. 향원지의 수원이고 이 물이 흘러 명당수를 거쳐 청계천과 중랑천을 지나 한강으로 흘러간다. 열수(洌水)는 한강이므로 한강의 근원이라는 의미도 된다. 둥근 수조에 네모진 우물 몸통에 쓰여 있는 열상진원(洌上眞源)은 경복궁 중건 시 설치된 것으로 보인다. 우물 몸통에서 물이 나와 돌로 만들어진 물길을 따라 향원지 연못으로 물이 흘러갔다. 물은 흐름과 멈춤, 잠시 머묾을 반복하면서 방향을 바꾸어 연못으로 자연스럽게 흘러간다. 이때 수조에서 나온 물은 명당수로 보자면 서입동류(西入東流) 하는 구조이다. 좀 더 자세히 살펴보면 북쪽에서 흘러나온 물이 둥근 수조(지름 41cm, 깊이 15cm) 안에 잠깐 멈추다가 수조를 반 바퀴를 돌아 동쪽으로 방향을 바꾸어 판석 아래로 숨어든다. 그 후 좁은

| 맑은 샘의 근원 열상진원(경복궁에서 시작) | 물이 수조를 돌아 향원지로 들어가는 모습

수로를 타고 동쪽으로 흐르다가 꺾여 남쪽에 다시 나타나 연못으로 들어가는 구조이다. 초 간단 명당수이다. 명당수로 흘러가는 열상진원의 물은 향원지로 들어가는데 물이 나오는 곳을 수면 아래에 조성하여 물이 자연스럽게 평면으로 흐르도록 하였다. 향원지의 수량에 따라 물의 수위는 달라지고 수로의 길이도 변한다.

향원지에 물이 많아지면 남쪽에 있는 호안(護岸: 제방 구조물) 구멍으로 물이 넘친다. 이는 향원지 남쪽에서 함화당과 집경당 서쪽 땅 아래로 흘러 경회루 연지 동쪽 용두(龍頭)를 통해 경회지로 떨어진다. 경회지의 물은 다시 경복궁 서쪽 수각에서 근정문과 홍례문 사이 어구로 흘러가는데 서입동류(西入東流)의 구조로 명당수에 해당한다. 이 물은 경복궁 동쪽 동십자각 쪽으로 나가 중학천과 합류하며 혜정교를 지나 청계천으로 흘러 한강에 이르렀다. 한강의 실제 발원지는 태백 '검룡소'로 알려져 있으나 서울에서는 백악과 인왕 사이에 수원(水源)을 둔 어정(御井)을 '열상진원'으로 이름 붙여 신비로움을 더했다.

향원지 물로 전기를 일으킨 물불

우리나라에 근대 문명의 상징 중 하나인 전깃불이 처음으로 들

한권으로읽는경복궁

어온 것은 1887년 3월경이었다. 이는 1882년 5월 '조미수호통상조약'의 체결 결과 서구 근대 문물을 경험하고 받아들이기 위해 미국에 보빙사를 파견하면서 비롯되었다. 조약 체결 이듬해인 1883년 7월 민영익을 단장으로 한 11명의 보빙사가 일본을 거쳐 미국 샌프란시스코로 향했다. 그들이 미국에서 경험하고 익혔던 주요 내용은 우편 우정국과 전기, 근대식 관립 교육시설 육영공원 등 이었다. 그 중 우편은 1884년에 선진 우편제도를 도입하고 우정총국을 열었다. 그 개막식에서 급진 개화파들은 자율적으로 빠른 개혁을 이루고자 한 갑신정변이 발발하였다.

전기는 1884년 미국 에디슨전기회사와 전등 설비를 위한 기본 계약을 맺으면서 도입을 서둘렀다. 1886년 11월에는 미국인 전등 기사 매케이(McKay)를 초빙하여 1887년 1월 우리나라 최초의 전기 등소를 완공하였으며 첫 점등 일은 같은 해 1~3월경이었다. 도입한

| 발굴된 전기등소(문화재청 소장)

발전기의 규모는 16촉광 750개를 점등할 수 있는 설비로 증기 엔진을 이용하여 발전하는 화력발전기 7kw짜리 에디슨다이너모 3대였다. 당시 도입가는 2만 4,525달러였으며 발전 연료로는 석탄이 사용되었다. 전기등소는 향원정 북쪽 건청궁(乾淸宮)과 연못 사이에 있었던 것으로 알려져 그곳에 전기발상지 표지석까지 세웠었다. 그러나 2015년 전기등소 발굴 조사를 통해 등소가 있었던 곳은 '향원지 남쪽과 영훈당 북쪽 사이'였다는 다른 사실이 밝혀졌다. 전기등소에는 발전기를 설치했던 중심 전각과 석탄을 저장하는 탄고(炭庫) 등 4채로 이뤄졌다. 이는 1887년에서 1890년 사이에 그려진 고려대 소장 〈경복궁배치도〉 기록과 일치한다. 배치는 전기등소 본채 앞면 5칸, 옆면 2칸이며 그 면적은 62.5㎡이었다. 본채 남쪽에 있었던 탄고와 서쪽의 부속 전각 2채까지 합하면 전기등소의 규모는 총 25칸으로 추정하였다. 전기등소를 발굴하면서 실외 조명용 아크등의 원재료인 탄소봉과 유리절연체, 연료로 사용되었던 석탄과 슬래그(석탄을 쓰고 남은 찌꺼기)도 출토됐다.

전등을 밝힌 장소는 건청궁 내 장안당(長安堂)과 곤녕합(坤寧閤) 대청과 앞뜰이며 향원정 주변에도 아크등을 켰다. 화력발전기로 증기 엔진을 돌렸는데 연료로는 석탄을 썼고 발전 과정에서 엔

| 전기발상지 표석　　　　　　　 | 아크등과 전주가 보이는 건청궁 내원과 향원정
　　　　　　　　　　　　　　　　　(전기박물관 소장)

진의 열을 식히는 냉각 용수는 향원지의 물을 끌어다 썼다. 향원지에서 공급되는 냉각수는 작은 양이 아니었고 대량으로 마치 물을 통해서 발전을 일으키는 것으로 착각할 정도여서 '물불'이라고 부르기도 했다. 또 처음 가동할 때 불안정한 발전 시스템 때문에 발전기가 제멋대로 '켜졌다 꺼졌다'를 반복하며 불이 깜박여서 '건달불'이라는 별명을 얻기도 했다. 전기는 1879년 에디슨이 필라멘트 전구를 발명한 지 8년 만에 경복궁에서 밝혔는데 이는 동양 최초이며 고종의 개화 정책이 반영된 상징적인 의미이기도 했다. 1894년 옛 병기창 자리(현 국립민속박물관 부근)에 제2전기등소가 설치되면서 향원지 전기등소는 철거되어 없어졌는데 경복궁 전체 점등은 1894년 5월 30일의 일이었다. 경복궁 전기는 아관파천으로 고종이 경복궁에서 러시아공사관으로 주필을 이어한 후 멈추었다.

31

건청궁 주변
전각 이야기

관문당과 관문각

　관문각은 건청궁에 지어진 양관(洋館)으로 어진을 모시는 진전으로 주로 사용되었다. 관문각은 건청궁이 건립된 초기에는 없으나 《고종실록》 고종 12년(1875) 9월 14일 기사에서 '관문각'이라는 말이 처음으로 나오면서 알려졌다. 《고종실록》 고종 25년(1888) 2월 13일 친군영에서 "관문각을 다시 세우는 공사를 시작하였다."라는 기사와 4월 24일에는 "친군영에서 관문각 상량문 제술관에 민용식을, 서사관(書寫官)에 이승오를, 현판 서사관에 박봉빈을 올렸다."는 내용이 있어 한동안 보이지 않았던 관문각이 다시 보인다. 이는 건청궁 건축 초기에는 어진을 모셨던 곳이 관문당이 있었고 동일 전각을 1875년 9월부터 '관문각'으로 이름이 바뀌었다가 1888년 서양식 양관으로 '관문각'을 다시 세웠음을 알 수 있다.

명성황후 살해에 참여했던 키쿠치 겐죠의 1896년《조선왕국(朝鮮王國)》과 시노부 쥰페이의 1901년《한반도(韓半島)》에는 '건청궁 북각에 있던 관문각은 양관으로 러시아인 사바친이 건축하였으며 손님을 접대하는 빈전과 보물을 보관하는 곳이었으나 전각이 장대하지 못하고 푸른 기와와 흰 벽은 퇴락하였으며 북쪽에 집옥재가 있다.'는 내용이 있다.

관문각은 1888년 5월 신축공사 약정을 맺고 착공 4년 후인 1892년에 준공하였지만 건축 설계자 사바친은 부실시공 등의 문제로 많은 시비와 분규에 휘말려 곤욕을 치렀다. 관문각은 양식(洋式)으로 규모도 컸으나 현존 도면이나 내부 사진이 남아 있지 않아 자세한 내용은 알 수 없다. 관문각 신축 공사는 초기 비교적 순조로웠지만 신군영의 현응택(당시 집사)과 심한 불화를 겪으면서 공사비와 시공 등 숱한 문제를 안고 완공하였다. 이로 인해 완공 10년도 되지 않아 철거되고 말았다.《대한제국 관보》1901년 6월 4일 자에는 '관문각 철훼 비용 청구'라는 내용이 있어 이를 전후하여 관문각이 헐렸을 것으로 보인다. 그 원인은 부실시공이었다. 그 외 1901년경 미국 시카고대학 사진학과 교수 엘리아스 버튼 홈스의《Seoul : The Capital of Korea》에 건청궁 옥호루 사진이 있는데 그 속에는

| 철거전 관문각(관문각지 안내판)　　　　　　| 터만 남아있는 관문각지(장안당 후면)

곤녕합 앞에 전등이 서 있는 모습과 뒤쪽으로 관문각의 모습이 어렴풋이 보여 이 사진이 관문각 철훼 직전 찍힌 사진으로 보고 있다. 국사편찬위원회 소장 유리건판 사진에서는 곤녕합 전등은 보이지만 관문각은 보이지 않는다.

장안당 주변 전각과 의미

건청궁은 사랑채와 안채, 행랑채를 갖춘 사대부집 구조로 편안하게 쉴 수 있는 휴식 공간으로 실제 '어진을 봉안'하는 데는 적합하지 않았다. 편전으로 쓰인 장안당(長安堂)은 '오랫동안 평안히 지내다.'는 뜻으로 현판은 1885년에 제작한 《어필현판첩》에 있는 글씨를 모사하여 새겼다. 현판에는 왕의 글씨를 뜻하는 어필 전서와 좌측 아래에 주연지보(珠淵之寶), 만기지가(萬機之暇)라는 낙관이 있다.

《궁궐지》에 '장안당은 27칸으로 서북쪽에 침방인 정화당(正化堂)이 있고 남쪽에는 추수부용루(秋水芙蓉樓)가 있다.' 하였다. 추수부용루는 누각 형태로 전각 앞쪽으로 돌출되어 나와 있는데 '추수부용'은 '가을 물속의 연꽃'을 뜻하는데 이곳에서는 남쪽에 있는 향원정에 가득 핀 연꽃과 향원정의 모습이 눈에 보인다. 장안당 좌우로 4개의 각 문이 있는데 동쪽은 초양문(初陽門), 서쪽에는 초양문과 마주하는 월문(月門) 형식의 필성문(弼成門), 필성문 북쪽으로 관문각과 통하던 관명문(觀明門)과 취규문(聚奎門)이 차례로 배치되어 있다. 초양문의 초양은 양(陽)의 기운이 처음 나타나는 모습으로 아침에 해가 떠오르는 순간 또는 절기로는 양기가 처음 생기는 동지(冬至)를 뜻한다. 주역괘로는 '지뢰복(地雷復)'괘에 해당하며 양이 다시 회복하여 밝음을 되찾는다는 의미가 있다. 현판은 흰색 바탕에 청색 글씨로 청나라 옹방강 글씨를 집자했는데 낙관에

|장안당 주변 모습　　　　　　　　　|장안당 동문 초양문(복초재 옹방강 집자)

보이는 '복초재(復初齋)'와 '담계(覃溪)'는 옹방강의 호이다.

초양문과 마주하는 필성문은 윗부분이 둥그스름한 반달처럼 생긴 월문 형식이다. 필성(弼成)은 '도와서 이룬다.'는 뜻인데 왕을 좌우에서 보필(輔弼)하여 좌보(左輔), 우필(右弼)이 된다. 사람의 입장으로 보면 우측(오른쪽)은 방향으로 서쪽이니 이 문의 이름에서 어느 방향에 있는 문인가를 읽을 수 있다. 필성문 북쪽에는 '관문각'으로 통하던 관명문이 있다. 주역에서 '지화명이(地火明夷)'괘는 '어려움을 겪고 올바름을 지켜야 이롭다는 뜻'인데 괘상은 '태양이 땅속으로 들어가는 모습'이다. 서쪽에 있는 문이기 때문에 해가 지는 모습에서 지화명이괘의 형상과 뜻을 살렸다고 할 수 있다. 장안당 서쪽 관명문 북쪽에 있는 취규문(聚奎門)은 하늘 28수 별자리 중 서방칠수 중 첫 번째 별인 '규성(奎星)이 모여든다.'라는 의미다. 규성의 '규(奎)' 자는 문장(文章)을 주관하는 별이며 규성 주위로 다른 별이 모여드는 것이 마치 인재가 모여드는 모습과 같다는 의미이다. 창덕궁 후원 취규정(聚奎亭)과 정조 때 왕립도서관이었던 규장각(奎章閣) 등에 규성의 예가 보인다. 장안당 동행각은 6칸에 불과하지만 북행각은 무려 22칸이나 된다. 서북쪽에 무청문(武淸門)과 그 문밖으로 궁담이 있으며 오른쪽에는 월문 형식의 계무문이 있는데 이는 장안당 북동변이다.

| 왕비 처소 곤녕합

곤녕합 주변 전각과 의미

건청궁의 주요 전각 중 하나인 왕비가 거처하는 곤녕합(坤寧閤)은 건청궁 동쪽에 있는데 전체적인 구조로 보면 장안당은 서쪽, 곤녕합은 동쪽 구조이다. 곤녕합은 16칸이며 동북쪽에는 침방인 정시합과 남쪽으로 사시향루가 있어 장안당과 대응되는 구조이다. 동서남북 모두 행각으로 둘러싸여 있는데 동행각에는 청휘문(清輝門)이 남행각에는 함광문(含光門)이 있다.

곤녕합과 별도의 전각인 북쪽 복수당(福綏堂)은 10칸 반이며 서행각은 10칸인데 녹금당이다. 동행각은 7칸이고 동북쪽에 담에 무녕문(武寧門)을 지나서 문밖 궁담에 월문 형식의 광무문(廣武門)이 있다. 남행각은 9칸이다.

이곳은 을미사변 당시 일본 자객들에 의해 명성황후가 살해된 장소이다. 당시 궁내부 대신 이경직은 왕비의 죽음을 막다가 곤녕

한권으로읽는경복궁

합 기둥에서 살해당하기도 했다. 곤녕(坤寧)은 《주역》의 '곤괘'에 해당한다. '곤'은 순음으로 건(乾)과 대응하며 건이 강건하고 하늘과 임금, 아버지라면 곤은 유순하며 땅과 왕비, 어머니를 뜻한다. '곤전'은 왕비의 공간이라 할 수 있다. 곤녕합의 부속 전각 사시향루는 곤녕합에 딸려있는 누각인데 동쪽에는 사시향루(四時香樓), 남쪽에는 옥호루(玉壺樓)라는 현판이 각각 걸려있으나 같은 누각이다. '사계절 끊이지 않고 꽃향기가 풍긴다.'라고 하는 뜻은 여성적인 왕비의 분위기를 느끼게 한다. 옥호(玉壺)라는 뜻은 옥으로 만든 호리병을 말한다. '옥호빙(玉壺氷: 옥으로 만든 병 속의 얼음)'의 약자로 숨어 사는 선비의 깨끗함을 비유하였다. '옥호빙'은 역대 여러 시문에서 두보나 백거이 같은 시인도 즐겨 사용하였다.

정시합(正始閣)은 동북쪽 침방으로 '정시'는 '시작을 바르게 하다.'는 의미이며 '왕도는 작은 집단에서 시작하여 천하에서 마친다.'는 뜻이다. 처음을 바르게 하는 것은 왕이 교화하는 기초가 된다는 의미를 담고 있다. 곤녕합으로 들어갈 수 있는 남행각의 함광문은 '(만물을) 크게 포용하고 빛이 크다.'는 뜻으로 주역 '함홍광대(含弘光大)'에서 나왔다. 《주역》곤괘에는 "지극하구나. 곤의 으뜸이여. 만물이 곤에 기대어 생겨나서 하늘을 순하게 이으니 곤의 덕은 두텁게 만물을 싣고, 덕은 무탈한 것과 합하여 크게 포용하여 빛도 크

| 곤녕합 침전 정시합 | 건청궁 옆 녹산

게 하여 세상 온갖 물을 모두 형통하게 한다.[至哉坤元 萬物資生 乃順承天 坤厚載物 德合無疆 含弘光大 品物咸亨].”라고 나와 있다. 동행각 청휘문(淸輝門)은 '맑은 빛'을 뜻하며 두보의 오언율시 월야(月夜)에 그 용례가 나와 있다.

곤녕합 북쪽으로 별도로 떨어진 복수당(福綏堂)이 있는데 수(綏)는 '편안하다'라는 뜻이다. 시경 주남에서 규목(樛木)은 가지가 아래로 늘어진 나무인데 윗사람(후비)이 아래 사람(후궁)에게 은혜를 베푸는 후덕함을 찬미하는 내용이다. "남쪽에 규목이 있으니 칡덩굴이 감겨있도다. 즐거운 군자여 복록을 편히 누리소서[南有樛木 葛藟纍之 樂只君子 福履綏之]"에서 '복수(福綏)'의 '綏'는 '유'로도 발음한다. 복수당 서행각은 녹금당(綠琴堂)인데 '녹금'은 거문고로 용문의 백 척 오동나무와 야생누에 고치에서 뽑은 실로 현을 만들었다는 도(道)가 담긴 전설의 그릇이다. 이백의 앞에 한 동이 술을 두고 읊은 시 "용문의 푸른 오동나무 거문고 연주에[琴奏龍門之綠桐]"에서 '녹금'의 예가 보인다. 북동쪽 무녕문(武寧)은 '무로서 평안하게 하다.'는 뜻이고 광무문(廣武)은 '무를 넓힌다.'는 의미이다.

곤녕합 동쪽 녹산(鹿山)은 2003년 발굴 조사를 하였으나 어구와 직처소터, 육우정과 남녀고 영선문터 등만 발견되었고 특별한 유물이나 자료는 발견하지 못했다.

《고종실록》 고종 32년(1895) 11월 14일 기사에는 윤석우의 재판 선고문에 '녹산'의 존재가 나타나 있을 뿐이다.

"명성황후 시신을 녹산에서 불태웠고 오운각에 묻었다"

32

자선당 유구와
해외 문화재 반환

건청궁 녹산 돌무지의 정체

건청궁 동쪽에 있는 녹산은 향원정 동쪽에서 인유문(麟遊門)이나 건청궁 곤녕합 동행각 청휘문을 통해 갈 수 있다. '인유(麟遊)'의 '유(遊)'자는 '놀다, 노닐다'의 뜻인 것은 알겠는데 인(麟)은 너무 복잡해서 그 뜻을 알기 어렵지만 '인'은 상상 속의 동물인 '기린(麒麟)'을 말한다. 기린은 실제 동물이 아니라 전설 속의 신수로 여겨지는 용과 소의 모습을 함께 가지고 있다고 한다. 수컷은 '기' 암컷은 '인'이며 봉황, 용, 거북과 함께 사령(4개의 신령스런 서수)이다. '인유문'은 '기린이 노니는 문'이고 기린과 녹산은 연관이 있어 보인다.

녹산과 건청궁 사이에는 방치된 듯한 돌무지가 하나 있는데 앞면은 정연한 계단과 돌을 규칙적으로 쌓아 올린 전각의 기단이다. 전각 기단이라면 그 위에 전각이 있어야 하는데 기단만 남아 있다.

| 자선당 유구(건청궁 동쪽 녹산)

이것은 '자선당 유구'이다. 자선당은 세자가 동궁에 있던 건물로 비현각과 춘방 계방 등과 함께 동궁 영역에 있었는데 기단만 달랑 이곳에 남아 있는 것이다. 자세히 보면 기단의 돌은 온전하지 않고 깨어졌거나 불에 그슬린 흔적이 보인다.

오쿠라, 일본으로 자선당을 옮기다

1910년 일제강점기에 들어서면서 궁궐은 일제에 의해 수난이 시작되었다. 창경궁은 동물원으로, 경희궁에는 경성중학교가 들어서면서 궁궐의 주요 건물은 민간업자에게 팔려나갔다. 경복궁은 1915년 '시정5주년기념조선물산공진회' 전시장을 만든다는 이유로 1914년부터 여러 전각을 헐고 민간에 매각하였다. 이때 자선당이 당시 철거를 담당했던 토목업자 오쿠라 가이치로에게 넘어가 조선을 떠나 일본 동경으로 옮겨졌다. 1916년 오쿠라는 자기 집 앞에 자

한권으로 읽는 경복궁

선당을 다시 세우고 오쿠라슈코칸[大倉集古館] 내 조선관이라는 이름을 걸었다. '조선관'은 그의 개인 미술관으로 개관했으나 1923년 관동대지진 때 건물은 모두 탔고, 불에 그슬리고 깨어진 초석과 기단만이 그곳 수풀 속에 남게 되었다. 그 후 오쿠라는 자신의 집 자리에 오쿠라 호텔을 지었고 유구는 그 앞 정원에 있게 되었다.

| 자선당의 변화(①1914년 이전 모습 ②1995년 국내 반환 후 유구 ③새롭게 복원된 모습)

제자리를 잃은 자선당 유구

자선당 유구의 존재는 1993년 목원대 건축학과 김정동교수가 오쿠라호텔 정원 풀 속에 있던 흔적을 찾아내어 반환 운동을 벌였다. 드디어 1995년 12월 신라호텔이 일본 오쿠라 호텔과 자매 관계의 인연으로 그를 무상으로 기증받아 삼성문화재단을 통해 국내로 들여왔다. 당시 반환 받은 유구석은 총 288개로 당시에는 동궁이 복원되지 못한 상태였기 때문에 '동궁권역 복원공사'에 사용하기로 하고 건청궁 터 동쪽녹산 사이에 임시로 가설하였다. 1999년 자선당 복원공사가 시작되었는데 당초 복원 시 사용하기로 했던 건청궁 터 '자선당 유구석'은 새 전각을 짓는데 부적합하다고 결정하였다. 이로서 유구는 그곳에 그냥 남겨두고 새로운 석재로 자선당 복원을 마쳤다. 2007년 새로 건청궁이 복원되었지만 자선당 유구가 있는 곳은 보안과 안전 등의 이유로 비공개하다가 2012년 11월부터 관람객에게 공개하여 건청궁과 함께 관람할 수 있게 되었다.

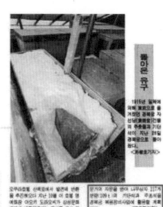

| 자선당유구 반환 기사(경향 1995.12.31)

33

경복궁 궁장
궁문과 역할

경복궁 궁장 서쪽에 있는 영추문은 '가을을 맞아들인다.'는 의미로 음양오행의 원칙에 따라 하루해가 지는 저녁이며 일 년 사계절로는 '가을'을 상징한다. 사람의 입장에서는 우측이며, 음양으로 나눈다면 음의 권역에 속한다. 이 때문에 영추문을 들어서면 임금을 좌보우필(左輔右弼) 하는 중에서 백관들이 우필(右弼: 오른쪽에서 보필함)하고 있는 궐내각사와 경회루가 있다.

江강湖호애 病병이 깁퍼 竹듁林님의 누엇더니,
關관東동八팔百뵉里니에 方방面면을 맛디시니,
어와 聖셩恩은이야 가디록 罔망極극ᄒ다
延연秋츄門문 드리ᄃ라 慶경會회南남門문 ᄇ라보며,
下하直직고 믈너나니 玉옥節졀이 알픠셧다.
平평丘구驛역 ᄆᆯ을 ᄀ라 黑흑水슈로 도라드니,
蟾셤江강은 어듸메오, 雉티岳악이 여긔로다.

317

자연을 사랑하는 깊은 병통으로 대나무가 많은 담양의 숲에서 노니는데 관동 강원도 관찰사를 맡기시니 임금의 은혜가 헤아릴 수 없이 망극하다. 전라도 창평(담양)에서 올라와 영추문을 들어오니 경회루 남문을 바라보며 임금이 내려준 관찰사 신표를 받아들고 이를 앞세워 부임지로 떠났다. 평구역(남양주)에서 말을 갈아타고 흑수(여주)를 거쳐 한강의 지류인 섬강을 지나 감영이 있는 원주에 도착하였다.

위 가사는 송강 정철이 지은 '관동별곡'의 앞부분이다. 송강의 가사를 소개하고자 하는 것이 아니라 이 가사에는 경복궁에 '연추문(영추문)'과 '경회루'가 나온다. 송강이 이 가사를 지은 것은 선조 13년(1580)의 일이다. 송강은 선조 11년(1578) 11월 대사간으로 임명되었으나 한 달 만에 탄핵받고 직에서 물러나 고향 창평으로 낙향하였다.《선조수정실록》선조 13년(1580) 2월 "정철을 강원도 관찰사로 삼았다."는 기사가 있는데 대사간에서 체직 당한 후 몇 번 출사를 고사하다가 강원도 관찰사에 제수되자 그에 응했다. 그가 강원도 관찰사에 제수될 때 자신의 상황과 경복궁에서 관직의 증서인 옥으로 만든 옥절(玉節)을 받고 강원감영이 있던 '치악 원주'로 떠나는 과정을 관동별곡 앞머리에 서술하였다.

가사에서 송강 정철이 들어온 문은 영추문이었다. '궐내각사'가 있는 곳으로 부담스런 정문 광화문보다 백관과 내관들이 드나드는 문을 택했던 것으로 보인다. 관동별곡에는 영추문으로 들어와 경회루 남문을 보며 궁으로 들어가던 행로를 잘 묘사하고 있다.

《세종실록》세종 16년 7월 1일 기록을 보면 영추문에 큰 북을 설치하여 시각을 알리기도 했다.

"보루각에 완성되고 경회루 남문과 월화문·근정문에 각각 금고(金鼓)를

|영추문(©양인억)

설치하고, 광화문에 대종고(大鍾鼓)를 세워서, 자격루 목인(木人)의 금
고 소리를 듣고는 차례로 전하여 친다. 영추문(迎秋門)에도 큰 북을 세우
고, 오시에 목인의 북소리를 듣고 또한 북을 치고, 광화문의 북을 맡은 자
도 전하여 북을 친다."

세종 22년(1440) 경복궁의 문의 명칭을 바꿀 때 영추문 안에 새
문을 '영의문(迎義門)'이라고 하여 인간의 사덕 중 의(義)를 배당하
였다. 예종은 궁성을 지키는 군사들이 노천에서 떠는 것을 염려하
여 임시로 가가 10간을 영추문 안에 짓게 하였다. 영추문과 광화문
에 수직하는 군사들은 병조에 소속되어 있었지만, 출입이 빈번하고
간섭과 통제만 많았지 정작 그를 헤아려주는 곳은 적었는데 왕이
직접 그들을 어루만졌다는 것만으로도 사기가 충천하는 일이었다.

《고종실록》에는 출퇴근하는 관리를 각 문별로 나누어 의례를 정했는데 승지(承旨)는 영추문으로 출퇴근할 것을 정했다.

고종 31년(1894) 6월 21일의 기록도 있다.

"일본 군사들이 새벽에 영추문으로 대궐에 난입하였는데 규모는 일본군 2개 대대였다. 시위대 군사들이 총을 쏘면서 막았으나 왕이 중지를 명하고 일본 군사들이 마침내 궁문을 지키고 오후에는 각영에 이르러 무기를 회수하였다."

이른바 '일본군 경복궁 무단 점령'이 시작된 지점이 영추문이고 청일전쟁과 동학농민전쟁 등으로 이어져 외세에 의한 타율적인 갑오개혁이 시작된 해이기도 하다.

북문 잠입 기묘사화

경복궁 궁장에 있는 북문은 신무문이다. '신무(神武)'는 '신령스러운 무예'로 해석할 수 있는데 사방신 중 북쪽은 현무이고 무(武)는 음양으로 음에 속한다. 북문은 음기가 강해서 평상시에는 이용하지 않다가 후원에서 무과 시험을 행하거나 기우제를 지낼 때와 야간에 몰래 궁 밖으로 나가고 들어오는 비밀스러운 문이기도 했다. 그러나 궁장의 다른 방향에 있는 광화문과 건춘문, 영추문과는 달리 태조 4년(1395) 9월에 완성된 경복궁에서는 신무문이란 이름은 보이지 않는다. 성종 6년(1475) 궁궐 내 편액이 없었던 궁궐 문의 이름을 정하는데 이때 북성문(北城門)을 '신무문'이라 했다.

중종은 반정으로 왕위에 오른 후 군신 간의 회맹을 위해 회맹단에 나아갔는데 이 단은 경복궁 북쪽에 있었다. '회맹'이란 춘추시대부터 내려오던 의식으로 실제 천하의 패자였던 주나라가 힘을 잃어가면서 강력한 제후가 주관하여 주나라 천자를 보호한다는 명목으로 회맹이 시작되었다. 이에 춘추오패와 전국 칠웅 등이 생겨났다. 회는 모인다는 의미로 제후들이 모이는 것이고 맹(盟)은 여기에 참여한 제후들이 함께 맹세하며 희생을 잡아 제를 지내고 그 피를 입술이 바르는 삽혈의식을 행했던 것을 일컫는다. 조선은 세조 이후 경복궁 회맹단에서 회맹 의식을 열었는데 왕과 신하 간의 '충성 서약' 의식의 일종이다. 반정으로 왕이 된 중종은 안정되지 않은 정국을 하루속히 정상화할 필요가 있었다. 회맹은 군신 간의 질서를 바로잡고 충성 서약과 정통성까지 한꺼번에 해결할 수 있는 좋은 수단이었다. 중종 1년(1506) 10월 중종이 회맹단으로 나갈 때 북쪽에 있는 신무문을 통해 나아가 회맹제를 지내고 삼경이 지난 4경(更)에 이 문으로 환궁하였다. 경복궁 북쪽 후원에 있었던 회맹단에 왕

| 신무문

이 출입할 때 가까이에 있던 신무문을 이용했다는 사실이다.

중종 14년(1519)에 일어난 이른바 '북문 잠입', '신무의 변'으로 표현되는 '기묘사화'는 신진사류로 개혁을 주도했던 조광조와 김정 등이 하룻밤에 왕의 명을 받은 훈구 세력에게 제거되는 사건이었다. 여기에서 북문 즉 신무문이 거론되는 이유는 경복궁 궁문의 열쇠 관리는 승정원에서 했지만, 신무문은 사약방(司鑰房)이라고 하는 궁궐 내 대전 및 여러 전각이나 문의 열쇠를 관리하는 곳에서 별도로 관리하였다. 이 때문에 사건이 일어나는 당일에 입직을 하던 승정원 승지조차 일의 발생을 알지 못했다.

중종은 "어젯밤 대신들이 신무문 밖에 모여 일을 아뢰고자 하였는데, 내 생각에는 바르지 못한 일 같으므로 연추문으로 들어오게 하였으니, 승정원은 모른다."라고 당시의 재상인 정광필에게 이야기하였다. 왕이 밀지를 내서 친위 훈구세력들을 승정원이 관리하고 있지 않은 신무문으로 몰래 들인 후 궐내 야간 총책임자인 승지 윤자임을 그 자리에서 병조참지 성운으로 교체하기도 했다.

중종은 신무문으로 몰래 들이지 않고 연추문으로 들어오게 하였다고 하였으나 당시의 상황을 기록했던 사관은

"거사하던 날 저녁에는 신무문으로 들어가 임금을 추자정(楸子亭)에 모시어 의논하였다. 의논이 끝나고서 도로 나와 연추문(延秋門)으로 들어가 합문(閤門) 밖에서 대신들을 불러 그 이름을 열거하여 마치 조정에서 죄주기를 청해서 죄를 준 양으로 하였다."

고 기록하였다. 실제로는 모든 거사가 신무문을 통해 이루어졌

지만, 북문의 열쇠는 승정원에서 관리하지도 않으며 비서실에 해당하는 곳도 거치지 않고 왕명을 출납한 부분 역시 정도(正道)가 아니었다. 신무문이 가장 비밀스러우며 음기가 강한 부정적인 의미는 왕에게 있어서도 부담이 되었을 것이다. 그리하여 실제 출입을 영추문으로 정정했다.

러시아공사관 주필이어 고종은 건춘문으로 나갔다

태조가 경복궁을 준공했을 때 동문 건춘문도 세워졌으나 세종 8년(1426) 경복궁 전각과 각 문의 이름을 지었을 때 '건춘문'이라는 이름을 얻었다. 세종 10년(1428)에 건춘문을 새로 짓고, 그 밖에 왕실의 교육을 담당하던 종학을 새로 지었다. 문은 동쪽에 있었으므로 세자의 동궁과 가까웠고 왕세자가 조회를 받는 계조당을 건춘문 안에 세웠다. 건춘문 밖으로 동쪽 궁장을 따라 흐르던 중학천이 있었는데 자연 해자 노릇을 했다. 삼청동에서 흐르는 물과 동십자각에서 궁궐에서 나오는 물과 합쳐 혜정교를 지나 청계천과 합류하였다.

《세조실록》 세조 9년(1463) 1월 17일에는 다음과 같은 내용이 있다.

> "궁궐 열쇠를 관리하는 사약(司鑰) 박정동의 아내가 말을 타고 건춘문을 들어오니, 위장(衛將) 이준생이 '비록 여인이라 하더라도 말을 타고 궐내에 들어옴은 불가하니, 청컨대 이를 금하소서.' 이때부터 시녀와 여러 부녀자가 말을 타고 궐내 출입하는 것을 일체 금하게 하였다."

처음부터 관리들이 출퇴근하면서 말을 타고 궁궐 문을 통해 궐내로 들어오는 것은 금지되어 있었으나 부녀자에게는 이런 것들이 적용되지 않았던 듯하다.

고종 33년(1896) 2월 11일(구력으로는 1895년 12월 28일이다. 1894년 갑오개혁으로 양력을 사용하며 그 이후로는 양력일로 모든 문서를 기록하였다.) 경복궁에 머물고 있던 고종은 궁녀의 가마에 몸을 싣고 러시아공사관으로 임금의 처소를 옮기는 주필이어(駐蹕移御)를 단행하였다. 일명 '아관파천'이다. 몇 년 전 문화재청은 아관파천 당시 고종이 경복궁을 나와 경유했던 길과 정동 내에 길을 복원하여 '고종의 길'을 개설한 바 있다. 이 길은 정동 안에서 고종이 아관으로 가던 미 대사관 담장 뒤쪽에 길을 개설하고 '고종의 길'로 명명하는 데 초점이 맞춰져 있었다. 그러나 실제 그곳으로 고종이 갔는지 사실 여부에 대해서는 의문점이 남아있다.

그보다 앞서 경복궁에서 러시아공사관으로 갈 때 어떤 출궁 문로를 택했는지에 대해서 아직도 다양한 의견이 제시되고 있다. 건청궁과 가장 가까운 북쪽 신무문이라는 설, 대소 신료들이 가장 많이 출입한 영추문 설, 또 건춘문 설 등이었다. 《고종실록》과 《승정원일기》 기사에는 "임금과 왕태자는 대정동의 러시아 공사관[俄國公使館]으로 주필을 이어하였고, 왕태후와 왕태자비는 경운궁에 이어하였다."라고 간단히 그 내용만 기록하였을 뿐 출궁문로와 행로에 대한 자세한 내용은 보이지 않는다. 그 외 정사 자료 어느 곳에도 이 내용은 보이지 않지만 조선말기 문신 정교가 지은 《대한계년사》에 있는 그날의 기록이 남아 있다.

"새벽에 궁녀가 타는 가마를 타고 몰래 건춘문을 나와서 러시아 공사관으로 옮겼다. 돈의문(敦義門) 안 황화방(皇華坊) 정동(貞洞)에 있다. 그 전에 이범진·이완용 등과 몰래 공모하여 모의했고, 또한 러시아 공사와 합의했다. 태자 또한 가마를 타고 따랐다. 전부터 궁녀들은 이러한 가마

|건춘문

를 타고 이 건춘문을 통해 늘 드나들었다. 때문에 건춘문 수비 병사와 순검은 궁녀들이라고 생각하고 막지 않았다. 또한 따르는 사람이 한 사람도 없어서 궁궐 내에서는 '임금과 태자는 여전히 침실에 있다.'라고 여겼고, 궁궐을 떠난 지 꽤 오래되었는데도 오히려 알아차리지 못했으며, 내각도 또한 망연히 알지 못했다. 임금이 러시아 공사관에 도착한 때는 대략 오전 7시 20분쯤이었다."

－《대한계년사》 영추문 아관파천 기사

이 기록에는 분명히 러시아공사관으로 주필이어 당시 건춘문을 통해 어떤 방식으로 임금이 나왔는지를 자세히 기록하고 있는데, 당시 궁녀의 가마에 숨어서 나올 만큼 긴박한 상황과 평소 궁녀들이 이곳을 통해 드나들며 수비 병사나 순검들의 의심을 피할 수 있었다면 이 기록에 신빙성을 더해 준다. 아관파천 당시 고종은 세자와 함께 추운 겨울 동이 트기도 전 차가운 새벽 공기 속에 변복으로 궁녀의 가마에 올라 건춘문으로 도망치듯 러시아공사관으로 갔던 슬픈 이야기의 중심에 아이러니하게도 새로운 봄을 세우는 건춘문이 있었음은 무슨 운명의 장난이란 말인가?

광화문 옆은 백관을 규찰하는 성상소

태조가 새 궁궐을 완공한 태조 4년(1395) 9월 29일에는 실제 광화문은 존재하지 않았으며, 지금과 같이 삼문(근정문-홍례문-광화문)이 아닌 전문(근정문) 앞에 있는 문을 정문, 단문, 오문 등으로 불렀을 뿐이었다. 비로소 세종 8년(1426) 집현전 수찬에게 경복궁 각 문의 이름을 짓게 하면서 근정문을 기준으로 둘째 문은 홍례문, 세 번째 문은 광화문이라 명명했으므로 이때 광화문으로서 완전한 이름을 얻었다.

세종 10년(1428) 광화문에 설치되어 있던 신문고를 의금부 당직원이 금지한 일에 대해 신문고는 아래 백성들의 억울한 사정을 듣기 위함인데 본래 뜻을 어기고 치지 못하도록 한 관리를 국문할 것을 명했다. 또 세종은 의례나 원칙도 중요하지만, 백성들의 생활과 상충될 때에는 과감히 그를 허락하지 않았다.

세종 13년(1431) 광화문 문밖에 섬돌이 없어 관료들이 문 앞까지 말을 타고 와서 내리니 사신이 출입하는 이 문이 하찮게 여기게 될까 염려되어 월대와 같이 문 앞에 쌓을 것을 건의하였다. 또 그 안은 강화도 매도(煤島)산 전돌로 포장하자고 하였지만, 농사철로 접어들어 여러 백성들을 힘을 쓰기 힘들다는 이유로 허락하지 않았다. 광화문에는 큰 종과 북을 설치하여 보루각 누기에서 알려온 시각을 내외에 알리도록 하고 그는 서운관생이 관리하도록 하였다.

중종 이후로 보이는 성상소(城上所)는 사헌부 소속 감찰(監察)

이 궁궐 문 위에서 백관과 기타 궁내의 출입자를 규찰하는 곳을 말하는데 이는 경복궁 광화문 주변 궁장 위 누각 위를 성상소라 하였다. 《영조실록》에는 "육조가 앞에 나열해 있고 의정부에서 공사업무를 처리하는 규례가 있어서 성상소와 대간(臺諫)이 관리의 잘못을 살피고 일에 따라 죄가 있으면 그를 밝히는 일을 하는 그 처소가 광화문 옆에 있는 것은 진실로 당연합니다."하였다. 사헌부와 사간원의 성상소는 궁궐 누상에 있어 감시의 임무를 수행해야 하는 것이지 궐대 아래 숙직하는데 있어서는 안 된다고 했다. 성상소가 어디에 있었는지 정확한 위치는 알 수 없지만 광화문 앞에 육조의 관청들이 있고 백관들의 사진(仕進: 관료가 정해진 시간에 출근하는 일)하는 곳이므로 광화문 옆이나 멀리 떨어져 있지 않은 궁장 누상에 있었던 것으로 보인다.

〈영조실록〉 영조 20년(1744) 5월 성상소에 대한 기록이 있다.

"옛날에는 매일 상참을 행하였기 때문에 대간(臺諫)이 대청(臺廳)에 나가지 않는 날이 없었다. 이른바 성상소(城上所)라는 것은 대간으로 하여금 항상 성(城) 위에 앉아 있게 한다는 뜻인 것이다."

광화문은 경복궁의 정문으로 왕의 정교가 나가는 상징적인 의미를 지니고 있으며 외국 사신이 경복궁으로 올 때 사용하는 문이었다. 왕과 왕세자의 출궁 문로가 되기도 하였다. 광화문은 앞으로 월대가 설치되어 있었고 그를 통해 광화문으로 들어올 경우 3개의 홍예문이 있다. 가운데는 어문이며 임금과 사신이 출입하고 동쪽으로는 동반, 서쪽으로는 서반이 사진(仕進)하던 문이었다.

《고종실록》고종 4년(1867) 11월 14일 대궐 문을 출입하는 규례를 정하였다.

| 광화문 주변 궁장

"대궐문을 출입하는 것을 각기 나누어 소속시키는 것이 규례입니다. 경복궁에 이어 후에도 일정한 규정이 없어서는 안 될 것이니, 승지는 영추문으로 사진(仕進)하고, 백관들은 광화문(光化門)의 동쪽과 서쪽 협문으로 사진하되 문관은 동쪽 협문으로, 무관은 서쪽 협문으로 출입하며, 각사의 입직하는 관원과 액정의 이하는 편의대로 하도록 허락한다."

34

격과 쓰임에 따른
전각의 이름

경복궁하면 가장 먼저 생각나는 전각은 무엇일까? 사람마다 다르지만 대체로 규모도 가장 크고 국보이며 의례의 중심이었던 '근정전'이 아닐까 한다. 어떤 사람은 '경회루'라고 이야기할 수도 있겠다. 경복궁을 대표하는 건물이 근정전이든 경회루든 동양 건축은 그 안에 담겨 있는 뜻을 분명히 넣어 이름을 짓는다.

'종묘(宗廟) 정전(正殿)'이라는 이름을 들었을 때 드는 생각은 '마루 종(宗)'에 '사당 묘(廟)'이니 '마루(꼭대기)가 되는 사당' '나라에서 가장 으뜸이 되는 국가의 사당'이겠고 '바를 정(正), 큰집 전(殿)'이니 '행사를 하는 큰 집'으로 이해할 수 있다. 정전은 글자 뜻 그대로 해석하면 뜻이 통하지 않을 수 있지만 궁궐 정전은 근정전처럼 각종 의례를 하는 가장 큰집이 있는 곳이다. 궁궐 정전은 살아있는 왕이 의례를 행하는 곳이고 종묘 정전은 돌아가신 선왕들의 의례를 행하는 곳이기 때문에 삶과 죽음으로만 구분했을 뿐 그 상

|근정전　　　　　　　|교태전

징과 용도는 같다.

　이처럼 동양 건축에 있어서 건물의 이름은 그 규모와 용도를 결정하는 중요한 요소이며 덧붙이자면 품격과 음양오행, 주역의 기본 원리 등을 반영하여 건축하고 이름을 지었다. 건물의 이름을 짓는 것은 마치 사람이 태어나서 그 사람의 특성에 맞게 작명하듯 무생물이지만 똑같은 작업과 과정으로 진행된다. 전·당·합·각·재·헌·루·정은 어떤 뜻이 있으며, 현재 경복궁 전체 건물과 과거에 있었던 건물까지 이 범주로 분류해 보겠다.

전·당·합·각·재·헌·루·정

　궁궐 건물의 이름을 짓는 방법에 대해서는 앞서 이야기하였으므로 전·당·합·각·재·헌·루·정은 일반적으로 건물의 규모 순서이고 격이 높은 것으로부터 차츰 낮은 순서라고 보면 된다. 이는 궁궐에만 국한되지 않고 종묘나 성균관, 향교, 사찰 등도 포함된다.

　'전(殿)'은 모든 건물 중에서 가장 격이 높으며 규모도 크다. 종묘 정전, 영녕전과 성균관 대성전 등에 쓰이며 궁궐의 경우 왕과 왕비, 대비가 사용하는 건물에 쓰는 명칭이다. 절대적이지는 않지만

|승순당 |자선당

경복궁에서도 행사를 하는 공식적인 공간이 있는 건물에 전을 사용한다. 또 공식 명칭을 사용함에 있어서 대전(大殿), 중궁전(中宮殿), 대비전(大妃殿) 등은 각각 왕과 왕비, 대비를 부르는 명칭인 것이다.

'당(堂)'은 전보다 한 단계 아래의 건물에 사용하는 경우가 대부분이다. 공식적인 활동보다는 일상 활동을 하는 곳이며 세자나 궐내각사 여러 관청의 명칭 등에 사용한다. 창덕궁 '연경당'은 효명세자가 일반 사가 형식으로 궁궐에 지은 건물이다.

'합(閤)'과 '각(閣)'은 전이나 당의 부속 건물인 경우도 있지만

|경사합 |곤녕합

|비현각 |영사재

주 전각을 주위에서 보좌하는 기능을 갖는 건물이다. 규모나 지위 면에서 전이나 당보다 낮다. 경복궁의 경우 세자가 공부하는 곳을 비현각이라고 부르고 있지만 조선 초기에는 비현합이라고 했다. 흥선대원군을 부를 때 대로합하(大老閣下)라고 하는데 그 격을 이야기 한다고 볼 수 있다. 또 대통령을 과거에는 각하(閣下)라고 했는데 이를 보면 실상은 합하보다 한 단계 아래의 명칭이었다. 황제를 폐하라고 하고 왕을 전하라고 했고 그 아래 합하와 각하라는 명칭이 있어 건물 위계와 관련이 있다고 보면 된다.

'재(齋)'와 '헌(軒)'은 왕과 왕비 또는 왕실의 가족 후궁 또는 궁궐의 내관이나 상궁 나인들이 묵고 활동하는 공간이다. 재는 일상

|원길헌 |경회루

| 사시향루 | 향원정

주거용 또는 조용히 독서와 사색, 제사 공간이 주류를 이루고 헌은 마루가 있는 것이 특징이다.

'누(樓)'는 2층 구조로 아래는 지면에서 떨어져 있고 2층은 누마루 형태이다. 1층인 경우에는 아래는 각이라 하고 2층에는 루가 붙는다. 창덕궁 규장각과 주합루가 이러한 형태의 건물이다.

마지막으로 정은 정자(亭子)인데 연못가가 경관이 좋은 곳에 있어 휴식 및 시회 등의 모임과 연회 공간으로 이용된다. 창덕궁 후원에 많은 정자가 있는데 농산정. 취규정. 태극정 등이 이러한 형태의 정자이다.

경복궁 현재와 복원 건물 명칭

경복궁은 조선 초기 태조 4년(1395) 준공되어 조선 전기 법궁으로 사용하였으나 임진왜란 때 소실되었다. 그 후 270여 년간 터만 남아 있었고 고종 4년(1867) 건물 500여 동의 큰 규모로 중건하였다. 그러나 1910년 일제강점기 이후 많은 건물이 철거되면서 1990년대 36동밖에 건물이 남지 않았다. 그 무렵부터 시작된 1~2차 정비작업을 통해 약 30% 정도 복원하였다. 2045년까지 동궁 및 오위 도총부, 궐내각사, 선원전, 혼전, 서십자각 등을 차례대로 복원할 예정이다. 경복궁 건물의 이름은 고종 대의 궁궐지를 기준으로 하여 현존하는 건물과 복원 예정인 건물을 포함하여 전당합각재헌루정을 정리하였다.

먼저 '전(殿)'은 근정전, 사정전, 만춘전, 천추전, 강녕전, 연생전, 경성전, 교태전, 함원전, 태원전, 문경전, 회안전, 선원전(2032년~42년까지 복원 예정), 수정전, 자경전, 흥복전 총 16동으로 13동은 현존하고 있으며 진전과 빈전 3동은 2032년부터 복원 예정이다.

두 번째 '당(堂)'에 해당하는 건물은 협선당, 용신당(사정전), 연길당, 응지당, 청심당, 연소당, 건의당, 수경당, 계광당, 홍안당(강녕전), 보의당, 체인당, 내순당, 승순당(교태전), 계향당, 태지당, 광원당(흥복전), 집경당, 장안당, 정화당, 복수당(건청궁), 협길당(집옥재), 보현당(2032년 복원 예정), 유정당, 숙문당(태원전), 영훈당(복원예정 향원정 앞), 옥당(궐내각사), 경안당(선원전 복원 예정), 협경당, 복안당(자경전), 복희당, 난지당(소주방)등 32개동이며 이 중 4동은 복원 예정이다.

세 번째 '합(閤)'과 '각(閣)'에 해당하는 건물은 함홍각, 건순각(교태전), 비현각, 흠경각, 보루각, 곤녕합, 정시합(건청궁), 경사합(태원전), 제수각 등 6동이다.

네 번째 '재(齋)'와 '헌(軒)'은 원길헌(교태전), 집옥재, 영사재, 공묵재(태원전), 숙경재(선원전 복원 예정) 등 5동이다.

마지막 '누정(樓亭)'은 추수부용루, 사시향루, 옥호루(건청궁), 향원정, 팔우정, 경회루, 육선루(내반원 복원예정), 청연루(자경전), 융문루, 융무루(근정전) 등 9곳이다.

한권으로읽는경복궁

35

궁궐 잡상과
부시의 명칭

　궁궐, 종묘, 왕릉 정자각의 지붕 추녀마루에 설치되어 있는 동물 모양을 일반적으로 '잡상'이라고 한다. 경복궁은 광화문부터 흥례문, 근정문까지 문루 지붕과 주요 건물에 잡상이 있다. 흔히 하늘에서 내려오는 나쁜 기운을 막기 위한 벽사의 기능으로 지붕에 설치했다고 하나 실제로는 건물의 위계를 나타내고 지붕을 장식하는 마루 기와의 일종이다. 건물의 위계와 크기에 따라 설치하는 잡상의 수는 달라지지만, 일반적으로 홀수 즉 양수(陽數)를 사용하는데 지붕 위에서 하늘을 향해있기 때문에 천수(天數: 하늘 수)를 쓴 듯하다.

　건물을 화려하게 장식하는 단청과 그 지붕에는 잡상, 용두, 취두, 토수 등을 사용하여 장식성을 높였다. 가장 화려하고 웅장한 팔작지붕의 가장 꼭대기 중앙 부분을 용마루라 하고 용마루에서 합각 부분으로 내려오는 내림마루, 내림마루에서 추녀로 내려오는 추녀

|경회루 잡상 |다른 추녀의 궁궐 잡상

마루라고 한다. 우진각지붕은 용마루에서 곧바로 추녀마루로 내려
오므로 내림마루는 없다. 경복궁 근정전이나 경회루 등은 팔작지붕
이지만 광화문이나 문루 등은 우진각지붕이다.

　중국의 경우 송나라에서 동물의 형상을 지붕에 올렸으며 명나라
시대에 도상이 확립되었다. 중국에서는 이를 '주수(走獸)'라고 하는
데 우리와는 다르다. 주수를 설치하는 순서와 이름은 선인(仙人)-
용(龍)-봉(鳳)-사자(獅子)-해마(海馬)-천마(天馬)-압어(押漁)-해
치(獬豸)-두우(斗牛)-행십(行什)으로 건물의 크기에 따라 줄어드
는데 이는 뒤에부터 줄였다. 명 13릉 침전 참도 양쪽으로 동물상이
있는데 주수와 비슷한 석상들도 있다.

지붕마루장식 기와

　마루장식 기와에는 취두와 용두, 잡상, 토수가 있다. 취두는 고대
에 용마루 끝을 장식을 했는데 치미 또는 치문이라고 했다. 조선 시
대에는 취두(鷲頭)는 독수리 모양으로 생긴 상상의 동물이다. 용두
는 박공면을 따라 추녀마루에 장식하는 용머리 형태의 장식 기와로
뿔이 없으며 입을 크게 벌린 어류의 모습을 하고 있다. 잡상은 내림
마루 끝에서 추녀마루로 내려오는 네 모서리 위에 여러 가지 상을

한 줄로 설치한다. 용두(용머리)를 두고 3, 5, 7, 9 등 홀수로 설치하는데 경회루는 11개나 된다. 이는 건물의 위계와 지붕의 크기에 따라 설치 개수가 달라진다. 토수는 처마 끝에 끼워 서까래와 사래가 비바람에 노출되는 것을 보호하는 기능을 가진 기와다. 이처럼 궁궐 주요 건물의 지붕은 양성도회를 발라 용마루와 내림마루, 추녀마루의 지붕 윤곽선이 한눈에 들어오도록 하였다.

잡상은 지붕을 장식하는 기능과 벽사의 의미를 가지며 잡상과 토수는 취두가 올라가 있는 지붕에는 있지만 용두만 있는 지붕에는 없다. 잡상은 건축 의장으로서 화재를 막기 위한 벽사의 의미로도 파악되는데 경복궁에는 '화마'를 막기 위한 여러 가지 장치와 부적 등을 제작하여 사용하였다. 근정전에는 은판 각 모서리에 수(水)자를 쓴 '육각 은판'을 제작하여 3개를 모으면 淼[큰물 묘] 자가 되어 화재를 예방토록 하였다. 또 함께 붉은색 장지(壯紙: 장판지)에 용

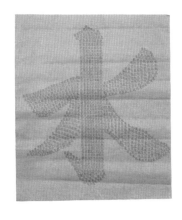

| 근정전 육각형 수자 은판, 근정전 수자문 지류(국립고궁박물관 소장)

337

부적과 '용(龍)'자 1,000자를 써서 물 수(水)자 부적을 만들었다. 용은 물을 상징하며 그 '용'자로 물을 만들었으니 엄청 큰 기운의 물로 불을 다스리는 셈이다. 경회루에는 청동용을 2마리 제작하여 연못에 가라앉혔는데 이 역시 아주 작은 불씨조차 허락하지 않고 경회루 물과 용이 만들어내는 물로 화마를 제압하고자 하는 염승의 의미를 담았다.

잡상의 명칭과 기록

'잡상'은 지붕을 장식하는 물고기나 조류 등으로 기와가 우리나라에 들어 온 이후부터 여러 형태로 존재해 왔다. 이는 삼국시대 신라의 유적과 고려 시대 궁지인 개성 만월대와 고려궁지, 혜음원지 등에서 그 존재가 확인되었다. 조선 시대는 초기 고려의 문화를 그대로 받아들였으므로 자연스럽게 이어졌으며 태종 6년(1406) 민간에 기와를 제작하기 위해 '별와요(別瓦窯)'를 설치하여 본격적으로 기와를 제작 공급하였다. 《경국대전》 '권지6 공전(工典) 공장(工匠) 와서(瓦署)'에는 '와장(瓦匠) 40인, 잡상장(雜象匠) 4인'으로 나와 있어 조선 초기부터 기와를 제작하는 관청에서 잡상을 만드는 전문 장인의 숫자까지 명시하였음을 알 수 있다. 세종, 단종, 예종 대에도 잡상에 대한 기록은 왕릉을 중심으로 지속된다. 조선 시대 잡상은 양주 회암사지와 광화문지, 숭례문에서 발견된 일부가 남아 있다.

고종 대에서 일제강점기에 살았던 불교학자 이능화 선생이 지은 《조선도교사》 '도교와 민간신앙'에서 잡상을 "우리나라 궁궐 네 귀 기와에 보이는 동물상과 같은 것이 소설 소유기의 등장인물과 토신(土神)의 상을 열 개 맞추어서 세워 놓은 것으로 역시 살(煞)을 막기 위한 장치"라고 소개하였다. '잡상' 대신 '십신(十神)'이라는 명칭으로 소개한 책은 유몽인의 《어우야담(於于野談)》이다. 광해군

14년(1622)에 완성된 이 책은 1964년 활자본으로 나왔는데 이곳에 재미있는 대목은 '선전관 유조생의 신참례'에 대한 내용이다. 유조생이 국왕의 명령을 전달하는 선전관이 소속되어 있던 선전관청에 신참으로 들어갔다. 신참이 처음 들어와 면신례(선배 관원에게 성의를 베풀던 의식)를 행할 때 궐 문루 위에 도열한 '십신'의 이름을 단숨[一息]에 외우도록 하여 '허참(許參)'을 결정하였다. 단숨에 십신을 외우지 못하면 신고식 통과를 허용하지 않았다. 이 허참식에서 외워야 하는 십신은 첫 번째는 대당사부(大唐師傅), 둘째는 손행자(孫行者), 세 번째 저팔계(猪八戒), 네 번째 사화상(沙和尙), 다섯째 마화상(馬和尙), 여섯째 삼살보살(三煞菩薩), 일곱째 이구룡(二九龍), 여덟째 천산갑(穿甲山), 아홉째 이귀박(二貴朴), 열 번째 나토두(羅土頭) 순서였다.

1920년 발행된 《상와도》에는 '어우야담' 신참례 나오는 십신 순서와 조금은 다르다. 네 번째 사화상의 한자가 '獅畵像'으로 다르고, 다섯째를 이귀박, 여섯째 이구룡, 일곱째 마화상, 여덟째 삼살보살, 아홉째 천산갑, 열번째 나토두로 어우야담과 4, 5, 6, 7, 8번의 순서만 다를 뿐 이름은 같다. 한편 인조 25년(1647)에 제작된 《창덕궁수리도감의궤》 '조성질(造成秩)'에는 위 내용과 전혀 다른 첫 번째를 손행자매 둘째 산화승 세째를 마룡 넷째 준구 다섯째 악구로 표시되어 있어 어우야담 십신 중에서 손행자매를 빼고는 모두 생소한 이름으로 되어 있다.

잡상의 생김새와 어처구니 연관설

잡상은 《조선왕조실록》 등에도 기록이 보이고 회암사지 및 광화문지에서 일부의 모습이 유물로 출토되고 있지만 구체적인 이름과 순서는 《어우야담》과 《상와도》에 나타나 있다. 이 두 자료를 기준으로 잡상의 모습과 특징을 살펴보면 다음과 같다. 가장 앞에 있는 대당사부는 당나라 때 불경을 번역하고 서역으로 유학을 간 승려로 현장법사 속칭 삼장법사를 형상화하였다고 한다. 인물상이고 무인 복장으로 다리를 벌리고 있는 모습이며 전각마다 조금은 다른 모습을 하고 있다. 두 번째 손행자는 서유기에 나오는 손오공이며 원숭이의 모습이다. 네 번째 저팔계도 서유기에 나오는 인물이며 나팔귀에 입은 길고 몸은 큰 돼지로 표현하였다. 네 번째 사화상은 사오정인데 원래 요괴로 웅크린 사자의 모습처럼 보인다. 다섯째 이귀박은 정확한 출처는 없지만 불교 북방 다문천왕(비사문천)이 이귀 위에 앉아 있다고 하는데 뿔과 튀어나온 어금니가 특징이다. 여섯째 이구룡은 머리에 뿔이 두 개이고 일곱째 마화상은 말의 형상으로 용과 비슷한 모양이며 송곳니와 파충류 배의 특징을 가지고 있다. 여덟째 삼살보살은 반수반인(半獸半人)의 모습에 아홉째 천산갑은 몸에 비닐이 있고 개미를 먹고 사는 포유류이다. 마지막 열 번째 나토두는 이름만 존재할 뿐 구체적인 모습을 묘사한 것은 없는데 자경전 굴뚝 등에 보이는 '나티'와 비슷한 도깨비[獨脚鬼]로 보기도 한다.

경복궁 건물에 있는 잡상 현황은 광화문과 흥례문, 근정문, 건춘문, 영추문, 신무문과 근정전, 사정전, 강녕전, 교태전은 각각 7개이고 유화문, 연생전, 경성전, 흠경각, 함원전, 협길당(집옥재), 자선당, 태원전, 동십자각은 각각 5개이다. 그 외 수정전은 6개, 자경전과 협경당은 각각 4개로 짝수이며 청연루 3개, 경회루는 경복궁 모든 건물 중에서 가장 많은 11개로 총 24개 문과 전각 건물 지붕에 잡상이 있다.

이처럼 잡상은 건물의 품격과 장식, 벽사의 의미를 갖는 고대부터 내려오던 장식기와이다. 불교와 도교의 영향으로 만들어진 잡상으로 보고 있지만 그 연원에 대해서는 서유기설과 도교, 불교설이 있을 뿐 확정적인 내용은 없다. 각 시대와 자료마다 명칭도 다소 다르지만, 장식과 벽사, 그리고 화마를 방지하고자 하는 기원으로서의 역할은 같았다. 일부에서는 잡상을 '어처구니'라고 부르며 맷돌 손잡이와 궁궐 잡상은 모두 '어처구니'라는 말로 부르기도 한다. 그러나 이는 잘못된 내용으로 '어처구니'의 어원과 잡상, 맷돌 손잡이와는 관련성이 없는 이야기이다.

지붕 아래 철망은 왜 부시인가?

경복궁 근정문이나 근정전 지붕 아래 처마에 새가 드나들지 못하도록 쳐 놓은 그물망을 '부시(罘罳)'라고 한다. 재미있는 이름이어서 간혹 미국 오바마 대통령 이전 공화당의 조지 '부시' 대통령을 연상케 한다. '토끼그물 부' '면장 시'로 해석하여 '토끼그물처럼 생긴 가리개'로 뜻을 이해하기도 한다. 그런데 원래 '부시'의 뜻은 지금처럼 궁궐 처마를 둘러친 그물 모양의 가리개는 아니었다. 궁 전각의 문밖. 혹은 성 모퉁이를 또 하나의 가리개 모양으로 시설물을 만들어 침입자를 감시하거나 적을 방어하는 수단으로 쓰였다. 또 신하가 왕을 뵙고자 할 때 이곳에서 다시 한번 생각을 정리하고 들어가야 한다는 의미에서 '시'는 '사(思)'를 의미하기도 하였다. 한자 자전 '이아주소(爾雅注疏)'에는 "在門外。罘, 復也 ; 罳, 思也臣將入請事, 於此復重思之也(제문외 부 부야 시 사야 신장입청사 어차부중사지야: 문밖에 있다. 부는 발음이 부이다. 시는 사이다. 신하가 장차 일에 하고자 들어갈 적에 이곳에서 다시 거듭 생각해야 한다.)"

동양에서 고대에는 문밖 혹은 성 모퉁이에 가설한 망 모양의 건축물을 망보고 지켜 방어하는 데 사용하였다.《한서·문제기》에 '미양궁 동궐 부시에 불이 났다.'라는 글이 있는데 이에 대해 '안 사고'

는 주석에서 "잇달아 이어진 궐의 곡각(曲閣) 담 밖에 다시 덮어 생긴 모양이 부시(그물)과 같음을 일컬으며 즉 이는 가리개 병풍이다. 한나라 환관의《염철론 · 산부족》에 지금 부자는 흙을 쌓아 산을 만들고 나무를 줄지어 심어 산림을 이뤄 누각과 정자를 잇달아 지어 또 누각을 더해 관람하며, 중앙에 사당을 병풍처럼 짓고 담 모퉁이에 부시를 두른다."고 하였다. 여기에서 부시는 궁궐 등의 처마 아래 그물처럼 병풍 모양으로 치는 철망이나 실이 아니라 담 모퉁이 밖에 한 겹 더 병풍처럼 세우거나 치는 부가 장치를 뜻하고 있다.

지금 '부시'의 의미는 지붕 처마 또는 창 위에 가설하여 참새 조류 방지를 위해 금속 또는 실로 만든 망을 의미한다. 당나라 시인 두보는《대운사찬공방》시 1편에서 "황색꾀꼬리 결구함을 헤아려 보니 , 자색 비둘기 부시 아래 있네" 라는 내용에서 부시는 지붕 처마 아래에 있는 그물 모양이라는 것을 알 수 있다. 또《자치통감》당

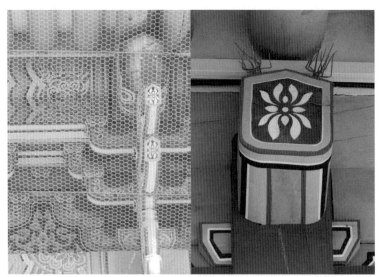

| 사정전 처마 부시 | 오지창 모양의 마름쇠(부시와 같은 역할)

문종 태화구년에 "환관이 말하기를 시급한 일이 있어 청컨대 폐하께서 환궁하소서! 바로 가마에 올라 왕을 부축하여 맞이하고 전각 뒤 부시를 터서 북쪽으로 출입하소서" 하였다. 호삼성 주석에는 "당나라 궁전 부시는 실로 만들어 망과 같은 형상으로 제비와 참새를 막았으니 한나라 궁궐의 부시와는 같지 않다."는 내용이 있어 당나라 때에 부시는 실이나 철망으로 만든 것이었는데 한나라에서는 궁궐 곡각에 병풍처럼 세웠던 장치로 그 의미가 달라졌음을 알 수 있다.

다산시문집《추풍팔수차두운(秋風八首次杜韻: 가을바람 주제 두보 시 차운 여덟수)》는 부시에 대한 내용이 있다. 여기에서 부시는 처마 아래 그물로 표현되었고 그곳에 햇살이 비치는 모습을 그린 것으로 보인다.

"태액지 동쪽에 홍화문이 드높은데 [弘化門臨太液東]
겹지붕의 복도가 안으로 서로 통했구나 [樛棼閣道內相通]
부시에 동방 햇살 거꾸로 내리쏘고 [罘罳倒射蒼龍日] (후략)"

이덕무의《청장관전서》'아정유고12' 규장각 팔경시 '개유와(皆有窩)의 매화와 눈'에서 마지막 구에 나오는 부시는 대궐 처마에 있는 그물 장치로 보인다.

"누대에서 바라보니 끝없이 흰데 [樓臺極望皓無垠]
매화는 구슬 같고 눈은 은일세 [梅是瑤瑤雪是銀]
궐문에 빛 움직이니 불야성이요 [閶闔光搖元不夜]
대궐 처마에 향기 도니 봄소식 먼저 왔는가 [罘罳香護已先春] (중략)"

그 외 홍재전서 이익진의 시에 '새그물에 방울 울려라 원조가 날아왔구려[鈴動罘罳苑鳥翔]'라는 구절과 1804년 권상의 《관연록》에 "마침내 전각을 나와서 동쪽으로 에돌아 뒤 전각으로 들어가니, 용사(龍蛇) 같은 서까래와 부시의 제도는 꾸밈이 극도로 화려하였다."와 윤기의 《무명자집》 시 중 '금빛 편액에 햇살 부셔 처마 밑 그물 밝고[日射金榜明罘罳]' 등에서 부시의 예를 찾을 수 있다.

실록 내용과 부시의 용도 변화

《성종실록》 성종 6년(1475) 5월 12일

"신 등이 경회루의 돌기둥을 보니 꽃과 용을 새겼고 용마루와 처마가 궁륭(穹隆)하고 구리로 망새[鷲頭]를 만들었으며, 또 근정전에는 철망을 둘렀는데 선왕의 옛 제도가 아닌 듯하니, 후세에 보일 수 없습니다"

성종 7년(1476) 4월 2일 기사

"경복궁의 사정전에 철망(鐵網)을 갖추는 일은 지금 이미 준비를 마쳤습니다. (중략) 철망(鐵網)은 공역의 어려움뿐만 아니라, 사치스럽고 화려한 것이 지나친 듯합니다 (후략)"

사정전 처마 아래에 철망을 갖추는 일은 어렵고 사치스러운 일로 생각하고 있다. 《광해군일기》 광해 7년(1615) 4월 21일 기사에는

"인정전의 노끈으로 짠 그물[繩網]이 낡아 찢어져 바람에 날리고 있으니 철망을 속히 만들어 쳐라." 하였다.

한권으로읽는 경복궁

이때에는 나라 안에 철사장이 없어 평상시 다만 푸른 노끈으로 짠 가느다란 그물로 전액을 막아서 보호하였다. 철망을 치는 공사가 크고 공역도 많이 들어 이루지 못하다가 요와 연에서 실어와 결국 많은 노력이 들었다고 하였다.

《순조실록》순조 30년(1830) 2월 19일

"전주 경기전의 철망 및 강진 탄보묘(誕報廟)의 수리를 감독한 도신 이하에게 차등을 두어 시상하였다."는 기록들이 있다.

이렇게 부시는 철망으로 설치하는데 공사의 규모도 크고 공력과 비용이 많이 들었으며 궁궐을 화려하게 장식하는 사치로 여기기도 했다. 이 때문에 공사에 참여한 사람들에게는 수고를 치하하는 의미에서 나라에서 상까지 내렸던 것이다.

36

선원전(璿源殿)의
의미와 어진의 소실

　　자경전 동북쪽, 지금의 국립민속박물관이 있는 자리는 선원전 (璿源殿)이 있었던 곳이다. 선(璿)은 아름다운 옥이라는 뜻으로 '천자만 썼던 구슬'이니 선원(璿源)은 '왕실의 근원' 정도로 해석하면 된다. '선원록'은 왕실의 족보이며 '선원전'은 왕과 왕비의 어진을 모시고 의례를 행하는 공간이다.

　　궁궐지에는 선원전의 규모가 36칸으로 나와 있으며, 대한제국을 선포한 고종은 1900년 경운궁에 선원전을 지으면서 경복궁과 창덕궁의 선원전도 1실을 증건하여 어진을 봉안하고자 하는 노력을 기울였다.

　　민속박물관 자리에 선원전이 있었을 것으로 생각하는 사람은 거의 없는데 이곳은 1929년까지 총독부 관사로 사용되었다. 1932년에는 이토 히로부미의 춘무박문사(春畝博文寺)가 장충동에 세워졌다. 이때 승려들이 묵는 승방과 창고를 짓는 데 사용하기 위해 선원전이 철거되어 옮겨졌다. 당시 경복궁 광화문에 썼던 석재와 경희궁의 흥화문, 원구단 석고각 등도 박문사를 짓는 부재로 사용하였다.

초기 선원전에서 임진왜란 이후에는 영희전

조선 초기 선원전이 처음 등장하는 것은 세종 때이다. 세종 12년(1430) 효령대군에게 임금의 초상과 선원록을 새로 지은 선원전에 모시게 하였다는 기록이 있다. 이때만 해도 그 장소는 궁궐 밖에 있었는데 세종 19년 궁궐 내에 문소전 동북쪽으로 옮겨졌다. 세종 26년(1444) 임금과 중궁의 진영을 그리게 하고, 태조와 태종의 어진도 그려 문소전 뒤에 지은 선원전에 봉안하였다. 당시 중수한 선원전은 화려함이 극치를 이뤘다고 한다. 조선 전기 이곳은 어진의 봉안 장소였을 뿐 별도의 제향은 하지 않았다. 그 후 경복궁 선원전은 임진왜란 때 소실되어 원래의 기능을 회복하지 못했다.

임진왜란 이후에는 소실되었던 선원전을 대신하여 우선 외방(外方) 다섯 곳(전주, 영흥, 경주, 평양, 개성)에 태조의 진전을 복구하였다. 한양에는 궁궐 밖 남부 훈도방 죽전동계(현 중구 저동)에 정전 5실과 이안청 3실의 진전을 만들었다. 광해군 때에는 이곳에 공

| 이전하기 전 선원전 《조선고적도보》　　| 춘무산 박문사 본당(서울역사박물관 엽서)

빈의 사당을 지어 봉자전(奉慈殿)이라 했다.

《광해군일기》 '중초본' 광해 10년(1618) 7월 18일에 다음 내용이 있다.

"영정(影幀)이 서울에 들어오는 날 숭례문 밖에서 공손히 맞아들여서 봉자전(奉慈殿)에 봉안하고 친히 제사하는 의절을 지금 바야흐로 감정하고 있습니다. 다만 전호를 봉자전이라고 그대로 칭하는 것이 미안한 것 같습니다. 남별전(南別殿)이라고 고쳐 부르도록 하소서."

영숭전 태조 어진과 봉선전 세조 영정을 맞아 봉자전에 봉안하고, 전의 등급에 맞는 '남별전'으로 개칭하여 불렀다.

| 초기 진전과 임진왜란 후 영희전의 변화

왕	이름	진행 내용
세종	선원전	태조.태종 진영 봉안. 세종과 중궁 진영
임진왜란 이후	외방	전주, 영흥, 경주, 평양, 개성 5곳 태조 진전
	내방	훈도방 '영희전터' 진전
광해군	남별전	태조(영숭전)어진. 세조(봉선전) 어진 봉안
인조	남별전	이괄의 난으로 강화부로 옮김
		남별전을 중수 : 태조. 세조 어진 봉안
숙종 3년	남별전 중수	3실 태조. 세조. 원종 어진 봉안
숙종 16년	영희전 개칭	
영조	5실	태조. 세조. 원종. 숙종
정조	5실	태조. 세조. 원종. 숙종. 영조
철종	6실	순조 추가 봉안
고종	경모궁 이건	1899년 영희전을 경모궁으로 이건

인조 2년 이괄의 난으로 남별전에 있던 어진은 강화로 옮기는 일이 있었는데 이로써 남별전은 공실이 되었다. 그 후 병자호란 때 태조 어진이 훼손되었으나 함께 모셨던 세조 어진은 무사하여 이를 다시 한양으로 옮겨 왔다. 세조 어진과 '원종' 어진을 모시기 위해 '남별전'을 중수하고 그곳에 봉안하였다. 외방에 있었던 진전 중에서 영흥의 준원전과 전주의 경기전은 난리 중에도 무사하여 태조의 어진은 무사했다.

숙종 3년 남별전을 다시 짓도록 명하고 세조와 원종의 어진을 경덕궁에서 모셔 와 봉안하였고 태조 어진은 전주 경기전 어진을 모사하여 남은 1실에 모셨다. 숙종 16년에는 전호의 이름을 '영희전'으로 개칭하였다. 숙종 대 3실에는 1실에 태조, 2실에 세조, 3실에는 원종을 봉안했다. 영조는 이를 5실로 늘려 숙종을 봉안하였고 정조는 5실에 영조를 봉안하였다. 철종 대 순조의 어진을 6실로 늘려 봉안했다. 영희전이 있었던 자리는 개항 이후 일본인의 거류 지역으로 확대되고 영희전보다 높은 곳에 명동성당이 들어서면서 진전으로서의 위상을 제고해야 했다. 이에 고종은 1899년 장헌세자를 장종으로 추숭하면서 비게 된 경모궁 자리로 '영희전'을 옮겨 진전으로 사용하였다.

숙종 이후 선원전의 변화

한편 숙종 21년(1695) 어용화원 조세걸은 숙종의 어진을 그려 강화부 장녕전에 봉안하였다. 그런데 장녕전에 봉안한 어진을 본 숙종이 자신의 모습을 제대로 담지 못했다고 하여, 숙종 39년(1713) '어용도사도감(御用圖寫都監)'에서 새로 그릴 것을 명하였다. 새로 그린 어진은 강화 장녕전과 창덕궁 선원전, 오대산사고 3곳에 각각 보관토록 하였다. 영조 24년(1748)에는 다시 숙종 어진

| 궐내각사에 있는 창덕궁 선원전

을 모사하여 '영희전 4실'과 창덕궁 선원전 등에 봉안하였다. 그 후 영조와 정조의 어진은 순조 초반 선원전을 3실로 확장하여 중앙 어간에는 숙종 어진을 동서 협실에는 소목제(昭穆制)로서 소(昭: 왼쪽)줄에 영조와 목(穆: 오른쪽)줄에 정조의 어진을 배치하였다. 헌종 12년(1851)에는 선원전을 3실에서 5실로 증축하여, 4실과 5실에 순조와 익종(효명세자)의 어진을 각각 봉안하였다. 철종 2년(1851)에 6실로 증축하여 헌종 어진을 봉안하였으나 고종은 철종 어진을 선원전이 아닌 종친부 '천한각(天漢閣)'에 별도로 봉안했다.

어진의 소실

조선 초기 진전은 문소전과 선원전 그리고 외방 5곳이었으나 임진왜란 이후 영희전과 외방 5곳, 창덕궁 선원전이 진전의 역할을 하였다. 고종 대 경복궁이 중건되면서 선원전도 이룩되었는데 고종 5

년(1868) 7월 18일 창덕궁 선원전에 있던 어진을 경복궁 선원전으로 이봉하고 모시고 작헌례(酌獻禮)를 행하였다.

고종은 대한제국기 경운궁에 선원전을 짓고 고종 37년(1900) 5월 열성조의 어진을 경복궁에서 옮겨 이곳에 봉안하였다. 이 당시 고종은 경복궁과 창덕궁 선원전도 함께 증축하여 앞으로 이어할 때를 대비하였다. 이처럼 선원전은 경복궁과 창덕궁, 대한제국을 선포한 경운궁 3곳에 두었다. 그러나 경운궁 선원전에 어진 봉안을 마치고 다섯 달도 채 안 되어 화재가 발생하였고 선원전 7실에 모셨던 어진이 모두 불에 타 버렸다. 이는 1901년 영성문(永成門) 서편에 선원전(구 경기여고 자리)을 건립한 후 영희전 등에 있었던 어진을 모사하여 7실에 다시 봉안하였다.

이후 1907년 제향 장소를 일제히 정리하는 칙령이 반포되면서 영희전(경모궁)과 강화 장녕전, 화령전, 육상궁, 경우궁, 선희궁 평락전 등에 봉안되어 있던 어진을 모두 창덕궁 선원전으로 옮겨왔다. 외방(外方)의 전주 경기전과 영흥 준원전 어진을 제외한 모든 어진이 이봉된 것이다. 1921년 이왕직(李王職)은 창덕궁 후원 북일영(北一營) 터에 새로 신선원전 12실을 건립하여 영희전과 창덕궁 선원전, 천한각과 중화전 등에 있던 어진을 봉안한 후 향사를 지속하였다. 이곳에 봉안된 어진은 태조, 세조, 원종, 숙종, 영조, 정조, 순조, 문조, 헌종, 철종, 고종 등 12대가 신선원전에 봉안된 것이다.

1900년 창덕궁 선원전과 함께 1실이 증축되어 총 7실이었던 경복궁 선원전은 1907년 창덕궁 선원전으로 어진이 이봉되었기 때문에 일제강점기 이후 선원전으로서 역할을 하지 못하였다. 경복궁 선원전은 1929년까지 조선총독부 직원 관사로 사용되었고 1932년 장충동에 춘무산 박문사가 세워지면서 전각이 헐려 그곳으로 옮겨갔다. 춘무산 박문사의 승려들의 머무는 승방과 그들이 사용하는 창고로 이건 되면서 경복궁 선원전의 흔적은 완전히 사라져 버렸다.

해방 이후 6·25전쟁이 발발하면서 창덕궁 신선원전에 있던 어진은 피난처 임시수도였던 부산으로 옮겨졌다. 그러나 어진을 보관하던 창고에서 불이 나면서 어진의 대부분이 불에 타 없어져 버렸다. 영조의 어진과 불에 반 이상은 타버린 원종, 문조, 철종의 어진만이 지금까지 남아 있을 뿐이다. 태조 어진은 당시에도 전주 경기전에 보관되어 있어 화마를 피할 수 있었다.

정통성의 상징 진전

진전은 전대인 고려 때부터 송나라의 진전 체제의 영향을 받아 태조와 역대 왕의 어진을 원찰에 봉안하는 방식에서 유래하였다. 조선은 충과 효를 기본으로 하는 성리학적 정치체제를 가진 나라이

| 경운궁 영성문 서편 선원전터(구 경기여고)

었으므로 태조의 영정을 받들어 모시는 진전을 도읍 및 주요 외방에 마련하였다. 그 후 어진은 열성조(列聖朝)로 확대되었는데 이는 조종(祖宗)을 닮아 왕조의 영구함을 꾀하고 정통성을 부여하고자 한 제도에서 출발하였다. 종묘는 국가의 마루(宗)가 되는 사당이지만 선원전은 선대의 인품과 생각을 그대로 닮아 성군으로서 정치를 해 나가고자 하는 후대 왕의 염원이 담긴 상징적인 장소다.

37

남경 행궁과
경복궁 후원

조선은 건국 후에도 일정 기간 국호는 고려를 그대로 쓰다가 태조 2년(1393) 2월 15일에 조선이라는 국호를 사용하였다. 그 후 태조는 신도 후보지 계룡산 일대를 답사하고 신도 건설을 시작하였으나 수개월 만에 중지하였다. 이곳은 수로(水路)가 멀었고 나라의 중앙에 있지도 않아 도리(道理)가 균등하지도 않았다. 그리하여 다른 도읍 후보지인 무악과 한양을 돌아보고 태조 3년(1394) 8월 24일 신하들의 의견을 들은 후 도평의사사(都評議使司)에서 올린 한양 도읍의 안을 가납(嘉納)하였다. 그해 10월 25일 한양으로 천도하여 한양부 객사에 임시 거처를 정하고 신도공사를 시작하였다. 조선을 건국하고 나서 도읍이 정해지고 그곳으로 천도하여 신도를 건설하는 과정은 다음과 같다.

한양은 태조가 생각하는 도읍의 조건에 모두 맞는 장소이기도 하였지만, 이곳은 고려 11대 문종이 남경을 설치했던 곳이었다. 문

|경복궁 서북쪽 남경 행궁터

종의 아들 12대 숙종 때에 '남경 건설론'을 제기한 사람은 위위승동
정(衛尉丞同正) 김위제였다. 지정학적으로도 남경의 중요성이 대두
되면서 숙종에게 '풍수도참설'을 근거로 개경(개성)과 서경(평양)
수준의 '남경' 건설을 제안하였다. 송악(개경)은 중경이고, 평양은
서경인데 목멱양(木覓壤)에 남경을 건설하여 11월에서 2월은 중경
에서 3월에서 6월까지는 남경, 7월에서 10월까지는 서경에서 정사
를 하면 주변에 있는 36국이 와서 조회를 한다는 내용이었다. 또한
'도참설'에서는 고려 개국 후에 160여 년 후에 목멱양에 도읍한다
는 비기가 나오기도 했다. 남경은 삼각산 남쪽과 목멱산 북쪽의 평
평한 땅에 있어 그곳에 도성을 건립하고 정기적인 순행할 것을 건
의하였다. 궁궐 공사는 숙종 6년(1101)에 착수하여 숙종 9년(1104)
5월 완성 완성하고 7월 27일에 남경 행궁에 거둥(擧動)하였다. 그
후 1308년 충선왕은 즉위 후 남경을 한양부로 바꾸고 1356년 공민

왕 때에도 남경을 살피고 수리하였다는 기록이 나온다. 1382년 우왕은 한양 천도론에 힘입어 천도를 단행하였지만 그 이듬해 2월에 다시 개경으로 환도하였고 1388년 위화도 회군으로 이는 흐지부지되고 말았다.

남경 건설과 행궁의 범위

《고려사》에는 숙종 7년(1102) 3월 중서문하시중이 남경 행궁의 경계를 밝혔다.

> "남경을 새로 짓는데 택지를 헤아릴 때는 반드시 민전(백성의 전답)을 너그럽게 수용하고 남경의 경위에 근거하여 지금 논하는 바는 산에 기대어 형세를 취하고 물이 갖춘 형세를 알아야 한다. 먼저 안으로 산수의 형세를 따라 동은 대봉, 남은 사리, 서는 기봉, 북은 면악에 이르는 경계로 삼아 구획함이 옳다.
> [中書門下奏 新作南京度地必廣多奪民田請據京緯今所說或依山取勢或約水表形 先以內從山水形勢 東至大峰南至沙里西至岐峯北至面岳爲界制可]"

지금과는 다른 이름이어서 정확한 지명과 지점을 획정할 수는 없지만 조선 시대의 명칭과 지금 지형을 비교해 보면 다음과 같은 결론이 나온다. 동쪽 대봉(大峰)은 창덕궁과 종묘의 산 줄기인 응봉이며, 남쪽의 사리(沙里)의 사(沙)는 '모래 사' 자이므로 용산 한강변으로 볼 수도 있지만 백악에서 그 거리가 너무 멀다. 현재 광화문광장 도로 끝 네거리 건너편에는 동화면세점과 일민미술관이 있다. 이곳은 120년 전 만 해도 조그만 언덕이 있었는데 청계천 상류 지역으로 '황토현' 있던 곳이다. 이곳을 사리라고 보는 것이 합리적이다.

서쪽 기봉(岐峯)은 인왕이고 북쪽 면악(面岳)은 백악이 된다. 이를 토대로 남경 행궁의 범위를 정해보면 동쪽 응봉의 여러 줄기 중 가장 서쪽에 있는 송현(한국일보사 – 종로구청까지 이어지는 줄기)과 남쪽은 광화문 광장 끄트머리, 서는 인왕, 북은 백악을 경계선으로 그 안에 행궁이 있었다. 숙종 이후 예종 5년(1110) 8월이 지난 윤달에 "왕이 태후를 모시고 남경에 행행(行幸)하였는데 연흥전에 반야도량을 8일간 설치하고 천수전에서 백관들과 연회하였다."는 기록이 있다. 또 남명문 앞에서 격구 시합을 하여 상을 내리고 북녕문에서 문무 관료들의 활쏘기를 하여 적중자에게 상을 내리기도 했다고 한다.

이처럼 《고려사》에는 남경 행궁에 연흥전과 천수전, 남명문, 북녕문 등이 있다고 하였다. 태조 3년 9월 9일 태조 이성계는 정도전 등에게 한양의 종묘 · 사직 · 궁궐 · 시장 등의 터를 정하게 했는데.

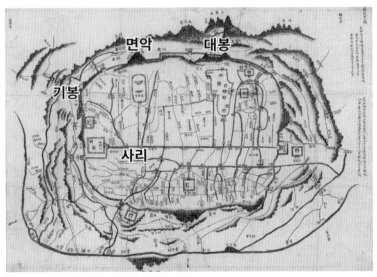

|남경 행궁의 범위- 조선성시도(서울역사박물관 소장)

이를 통하여 고려 숙종 때 남경 행궁의 위치를 가늠할 수 있다.

> "전조 숙왕 시대에 경영했던 궁궐 옛터가 너무 좁다 하고, 다시 그 남쪽에 해방(亥方)의 산을 주맥으로 하고 임좌병향(壬坐丙向)이 평탄하고 넓으며 이곳을 궁궐터로 정하고 (중략) 동편 2리쯤 되는 곳 감방(坎方)의 산을 주맥으로 하고 임좌병향에 종묘터를 정하고서 도면을 그려서 바치었다."

경복궁 북쪽 신무문 남쪽 앞에는 과거 '간의대'를 설치했던 높은 지점이 있다.《고려사》와《태조실록》을 비교해서 남경 행궁 자리를 유추해 보면 남경 행궁이 신무문 남쪽 언덕 정도에서 앞으로 뻗어 있었다는 결론을 얻게 된다. 태조가 터를 정한 경복궁은 남경 행궁의 북쪽(亥方: 해방)에서 남쪽(앞쪽)으로 더 확장하여 임좌병향(壬

| 남경 행궁 추정 청와대 정문

　한권으로읽는경복궁

坐丙向)으로 자리 잡게 된다. 남경 행궁의 북녕문 쪽에는 경복궁 북문을 만들고 성종 때 신무문이라 이름을 지었고 조선 전기 궁궐 밖 후원으로 가는 문의 역할을 하였다. 태종과 중종은 북쪽 후원에서 명종, 숙종, 영조 등은 신무문 밖에서 군신 회맹을 했는데 모두 북문 밖에 있었던 후원의 다른 표현으로 보인다. 1867년 경복궁을 중건한 이후 고종은 신무문 밖을 북원이라 칭했다.

《조선왕조실록》으로 보는 경복궁 후원의 변화

조선 초기 경복궁 후원(後苑)에는 서현정(序賢亭), 취로정(翠露亭), 관저전(關雎殿), 충순당(忠順堂)이 있었으나 화려한 원유(苑囿)는 경계하였다. 세종은 천체 관측 기구를 후원에 설치하였으며, 성종 대 북문의 이름이 신무문으로 명명되었다. 선조는 후원에 자신이 임시로 묵을 행궁을 지으려고 했지만, 신하들의 반대에 무산

| 경복궁 신무문

되고 말았다. 영조 대까지 경복궁 후원에서는 회맹제를 열기도 하고 가까운 육상궁을 자주 참배하였다. 고종 4년(1867) 경복궁 중건 후 신무문 밖 후원을 북원(北苑)이라 했으며 오운각(五雲閣), 융문당(隆文堂), 융무당(隆武堂), 경무대(景武臺) 등을 세웠다. 이곳에서는 망배례와 문무전시행사를 함께 열어 인재를 등용하는 '과거 시험장소'로 활용되었다.

후원에서 동물을 길렀다는 기록도 있는데《태종실록》에는 노루와 사슴을 후원(後園)에서 길렀고《예종실록》에도 후원(後苑)과 응방(鷹坊)에서 기르는 돼지를 모두 각 관서로 나눠주어 기르도록 한 일이 있어 후원이 동물을 기르는 장소로 활용하기도 했음을 알 수 있다.

세종은 세종 20년(1438) 천기(天氣)를 살펴 세상에 날씨와 계절을 알려 주기 위해 종합 천문센터인 '흠경각'을 사정전 옆에 짓는다. 이 천체 관측 기구는 당초 '후원'에 설치하였으나 시간마다 점검이 어려워 별도로 사정전 옆에 흠경각을 지은 것이다. 이처럼 후원은 천체관측 기구들이 설치되어 있던 장소이기도 했다.

세조는 경복궁 후원에 새로운 정자를 낙성하고 정자 짓기 위해 수고한 제조와 인부들에게 술을 내려주고 이름을 '취로정(翠露亭)'이라 하였으며 그 앞에 못을 파서 연꽃을 심게 하였다. 세조가 가장 많이 이용한 정자 중에는 '서현정(序賢亭)'이 있는데 이곳에서는 주로 '활쏘기' 행사를 많이 했다고 한다. 이 정자는 후원보다는 경복궁 북문 안에 있었던 것으로 추정된다.

《세조실록》 세조 8년(1462) 2월 11일 기사에서는 세조가 사정전 동쪽에 있던 동궁을 없애고 후원에 동궁을 지었다는 사실을 알 수 있다.

'임금이 중궁과 더불어 경복궁(景福宮)에 나아가서 동궁(東宮)을 새로

한권으로읽는경복궁

지을 집터를 잡고, 후원(後苑)에 나아가서 사복관(司僕官) 등이 과녁에 화살을 쏘는 것을 구경하였다.'

성종 6년(1475) 8월에 경복궁 북문은 '신무문'으로 하고 후원에는 사복문과 상원문의 이름을 편액하여 성종 때부터 '신무문'이란 공식 명칭을 사용하였다.

선조 26년(1593) 10월 임진왜란 발발로 의주로 몽진했다가 1년 만에 한양으로 돌아온 선조는 경복궁을 비롯한 동궐이 전란을 통해 모두 불에 타버려 정릉동에 있던 '월산대군 후손'들의 사저를 행궁으로 정했다. 그러나 이곳은 '명례궁'이 있던 곳이었으며 왜군이 한양을 점령하고 주둔지로 사용하던 곳으로 건물이 온전히 남아 있었다. 그러나 선조는 이곳이 "어염집으로 허술하며 왜적들이 묵던 소굴에 묵는 것이 가슴 아프다."고 하며 정릉동 행궁으로 들어간 지 25일 만에 경복궁 후원에 임시로 가가(假家)를 지어 내년 봄에는 이어하도록 하라는 전교를 내렸다. 그러나 그다음날 사헌부에서 지금 시급한 일은 궁궐이 아니라 굶주린 백성을 헤아리는 일이라고 상소하면서 하루 만에 없던 일이 되어 버렸다.

《영조실록》영조 4년(1728) 7월 17일 "회맹제를 거행하려고 경복궁에 거둥하여 신무문 밖에 있는 재전(齋殿)에서 잤는데, 왕세자(王世子)가 따라갔다."고 하여 폐허가 된 경복궁이었지만 영조는 후원에서는 가까운 육상궁을 자주 참배하였고 회맹제를 열기도 했다.

고종 대에는 고종 6년(1869) 5월 "경무대에 나아가 북원에서 망배례를 행하고 그에 참여한 유생들에게 과거시험을 직부전시(直赴殿試: 1차 시험을 면제하고 직접 왕 앞에서 보는 전시)를 하도록 했다." 하여 이곳에서 망배례와 직부전시를 행했으며 이 행사를 '경무대'에서 진행되었다. 이것 말고도 고종 대에는 '망배례와 문무 전시 행사' 등에 대한 많은 기록들이 북원에서 있었으며 북원 건물로는 중일각(中日閣), 오운각, 군대 열무 행사를 했던 융문당과 융무당 등이 있었다.

왕을 낳은 생모를 모신 칠궁

경복궁 후원과 청와대 권역의 가장 서쪽에는 '칠궁(七宮)'이라고 부르는 다소 생소한 이름의 '궁'이 있다. 궁(宮)하면 일반적으로 '왕이 사는 집'을 이야기한다고 생각하지만, 칠궁의 궁은 다른 의미로 쓰이는 궁이다. 종묘(宗廟)는 '왕과 왕비의 신주를 모시고 제사를 지내는 국가의 사당'을 말하는데 이곳에는 정식 왕과 왕비 또는 사후에 추존된 왕과 왕비만이 들어갈 수 있는 곳이다. 왕은 살아있을 때는 궁궐(宮闕) 한 군데에서만 거처하지만 죽으면 두 군데의 궁(宮)으로 나뉘어 들어가게 된다. 하나의 궁(宮)은 혼(魂)이 머무는 묘궁(廟宮) 즉 종묘요, 다른 하나는 체백(體魄)이 머무는 현궁(玄宮) 즉 왕릉이다. 이처럼 궁이 뜻하는 것은 단순하지 않으며 칠궁의 궁 역시 묘궁을 뜻한다.

칠궁은 '왕을 낳은 어머니'의 사당 7분의 신주를 모아놓은 묘궁 또는 사우(祠宇)이다. 왕을 낳은 어머니라면 애매할 수 있는데 일반적으로 왕이 되기 위해서는 정궁(正宮)의 몸에 나온 장자이어야

| 칠궁 입구 외삼문 | 칠궁 중문

한다. 그러나 장자와 차자도 없을 경우에는 후궁에서 나은 아들 중에서 왕을 선택해야 하는 경우도 종종 있었다. 대표적인 인물로 영조를 들 수 있다. 영조는 숙종의 아들이지만 무수리 출신의 후궁 숙빈 최씨 사이에서 나왔다. 경종의 왕세제로 경종이 죽자 21대 왕으로 등극하였다. 이러한 경우 영조를 낳은 어머니 숙빈 최씨는 사후 추존하게 된다. 숙빈 최씨의 시호를 올리고 묘궁은 육상묘(毓祥廟)에서 육상궁(毓祥宮)으로 현궁은 소령묘(昭寧墓)에서 소령원(昭寧園)으로 추존하였다.

칠궁 합사와 의미

칠궁은 처음부터 칠궁이라고 하지는 않았다. 칠궁 자리에는 원래 육상궁(毓祥宮)만 있었는데 1908년 주변에 있던 묘궁이 육상궁 자리로 들어와 합사하였다. 그에 앞서 고종 7년(1870)에도 대빈궁(大嬪宮: 희빈 장씨)과 연호궁(延祜宮: 정빈 이씨), 선희궁(宣禧宮: 영빈 이씨), 의빈 성씨의 사우를 육상궁 자리로 옮겨 함께 모셨다. 그러나 고종 15년(1878) 9월에 화재로 인해 소실되었고 육상궁도 피해를 당하여 67칸으로 축소하여 복원한다. 그 후 고종 18년(1881) 8월 다시 화재가 일어나면서 육상궁 정전 신주까지 불에 탔으나 이듬해 육상궁만 복원하였다. 순종 1년(1907) 칙령 제50호 '향사이정(亨祝釐正)에 관한 건(件)'이 제정되면서 1908년 연호궁(延祜宮),저경궁(儲慶宮: 인빈 김씨), 대빈궁(大嬪宮), 선희궁(宣禧宮), 경우궁(景祐宮: 유비 박씨)의 신위가 다시 육상궁으로 옮겨와 합사하였다. 1929년에는 영친왕의 어머니 순빈 엄씨의 덕안궁(德安宮)이 옮겨오면서 지금의 '칠궁(七宮)'이라는 명칭이 완성되었다. 육상궁이 칠궁으로 불리게 된 것이다.

칠궁의 세부 시설 현황

칠궁은 재실 정문을 들어서면 칠궁을 관리하던 관리인이 있던 송죽재, 영조가 재실로 사용한 풍월헌, 응접실 용도로 이용한 삼락당이 있다. 송죽재를 동쪽으로 돌아들어 가면 사우 중문이 있고 그를 지나 동북쪽에 삼문이 있다. 이곳을 들어서면 편액에 연호궁(延祜宮)이란 글씨가 보인다. 연호궁을 중심으로 앞쪽 동서에 남북으로 긴 건물인 이안청이 각각 하나씩 있다. 이곳에는 원래 육상궁(毓祥宮)이 있었다. 1908년 연호궁은 육상궁과 함께 합사하여 한 사우 안에 두 분의 신주를 모셨다. 연호궁 편액 뒤에는 육상묘(毓祥廟) 편액이 숨어 있는 것처럼 보인다. 육상궁은 영조의 어머니 숙빈 최씨의 묘궁으로 그녀는 숙종의 후궁으로 파란만장한 삶을 살았던 무수리 출신의 후궁이다. 어려운 환경을 속에서도 왕이 된 연잉군 영조는 임금으로 등극하고 나서 어머니의 추숭 작업과 정기적으로 육

|연호궁과 육상궁

한권으로읽는경복궁

|냉천정 |냉천과 오언절구시

상궁을 참배하며 효를 실천하였다. 연호궁은 숙빈 최씨의 며느리인 영조의 후궁 정빈 이씨의 묘궁이다. 정빈 이씨는 효장세자(진종으로 추숭)와 화순옹주를 낳았다. 효장세자는 10세에 일찍 죽었지만, 정조가 그의 법통을 계승하여 영조의 뒤를 이어 왕이 되었다. 화순옹주는 월성위 김한신과 결혼하였으나 월성위가 일찍 죽자 그를 따라 함께 죽어 사후 왕녀로서 정려문을 하사받기도 했다.

육상궁을 나가면 바로 냉천정(冷泉亭)이 보인다. 이곳은 육상궁의 부속 건물로 영조는 자신의 어진을 이곳에 걸어 두었다. 냉천정 뒤에는 냉천(冷泉)이 있는데 육상궁 제례에 이 물을 사용했다. 냉천정 앞뜰 아래 방형(方形)의 연못은 '자연(紫淵)'으로 자색의 연못을 뜻하지만, 실제는 '신선 세계의 연못'을 의미한다. 냉천 우물 위쪽 대리석에는 냉천정에 대한 영조의 오언시가 새겨져 있다. 오언시의 내용은 다음과 같다.

御墨雲翰(어묵운한) 임금의 글씨를 새기다.
昔年靈隱中(석년영은중) 옛날에는 영은에 있었고
今日此亭內(금일차정내) 지금은 이 정자 안에 있네
雙手弄淸漪(쌍수농청의) 두 손으로 맑은 물결 희롱하니
冷泉自可愛(냉전자가애) 냉천이 가이 저절로 사랑스럽구나.
皆強圉協洽病月上浣也(시강어협흡병월상완야) 정미[強圉協洽]년—영

365

| 덕안궁

조 3년(1727) 3월(病月) 상순(上浣)

　여기서 영은은 중국 항주 서호 서쪽에 있는 영은산을 말하며 소동파는 이 영은산에 있는 냉천정에서 많은 시를 지었다고 한다. 이를 비유하여 영조가 시를 지은 것이다. 냉천정에서 서쪽으로 가면 큰 느티나무가 있고 그 앞에 칠궁을 지키는 사람들이 있는 수복방이 있다.

　그 북쪽에는 또 하나의 삼문이 있는데 이 안은 육상궁과 별개의 묘궁 영역이 나타난다. 이곳에 모신 신위는 모두 5위이다. 묘궁은 서상(西上) 제도에 따라서 이 영역에서 가장 윗대 신위는 서쪽부터이다. 서쪽 후면이 저경궁(儲慶宮)인데 선조의 후궁으로 인조의 아버지 정원군(원종 추증)을 낳은 인빈 김씨(仁嬪 金氏)다. 저경궁은 원래 중구 한국은행 자리에 있다가 이곳에 합사되었다.

　그 동쪽으로 대빈궁(大嬪宮)이 있다. 희빈 장씨(禧嬪 張氏))는

　　　　　　　　　　　　　　　　한권으로읽는 경복궁

숙종의 후궁이며 한때 왕비에도 올랐던 인물이며 다시 빈으로 강등되어 각종 드라마에서는 악녀로 묘사되고 있는 경종의 어머니이다. 대빈궁은 다른 묘궁에 비해 기단이 3개로 하나 더 많다. 한때 왕비였었다는 배려 차원에서 더 높은 급으로 예우 차원에서이었을까?

대빈궁 동쪽으로 경우궁(景祐宮) 편액이 보인다. 이 묘궁 안에는 두 신위를 모시고 있는데 경우궁은 정조의 후궁으로 순조를 낳은 유비 박씨(綏妃 朴氏)와 영조의 후궁으로 사도세자(장조 추존)의 어머니 선희궁(宣禧宮) 영빈 이씨(暎嬪 李氏)이다. 경우궁은 창덕궁 옆 현대빌딩 자리에 있었고, 선희궁은 신교동 농학교 내에 있었다.

가장 앞쪽으로 이안청과 동쪽으로 덕안궁(德安宮)이 있다. 덕안궁은 칠궁 중 가장 나중에 합사된 사우로 순종의 후궁이며 영친왕의 어머니인 순헌엄귀비(純獻皇貴妃)가 주인공이다. 1929년 덕안궁이 들어옴으로써 지금 칠궁이라는 이름으로 부르게 되었다.

| 칠궁과 사친 및 원묘 명칭

廟宮名	漢字	私親	王	坊	현 위치 등	園墓
육상궁	毓祥宮	淑嬪崔氏	영조	順化坊	영조 29년 (1753)	昭寧園
연호궁	延祜宮	靖嬪李氏	진종	順化坊	융희 2년 (1908)	綏吉園
저경궁	儲慶宮	仁嬪金氏	원종	會賢坊	한국은행	順康園
대빈궁	大賓宮	禧嬪張氏	경종	慶幸坊	교동	大賓墓
선희궁	宣禧宮	暎嬪李氏	장조	順化坊	농학교	綏慶園
경우궁	景祐宮	綏妃朴氏	순조	陽德坊	현대빌딩	徽慶園
덕안궁	德安宮	純獻貴妃	영친왕	明禮坊	명례궁	永徽園

한 권으로 읽는 경복궁

펴낸날   초판1쇄 인쇄 2022년 09월 15일
         초판1쇄 발행 2022년 10월 03일

지은이   정표채
펴낸이   최병윤
편집자   이우경
펴낸곳   운곡서원
출판등록 2013년 7월 24일 제2020-000041호
주소 서울시 마포구 월드컵로10길 28, 202호
전화 02-334-4045 팩스 02-334-4046

종이 일문지업
인쇄 수이북스

©정표채
ISBN 979-11-91553-44-4 03910
가격 22,000원